KB251367

[개정1판]

해상법 개설

Maritime Law

상법 개설서 시리즈 V

[개정1판]

해상법 개설

나승성 지음

한국학술정보[주]

상법의 정리 작업은 평생에 걸쳐 꾸준히 연구하면서 얻을 지식을 나름대로 소화하여 필자의 방식과 체계로 정리함으로써 필자만의 종합적인 체계를 만드는 작업을 생각하게 되면서 시작되었고, 그 결과 2002년 상법개설서를 발간한 바 있다. 상법개설서는 상법의 입문서라는 시각에서 복잡하고 난해한 학설위주의 설명은 배제하고 법령과 판례를 중심으로 하여 나름대로 재구성한 체계로 간략하게 구성하였다. 따라서 흐름의 맥을 끊는 학설의 논쟁은 최대한 억제하였고, 학설을 인용하는 경우에도 다수설이나 통설을 위주로 하여 상법 전체의 흐름을 이해하기 쉽게 쓰려고 했다. 이렇듯 상사 관련 법령과 판례를 중심으로 구성하다 보니 내용이 간결하고 명쾌한 점은 있지만 그 내용이 풍부하지 못한 점이 있다. 따라서 향후에는 연구를 통하여 좀 더 깊은 내용으로 채워가고자 한다.

이번 개설서 시리즈는 2002년 상법개설서와는 달리 면수와 관계없이 「상법개설서」를 「상법총칙·상행위법 개설」, 「회사법 개설」, 「어음·수표법 개설」, 「보험법 개설」, 「해상법 개설」로 분철하여 시리즈 형태로 꾸미고자 한다. 이렇게 함으로써 책을 이용함에 있어서 편리하게 하고, 상법의 일부 개정시 그 부분만을 교정함으로써 잦은 교정을 억제하고자 하는데 그 취지가 있다.

본 개설서는 상법을 법조문 및 판례를 토대로 간략하면서도 명쾌하게 살펴보는 것을 목표로 하였기 때문에 상법을 처음 접하는 법대생이나 비법대생이 중요한 핵심을 쉽게 접할 수 있는 교재이기를 희망해 본다.

이 개설서 시리즈는 필자의 능력의 부족으로 부족한 점이 매우 많을 것이라 생각된다. 이러한 점은 필자가 계속 연구하면서 보충하고 독자분들의 질정을 반영하고 계속 질적 제고를 위하여 노력하고자 한다.

2007년 8월

나승성

▶ 개정1판 서 문

2007년 해상법 개정에 따른 해상법개설서를 발간하였으나 충분히 반영되지 못한 점과 설명이 부족한 부분을 보충하여 제1개정판을 발간하게 되었다. 비록 내용을 조금 더 보충하고 문맥을 다듬고 상법의 해상편에 관한 내용을 더 정확하게 반영하려 했지만 새학기의 교재로 쓰려고 급하게 출간을 서두르다 보니 오류가 있을 수 있습니다. 이점 독자분들께서 지적해주신다면 다음 개정판에 반영하여 조금 더 완성도 높은 해상법 개설서로 출간할 것을 약속드립니다.

본서를 발간과 관련하여 잦은 재촉에도 묵묵히 편집을 위해 애쓰신 편집부와 한국학술정보(주) 관계자 분들께도 감사를 드린다.

2009. 2. 10

나승성 드림

제6편 해상법

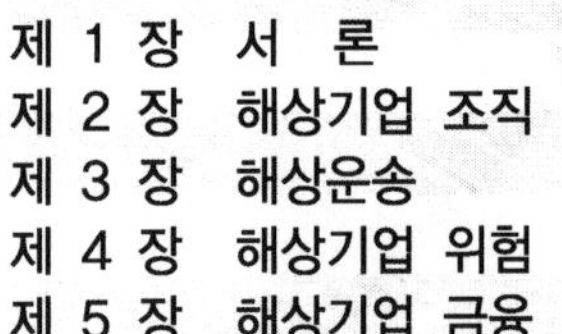
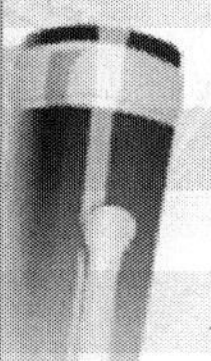

서 론

해상법의 의의   6.1.1

해상법의 법원   6.1.2

6.1.1.1. 해상법의 의의

6.1.1.1.1. 실질적 의의의 해상법

실질적 의의의 해상법이란 해상기업에 관한 사법 및 공법의 법규 전체를 말한다. 즉 실질적 의의의 해상법은 영리를 추구하는 해상기업에 관한 법으로서 상행위 그 밖에 영리를 목적으로 하는 선박을 둘러싼 사법적 법률관계 및 규제나 형사적 공법관계의 모든 법규를 그 대상으로 하고 있다.

6.1.1.1.2. 형식적 의의의 해상법

형식적 의의의 해상법은 상법전 제5편 '해상'을 말한다. 이러한 해상법은 제1장 해상기업(제1절 선박, 제2절 선장, 제3절 선박공유, 제4절 선박소유자 등의 책임제한, 제5절 선박담보), 제2장 운송과 용선(제1절 개품운송, 제2절 여객운송, 제3절 항해용선, 제4절 정기용선, 제5절 선체용선, 제6절 운송증서), 제3장 해상위험(제1절 공동해손, 제2절 선박충돌, 제3절 해난구조)의 순서로 규정되어 있다.

2007년에 개정된 해상법은 해상운송계약 관련 법체계를 국제무역 실무에 맞게 재정비할 뿐만 아니라, 전자선하증권 및 해상화물운송장 제도 등 새로운 무역환경에 부합하는 제도를 마련하고, 선박소유자의 책임한도와 운송물의 포장·선적단위당 책임한도를 국제기준에 맞게 상향조정하기 위하여 「상법」 제5편 해상 부분을 전면적으로 개선·보완하였다.

1991년에도 상법의 개정이 있었으나 이 때에는 '해상운송계약에서 운송을 인수하는 당사자를 선박소유자에서 운송인으로 변경' 하는 등 내용에 일부 변화

가 있었을 뿐 체계적인 정립에 이르지는 못했다.[1]

6.1.1.1.3. 양자의 관계

실질적 의의의 해상법과 형식적의 의의의 해상법이 일치하는 부분이 많을 것이나 일치하지 않는 부분도 있다. 예컨대, 상법의 해상편에 규정되어 있는 선박저당은 선박을 이용한 해상기업활동과는 직접적인 관련이 없다고 할 수 있다. 따라서 선박저당에 관한 규정은 형식적 의의의 해상법에는 속하지만 실질적 의의의 해상법에는 속하지 않는다고 할 것이다. 서로 일치하지 않는 부분도 있지만 서로 영향을 미치면서 발전해가고 있다.

6.1.1.2. 해상법의 특성

6.1.1.2.1. 해상법의 특수성

해상법은 상법의 일부분이지만 다른 상법 영역에 비해 독자적인 영역 및 특성을 가지고 있다. 즉 공동기업의 형태인 선박공유제도, 해상운송물에 대한 선적이나 적부 또는 양육에 관한 기술적 배려, 해상운송인의 손해배상책임제한 제도, 해상운송과정에서의 부여되는 의무, 해상항해의 기술성이나 고립적 상황에서 발생할 수 있는 선박충돌, 공동해손, 해난구조 등에 대한 특별규정을 두고 있다.

6.1.1.2.2. 해상법의 독자성

해상법은 해상의 특유한 성질로 인해 해상법상의 문제는 해상법 자체의 규정으로 문제 해결하는 경향이 있다. 이러한 다른 법 영역과 비교되는 특수성을 해

---

1) 〈부록1〉 1991년 개정 상법 해상편의 개정이유 및 주요내용 참조

상법의 독자성이라고 한다.

6.1.1.2.3. 해상법의 통일성

해상법은 선박이라는 비슷한 기술적 용구에 의하여 전개되는 기술성을 전제로 국제거래나 국제경영의 일부로 행해지기 때문에 세계적 통일화가 가능하며, 실제로 해상에 관한 국제조약이 발달되어 있다. 해상법에 관한 이러한 조약의 내용들이 국내입법에 영향을 점차로 미치면서 해상법은 통일법제화 되어 가고 있다.

6.1.2.1. 제정법

6.1.2.1.1. 상법전

상법전 제5편 '해상'은 해상법의 대표적인 법원이다. 1962년 1월 20일 상법의 일부로서 제정공포(법률 제 1000호)되어 시행되고 있다.

6.1.2.1.2. 특별법령

해상법에 관한 특별법령으로는 도선법(1986.12.31, 법 제3908호), 선박등기법(1963.4.18, 법 제1331호), 선박법(1982.12.31, 법 제3641호), 선박안전법(1961.12.30, 법 제919호: 1991.3.8), 선박직원법(1983.12.31, 법 제3715호), 선원법(1984.8.7, 법 제3751호), 항만법(1991.3.8, 법 제4358호), 항만운송사업법(1963.9.19, 법 제1404호) 등이 있다.

6.1.2.1.3. 조약

해상법에 있어서 국제조약은 많은 영향을 미치고 있고 실제로 헤이그 규칙이나 함부르크 규칙 등은 상법전 「해상」편에 중요 내용이 수용되었다. 또한 국제조약은 해상법이 국제적으로 통일법제화 되어 가는 데 중요한 역할을 하고 있다. 해상운송과 관련한 국제조약에는 다음과 같은 것이 있다.

(1) 선박소유자의 책임제한에 관한 조약

① 1976년 해사채권에 대한 책임제한에 관한 조약(Convention on Limitation of

Liability for Maritime Claims)($^{1986.12.1}_{발효}$)

② 1979년 책임제한액의 표시단위에 관한 특별인출권에 관한 의정서(Protocol [SDR] [Modification], Brussels)

(2) 해상물건운송 및 선하증권에 관한 조약

① 1924년 선하증권통일조약(International Convention for the Unification of certain Rules of Law relating to Bill of Lading, signed at Brussels, Aug. 25, 1924) (Hague Rules)

② 1968년 1924년 조약의 개정의정서(Protocol done at Brussels on Feb. 23, 1968 to amend the International Convention for the Unification of certain Rules of Law relating to Bill of Lading, signed at Brussels, Aug. 25, 1924)(Hague - Visby Rules)($^{1977.6.23.}_{발효}$)

③ 1978년 UN해상물건운송조약(U.N. Convention on the Carriage of Goods by Sea) (Hamburg Rules)($^{1992.11}_{발효}$)

④ 1979년 특별인출권(SDR)에 관한 의정서(Protocol [SDR] [Modification], Brussels)($^{1984.2.14.}_{발효}$)

⑤ 1980년 UN국제복합운송조약(United Nations Convention on International Multimodal Transport of Goods, Geneva)

(3) 공동해손에 관한 조약

① 1890년 요크 안트워프규칙(York - Antwerp Rules)

(4) 선박충돌에 관한 통일조약

① 1910년 선박충돌에 관한 조약(International Convention for the Unification of certain Rules of Law with respect to Collision between Vessels, Brussels)($^{1913.3.1.}_{발효}$)

(5) 해난구조에 관한 조약

① 1910년 해상구원구조에 관한 통일조약(Convention for the Unification of certain Rules of Law relating to Assistance and Salvage at Sea, Brussels)

$\binom{\text{1913.3.1. 발효,}}{\text{1967년 改正}}$

② 1989년 구조에 관한 국제조약(International Convention on Salvage, London)

(6) 선박채권에 관한 조약

① 1926년 선박우선특권 및 저당권에 관한 통일조약(International Convention for the Unification of certain Rules relating to Maritime Lien and Mortgages, Brussels)

$\binom{\text{1931.6.2. 발효,}}{\text{1967년 개정}}$

(7) 그 밖에 조약

① 1952년 항해선의 압류에 관한 통일조약(International Convention for the Unification of certain Rules relating to the Arrest of Seagoing Ships, Brussels)

$\binom{\text{1956.2.24.}}{\text{발효}}$

② 1969년 유류오염손해에 대한 민사책임에 관한 국제조약(International Convention on Civil Liability for Oil Pollution Damage [CLC], Brussels)

$\binom{\text{1975.6.19. 발효, 1967년}}{\text{및 1984년 개정}}$

③ 1971년 유류오염손해배상을 위한 국제기금의 설치에 관한 국제조약 (International Convention on the Establishment of an International Fund for Compensation for Oil Pollution Damage [IFC], Brussels)

$\binom{\text{1978.10.16. 발효, 1976년 및}}{\text{1984년 개정}}$

6.1.2.2. 관습법

해상법은 국제간의 거래가 이루어지다 보니 통일적인 법률체계의 규율이 어려워 실무적인 관행이 중시되는 경향이 강하다. 즉 실무의 관행상 관습법이 발달하기 쉬운데 정박료의 계산기간, 하도지서 등이 그 예이다. 해상에 관한 상관습법은 민법에 우선하여 적용한다(상1).

6.1.2.3. 운송약관

운송약관의 법원성에 대하여는 긍정설(자치법설 · 제한설)과 부정설(상관습법설 · 법률행위설)이 있다. 그러나 약관 그 자체는 법규범이 될 수 없고 개별계약의 내용이 됨에 불과하다 할 것이므로 약관의 법원성이 부정된다고 할 것이다.

해상기업 조직

- 서 설　6.2.1
- 선 박　6.2.2
- 해상기업의 주체　6.2.3
- 해상기업의 보조자　6.2.4

해상기업은 인적 조직인 해상기업 주체와 해상기업보조자가 물적 조직인 선박을 이용하여 운송 등의 영업을 하는 것이다. 따라서 해상법은 해상기업을 운영하는 데 필수적인 물적 조직인 선박과, 인적 조직인 해상기업 주체 및 이들의 보조자와 책임을 중심으로 규정하고 있다.

6.2.2.1. 선박의 의의

6.2.2.1.1. 선박의 정의

(1) 상법의 규정

해상법상 선박이라 함은 상행위 그 밖의 영리를 목적으로 항해에 사용하는 선박을 말한다($\frac{상}{740}$). 항해용 선박에 대하여는 상행위 그 밖의 영리를 목적으로 하지 아니하더라도 해상편의 규정을 준용한다. 다만, 국유 또는 공유의 선박에 대하여는 항해의 목적·성질 등을 고려하여 해상편의 규정을 준용하는 것이 적합하지 아니한 경우에는 해상편의 규정을 준용하지 않는다($\frac{상\,741}{①}$).

(2) 선박의 요건 : 영리성 + 항행성

해상편이 적용되는 선박은 항해성, 영리성과 선박으로서의 구조라는 요건이 필요한데, 2007년 개정상법은 해상편의 적용범위에 대해서 "항해용 선박에 대하여는 상행위 그 밖의 영리를 목적으로 하지 아니하더라도 이 편의 규정을 준용한다."는 규정을 신설하여 항해하는 선박이 영리성이 없는 경우에도 해상편을 준용하고 있다.

이 신설 규정은 현행 「선박법」 제29조(상법의 준용)[2]의 본문 규정인 "상법 제5편 해상에 관한 규정은 상행위를 목적으로 하지 아니하더라도 항행용[3]으로

---

[2] 「선박법」 제29조(상법의 준용) : 상법 제5편 해상에 관한 규정은 상행위를 목적으로 하지 아니하더라도 항행용으로 사용되는 선박에 관하여 이를 준용한다. 다만, 국유 또는 공유의 선박에 관하여는 그러하지 아니하다.

[3] 「선박법」에서는 "항행용"으로 사용되는 선박이라고 규정하고 있으나 이는 내수항행용이라는 용어와 혼동할 우려가 있고 입법취지가 상법 제740조에서 규정된 "항해용"과 다른 내용을 규정한 것은 아니라고 보아 개정안에서는 이를 "항해용"으로 변경하였다.

사용되는 선박에 관하여 이를 준용한다."는 내용을 그대로 반영한 것이다. 이는 상행위성 없이 항해용으로 사용되는 선박에 대한 해상편 준용 규정을 선박의 등록 등 관리에 관한 법인 「선박법」에 굳이 따로 규정할 필요성이 적고, 오히려 「상법」 해상편에 규정하는 것이 논리적으로 일관성이 있으며 이해의 편의를 도모할 수 있다는 입장에서 반영된 것이다.[4]

신설된 제741조 단서는 현행 「선박법」 제29조 단서의 "국유 또는 공유의 선박에 관하여는 해상편을 준용하지 아니한다."는 규정을 반영하되, 국유 또는 공유의 선박을 완전히 배제하기보다는 항해의 목적·성질 등을 고려하여 해상편을 준용하는 것이 적합하지 아니한 경우(구체적인 경우는 대통령령으로 위임함, 가령 군함 등)에만 준용하지 아니하고 그 외의 경우에는(가령 사실상 영리행위를 하는 경우) 국유 또는 공유의 경우에도 해상편을 준용하려는 취지로 이해된다.[5] 그런데 해상편이 준용되지 않는 국·공유 선박의 범위에 대해서 「선박법」 제29조 단서는 모든 국·공유 선박으로 규정하고 있지만, 2007년 상법개정안은 「선박법」 제29조 단서와 달리 대통령령으로 정하는 경우로 한정하고 있어서 「선박법」 제29조 단서와 개정안 제741조 단서는 적용범위에서 충돌하는 문제가 발생할 수 있으나 일반 법원리에 의하여 해결하여야 할 것이다.

항해란 호천·항만 외의 수면을 말한다. 따라서 호천·항만을 항행하는 선박은 해상법상의 선박으로 보지 않는다.

(3) 단정 등에 의한 운전하는 선박이 아닐 것

단정 또는 주로 노 또는 상앗대로 운전하는 선박은 해상편이 적용되지 아니한다(상741). 단정 또는 주로 노 또는 상앗대로 운전하는 선박은 그 규모가 작고 해상기업의 주체로서 적합하지 않으며 또한 복잡한 해상법의 규정을 적용하는 것은 오히려 불편하므로 해상법의 규정을 적용하지 않도록 한 것이다.

판례도 총톤수 20톤 미만의 선박이나 단주 또는 노도만으로 운전하는 선박은 등기한 선박이 아니라 할 것이며 항진기관이나 항진추진기가 없이 다른 선박에 의하여 예인되는 부선은 그 자체로서는 항진능력이 없는 것이어서 그 톤수 여

---

4) 임중호, 국회심사보고서 참조.
5) 임중호, 국회심사보고서 참조.

하에 불구하고 또 그 선박이 상법 제740조에서 말하는 상행위 그 밖에 영리를 목적으로 항해에 사용된다고 하더라도 이는 등기할 선박이 아니라고 판시하여 해상편의 적용을 부인하고 있다.[6]

6.2.2.1.2. 선박의 특성

선박은 엄밀하게 말하면 민법상의 동산이라고 할 수 있지만 민법상의 동산과는 다른 다음의 특성이 있다.

(1) 합성물성

선박은 동체·갑판·추진기·기관 등의 각 부분이 유기적으로 결합된 합성물로서 1개의 독립한 물건이며, 선박의 상용에 제공되는 속구에는 식량·연료·해도·각종 공구·구명정 등이 있다. 속구 즉, 선박의 속구목록에 기재한 물건은 선박의 종물로 추정한다($상_{742}$). 따라서 종물인 속구는 주물인 선박의 처분에 따른다($민_{②}^{100}$).

(2) 유기체성

선박은 인격체처럼 인격자 유사성을 갖는데 명칭, 국적, 선적항 등이 그러한 예이다.

1) 선명

등기·비등기선이든 총톤수 20톤 이상의 한국선박은 선명을 붙여야 한다($선박법_{제 11조, 26조}$).

2) 국적

선박은 국제법상 반드시 하나의 국적을 가져야 한다. 이 국적은 외국 선박과 국내선박으로 구별, 포획·해적·중립 등의 취급을 결정하는 표준이 된다.

---

6) 大判 1975.11.11. 74다112,74다113

3) 선적항

총톤수 20톤 이상의 한국선박의 소유자는 대한민국에 선적항을 정하여야 함(선박법 7조 1항), 선박의 등기 또는 등록을 관할하는 등기소 또는 지방청장을 정하는 기준이 된다(선박법 8조 1항, 선박등기법 4조).

4) 톤수

톤수는 용선계약·선박의 임대차 등에 있어서 중요한 의미가 있으며, 등기선박과 비등기선박을 구분하는 기준이 된다(상 745). 총톤수는 선박 내부의 총용적을 말하고, 순톤수는 여객이나 화물의 적재에 이용할 수 있는 선내의 순용적으로서 총톤수로부터 선원사용실·해도실·기관실 등을 공제한 톤수를 말한다.

(3) 부동산 유사성

선박도 가치 및 거래의 특수성 때문에 부동산과 같은 법적 취급을 받는 경우가 있다. 일정한 규모(총톤수 20톤) 이상의 선박에 대하여는 등기(상 743, 745 선박법 8), 저당권설정(상 871), 임대차등기(상 765)가 가능하며 부동산과 동일한 방법으로 강제 집행할 수도 있다(민사집행법 172조 이하, 276조 이하, 269조) 그러나 20톤 미만의 소형선박, 단정과 노도만으로 운전하는 선박은 동산으로 취급한다.

6.2.2.2. 선박소유권의 득상·이전

6.2.2.2.1. 선박소유권의 취득

(1) 원시취득

선박소유권의 원시취득에 관한 사법상의는 원인으로 제조, 선의취득이 있고 공법상의 원인으로는 포획, (선박법상) 몰수·수용 등이 있다.

(2) 승계취득

선박소유권의 승계취득원인으로는 상법상 보험위부($^{상}_{710}$), 선박공유자의 지분매수 또는 경매청구($^{상 757,}_{758}$), 선장의 매각 또는 경매($^{상 777,}_{778, 832}$) 등에 의한 취득이 있다.

6.2.2.2.2. 선박소유권의 상실

선박소유권의 취득원인은 동시에 그 반면에서는 종전 소유자의 상실 원인이 되기도 하며(상대적 상실원인), 그 밖에 구조불능 선박침몰·해체·포획·몰수 등에 의해서 선박 소유권이 소멸되기도(절대적 상실원인) 한다.

6.2.2.2.3. 선박소유권의 이전

(1) 서

선박에 관한 권리의 이전은 당사자 사이의 합의만으로 효력이 생긴다. 그러나 이를 등기하고 선박국적증서에 기재하지 아니하면 제3자에게 대항하지 못한다($^{상}_{743}$). 이는 선박관련 선박소유권 이전시 의사주의를 취하되 등기의 효력은 제3자에 대한 대항요건임을 밝히고 있는 것으로서, 우리의 입법체계는 선박의 등기와 등록 요건 및 절차 등에 대하여는 「선박법」[7] 및 「선박등기법」[8]에서 규정하고 있고, 이러한 등기의 효력은 상법에서 정하는 구조로 되어 있다. 따라서 제743조는 「상법」과 「선박법」·「선박등기법」상의 선박 개념을 일치시키는 것을 전제로 하여 당사자 간의 합의만으로 소유권 이전의 효력이 발생하는 대상을 "등기

---

[7] 「선박법」 제1조의2(정의) 이 법에서 "선박"이라 함은 수상 또는 수중에서 항행용으로 사용하거나 사용될 수 있는 배 종류를 말하며 그 구분은 다음 각호와 같다.
　1. 기선, 2. 범선, 3. 부선

[8] 「선박등기법」 제2조 (적용범위) "이 법은 총톤수 20톤 이상의 기선과 범선 및 총톤수 100톤 이상의 부선에 대하여 이를 적용한다. 다만, 선박계류용·저장용 등으로 사용하기 위하여 수상에 고정하여 설치하는 부선에 대하여는 적용하지 아니한다.
　제3조 (등기할 사항) "선박의 등기는 다음에 게기하는 권리의 설정·보존·이전·변경·처분의 제한 또는 소멸에 대하여 이를 한다.
　1. 소유권, 2. 저당권, 3. 임차권"

및 등록할 수 있는 선박"으로 제한하여 명확하게 규정하게 되었다.

(2) 요건

1) 기본원칙과 제한

선박도 재산권의 하나이므로 제3자에게 자유롭게 양도 또는 처분 할 수 있으며 그 방식에 있어서 특별한 방식을 요구하지 않는다(불요식주의).

2) 등기선박

20톤 이상의 등기선박의 소유권이전은 당사자 간 무방식의 합의만으로써 효력이 생긴다(효력발생요건, 의사주의)($\frac{상743}{본문}$). 다만 대항하기 위해서는 이를 등기하고 선박국적증서에 등재하여야 한다($\frac{상743}{단서}$).

3) 비등기선박

20톤 미만의 소형 선박, 단정 또는 주로 노도로 운전하는 선박의 양도에 있어서는 예외적으로 의사주의나 대항요건주의가 적용되지 않고 민법의 동산물권변동의 일반원칙에 따라 그 선박을 인도하여야 양도의 효력과 대항요건이 발생한다(형식주의)($\frac{상743}{단서}$).

4) 건조중인 선박

건조중의 선박은 선박의 담보에만 준용되므로 저당권의 설정에만 예외적으로 등기가 인정되고 그 밖의 경우에는 통상의 동산에 지나지 않으므로($\frac{상}{790}$) 민법상 동산물권 변동의 일반 법리에 따라 인도를 요한다.

(3) 이전효과

1) 일반적 효과

선박소유권 양도의 효과로서 선박소유권이 이전된다. 그리고 다른 의사표시가 없는 한 선박의 속구목록(屬具目錄)에 기재한 물건은 선박의 종물로 추정되기 때문에 그 속구의 소유권도 이전한다($\frac{상}{742}$).

2) 선적을 완료한 선박의 양수인의 의무

양도(매매) 당시에 이미 선적이 끝났거나, 선적작업이 계속 되고 있는 동안에는 다른 특약이 없는 한 양수인이 기존 운송계약을 수행할 의무를 지는 것으로 본다.

3) 항해중 선박의 손익의 귀속과 권리관계

항해 중에 있는 선박이나 그 지분을 양도한 경우에 당사자 간에 다른 약정이 없으면 양수인이 그 항해로부터 생긴 이익을 얻고 손실을 부담한다(상763).

(4) 선박소유권이전의 대항요건

1) 등기선의 경우

등기선의 소유권 이전의 대항요건은 등기를 하여야 한다.

2) 비등기선의 경우

비등기선의 소유권 이전의 대항요건은 없으므로 인도로써 효력이 발생한다.

해상기업의 주체는 선박소유자, 선박공유자, 선체용선자, 정기용선자 등이 있다.

6.2.3.1 선박소유자

6.2.3.1.1. 선박소유자의 의의

광의의 선박소유자는 해상기업의 주체로서 선박소유권자를 말하고, 협의의 선박소유자는 자기가 소유하는 선박을 해상기업의 목적으로 항해에 사용하는 자를 말한다.

6.2.3.2. 선박공유자

6.2.3.2.1. 의의

광의의 선박공유자는 단순히 선박을 공유하는 사람을 의미하고, 협의의 선박공유자는 선박을 공유하고 이것을 공동의 해상기업에 이용하는 자를 말한다. 선박공유는 공동기업의 형태이며 단순한 조합의 성질을 갖는 것이 아니다. 즉 선박공유관계는 인적요소보다 물적요소에 더 초점이 맞추어져 있다고 할 것이므로 물적회사에 가깝다.

6.2.3.2.2. 내부관계

선박공유의 업무집행은 원칙적으로 선박관리인이 한다.

(1) 업무결정

공유선박의 이용에 관한 사항은 공유자의 지분의 가격에 따라 그 과반수로 결정한다(상756①). 선박공유에 관한 계약을 변경하는 사항은 공유자의 전원일치로 결정하여야 한다(상756②).

(2) 비용분담과 손익배분

선박공유자는 그 지분의 가격에 따라 선박의 이용에 관한 비용과 이용에 관하여 생긴 채무를 부담한다(상757). 손익의 분배는 매 항해의 종료 후에 있어서 선박공유자의 지분의 가액에 따라서 한다(상758).

(3) 지분의 양도

선박공유자 간에 조합관계가 있는 경우에도 각 공유자는 다른 공유자의 승낙 없이 그 지분을 타인에게 양도할 수 있다. 그러나 선박관리인의 경우에는 그러하지 아니한다(상759). 항해 중에 있는 선박이나 그 지분을 양도한 경우에 당사자 사이에 다른 약정이 없으면 양수인이 그 항해로부터 생긴 이익을 얻고 손실을 부담한다(상763).

(4) 지분매수청구권

1) 국적상실과 지분의 매수 또는 경매청구

선박공유자의 지분의 이전 또는 그 국적상실로 인하여 선박이 대한민국의 국적을 상실할 때에는 다른 공유자는 상당한 대가로 그 지분을 매수하거나 그 경매를 법원에 청구할 수 있다(상760).

2) 결의반대자의 지분매수청구권

선박공유자가 신항해를 개시하거나 선박을 대수선할 것을 결의한 때에는 그 결의에 이의가 있는 공유자는 다른 공유자에 대하여 상당한 가액으로 자기의 지분을 매수할 것을 청구할 수 있다(상761①). 매수청구를 하고자 하는 자는 그 결의가 있은 날로부터 결의에 참가하지 아니한 경우에는 결의통지를 받은 날로부터 3일 이내에 다른 공유자 또는 선박관리인에 대하여 그 통지를 발송하여야 한다(상761②).

3) 해임선장의 지분매수청구권

선박공유자인 선장이 그 의사에 반하여 해임된 때에는 다른 공유자에 대하여 상당한 가액으로 그 지분을 매수할 것을 청구할 수 있다(상762①). 선박공유자가 위 청구를 하고자 하는 때에는 지체없이 다른 공유자 또는 선박관리인에 대하여 그 통지를 발송하여야 한다(상762②).

6.2.3.2.3. 외부관계

(1) 선박관리인의 선임

선박공유자는 선박관리인을 선임하여야 한다(상764①). 이 경우 선박공유자가 아닌 자를 선박관리인으로 선임함에는 공유자 전원의 동의가 있어야 한다. 선박관리인의 선임과 그 대리권의 소멸은 이를 등기하여야 한다(상764②).

(2) 선박관리인의 대표권

1) 원칙

선박관리인은 대내적으로 업무집행권을 갖고 대외적으로는 대표권을 갖는다. 선박관리인은 선박의 이용에 관한 재판상 또는 재판 외의 모든 행위를 할 권한이 있다(상765①). 선박관리인의 대리권에 대한 제한은 선의의 제3자에게 대항하지 못한다(상765②).

2) 제한

선박관리인은 선박공유자의 서면에 의한 위임이 없으면 ① 선박을 양도·임대 또는 담보에 제공하는 일 ② 신항해를 개시하는 일 ③ 선박을 보험에 붙이는 일 ④ 선박을 대수선하는 일 ⑤ 차재하는 일 등의 행위를 하지 못한다(상§766).

(3) 선박공유자의 의무

1) 장부의 기재, 비치

선박관리인은 특히 업무집행에 관한 장부를 비치하고 그 선박의 이용에 관한 모든 사항을 기재하여야 한다(상§767).

2) 선박관리인의 보고, 승인

선박관리인은 매 항해의 종료 후에 지체 없이 그 항해의 경과 상황과 계산에 관한 서면을 작성하여 선박공유자에게 보고하고 그 승인을 얻어야 한다(상§768).

6.2.3.2.4. 선박공유의 해산·청산

선박공유자는 선박의 침몰, 멸실, 양도 또는 이용의 폐지 등 독특한 사유에 의하여 해산하지만 상법상 선박공유의 해산과 청산에 관한 규정이 없으므로 민법상 조합에 관한 규정을 준용한다. 다만 선박공유가 조합보다는 물적회사에 가깝기 때문에 물적회사에 관한 규정이 유추적용 되어야 할 것이라는 견해도 있다.

6.2.3.3. 선체용선자

선체용선자란 용선자의 관리·지배 하에 선박을 운항할 목적으로 선박소유자가 용선자에게 선박을 제공할 것을 약정하고 용선자가 이에 따른 용선료를 지급하기로 약정함으로써 그 효력이 생기는 선체용선계약상의(상§847) 용선자를 말한다.

6.2.3.4. 정기용선자

    정기용선자란 정기용선계약상의 용선자를 의미한다. 정기용선계약은 선박소유자가 용선자에게 선원이 승무하고 항해장비를 갖춘 선박을 일정한 기간 동안 항해에 사용하게 할 것을 약정하고 용선자가 이에 대하여 기간으로 정한 용선료를 지급하기로 약정함으로써 그 효력이 생기는 계약을 말한다($\frac{상}{842}$). 이 정기용선계약에서는 선박소유자가 선박 및 선박의 인적·물적 장비를 다 갖추고 이를 정기용선자가 기간 단위로 사용하는 계약이다.

6.2.4.1. 서설

해상기업의 보조자로는 선장, 선원, 예선업자, 도선사 등이 있다. 일반적으로 예선업자나 도선사는 해상기업활동과는 직접적인 관련성은 없다. 그리고 선원도 선장의 지시에 따르므로 결국 가장 중요한 해상기업보조자는 선장이라 할 수 있다. 따라서 상법은 선장에 대하여 자세한 규정을 두고 있다.

6.2.4.2. 선장

6.2.4.2.1. 의의

광의의 선장이란 특정선박의 항해지휘자를 말하며, 협의의 선장이란 선박소유자의 고용인으로서 특정선박의 항해를 지휘하고 또 그 대리인으로서 항해에 관한 모든 행위를 할 수 있는 법정권한이 있는 자를 말한다. 선장은 선박 소유자·임차인·운항자 등 해상기업인의 대리인으로서 공법상·사법상의 직무와 권한을 가진다.

6.2.4.2.2. 선임과 종임

(1) 선임

선장은 선박소유자가 선임한다($\overset{상}{745}$). 선박소유자는 선박공유자·선체용선자를 포함한다. 예외적으로 선장이 불가항력으로 인하여 그 직무를 집행하기가 불능한 때에 법령에 다른 규정이 있는 경우를 제외하고는 자기의 책임으로 타인을 선정하여(代船長) 선장의 직무를 집행하게 할 수 있다($\frac{상}{748}$). 선장의 선임계약의 법적 성질은 고용과 위임의 혼합계약이다.

(2) 종임

선장의 선임계약의 법적 성질을 고용과 위임의 혼합계약으로 이해하면 선장의 종임도 고용과 위임의 일반적 종료원인인 고용계약기간의 만료, 선장의 사임, 사망, 파산, 금치산 등의 사유에 의하여 종임한다. 그러나 선장의 선임행위는 상행위이므로 선박소유자 등의 사망에 의하여 종임하지 않는다.

선장은 선박소유자가 해임한다($\frac{상}{745}$). 선박소유자가 정당한 사유 없이 선장을 해임한 때에는 선장은 이로 인하여 생긴 손해의 배상을 청구할 수 있다($\frac{상746}{①}$). 선장이 선박공유자인 경우에 그 의사에 반하여 해임된 때에는 다른 공유자에 대하여 상당한 가액으로 그 지분을 매수할 것을 청구할 수 있다($\frac{상762}{①}$). 선장이 지분매수의 청구를 하고자 하는 때에는 지체 없이 다른 공유자 또는 선박관리인에 대하여 그 통지를 발송하여야 한다($\frac{상762}{②}$).

선장이 항해 중에 해임 또는 임기가 만료된 경우에도 다른 선장이 그 업무를 처리할 수 있는 때 또는 그 선박이 선적항에 도착할 때까지 그 직무를 집행할 책임이 있다($\frac{상}{747}$). 선장이 사망하였을 때, 선박을 떠났을 때 또는 이를 지휘할 수 없게 되었을 경우에 미리 타인을 지정하지 않았을 때에는 운항에 종사하는 선원은 그 직무의 순위에 따라 선장의 직무를 대행하여야 하는데 이를 대행선장이라 한다.

6.2.4.2.3. 선장의 사법상의 권리 · 의무

선장은 선박소유자에 의하여 선임되어 선박의 운항책임을 맡고 있으나 선박소유자의 대리인으로서 뿐만 아니라 적하이해관계인, 여객, 구조료채무자 등의 대리인으로서의 대리권을 갖는다.

(1) 선박소유자와의 관계에 있어서 권리·의무

선장의 대리권은 포괄적이며 대리권에 대한 제한으로 선의의 제3자에게 대항할 수 없다는 점에서 지배인, 대표이사의 대리권 및 대표권과 같지만, 선장은 ① 대리권이 영업소가 아니라 항해단위로 정해지고 범위가 선적항의 내외에 따라 다르고 ② 선장의선임·해임은 등기시항이 아니며 ③ 공동선장은 존재하지 않고 ④ 선장의 행위에 대하여는 선박소유자의 책임제한이 인정된다는 점 등에서 다르다.

선박소유자를 위한 대리권의 범위에 관한 입법주의는 선박소유자소재지주의(불법주의), 선적항주의(독법주의), 선장행위주의(영법주의)가 있다.

① 선박소유자소재지주의(불법주의) : 선박이 선박소유자 또는 그 대리인의 소재지에 있는가를 구별하여 그 소재지에서는 특별한 수권을 요한다는 주의

② 선적항주의(독법주의) : 선적항의 안팎의 구별에 따라 선장의 대리권의 범위에 차이를 두는 주의

③ 선장행위주의(영법주의) : 행위의 종류에 따라 구별하여 중요행위 이외의 선박이용에 관한 모든 행위에 대리권이 미친다는 주의(선장행위주의)

상법은 선적항주의(독법주의)를 채용하고 있는데, 그에 따라 선적항 내의 대리권과 선적항 외의 대리권으로 구별하고 있다. 선적항 내의 대리권($\frac{상}{②}$773)에 관하여는 특히 위임을 받은 경우 외에는 선원의 고용과 해고를 할 권한만 가지며, 선적항 외에서의 대리권은 ㉠ 일반적 대리권(항해에 필요한 재판상·재판외의 모든 행위) ㉡ 신용행위의 대리권 ㉢ 적하처분권 ㉣ 선박경매권 등을 갖는다.

선적항에서는 선장의 권한이 선원의 고용과 해고를 할 권한만 가지며 다른 권한을 가질 수 없는 것은 선적항에서는 선장이 선박소유자의 직접 지휘를 받을 수 있기 때문에 선장의 대리권을 인정하지 않는 것이다.

1) 선장의 권한

ⅰ) 선장의 대리권

선적항 외에서는 선장은 항해에 필요한 재판상 또는 재판 외의 모든 행위를 할 권한이 있다($\frac{상}{①}$773). 그러나 선적항에서는 선장은 특히 위임을 받은 경우 외에는 해원의 고용과 해고를 할 권한만을 가진다($\frac{상}{②}$773). 선장의 대리권에 대한 제한

은 선의의 제3자에게 대항하지 못한다($\frac{상}{751}$).

ⅱ) 대선장선임권

선장은 불가항력으로 인하여 그 직무를 집행하기가 불능한 때에 법령에 다른 규정이 있는 경우를 제외하고는 자기의 책임으로 타인을 선정하여 선장의 직무를 집행하게 할 수 있는 대선장 선임권도 갖는다($\frac{상}{748}$).

ⅲ) 특수한 행위를 할 권한

선장은 선박수선료, 해난구조료 그 밖에 항해의 계속에 필요한 비용을 지급하여야 할 경우에는 ① 선박 또는 속구를 담보에 제공하는 일 ② 차재하는 일 ③ 적하의 전부나 일부를 처분하는 일을 할 수 있다($\frac{상}{①}$ 750). 따라서 선박수선, 해난구조 또는 항해계속비용 지급을 위한 경우가 아니면 선장은 ① 선박 또는 속구를 담보에 제공하는 일 ② 차재하는 일 ③ 적하의 전부나 일부를 처분하지 못한다.

ⅳ) 위법선적물 처분권 · 위험물 처분권

선장은 법령 또는 계약에 위반하여 선적한 운송물은 언제든지 이를 양륙할 수 있고 그 운송물이 선박 또는 다른 운송물에 위해를 미칠 염려가 있는 때에는 이를 포기할 수 있다($\frac{상}{①}$ 800). 선장이 위 물건을 운송하는 때에는 선적한 때와 곳에서의 동종 운송물의 최고운임의 지급을 청구할 수 있다($\frac{상}{②}$ 800). 이 규정은 운송인 그 밖의 이해관계인의 손해배상청구에 영향을 미치지 아니 한다($\frac{상}{③}$ 800).

인화성 · 폭발성 그 밖의 위험성이 있는 운송물은 운송인이 그 성질을 알고 선적한 경우에도 그 운송물이 선박이나 다른 운송물에 위해를 미칠 위험이 있는 때에는 선장은 언제든지 이를 양륙 · 파괴 또는 무해조치할 수 있다($\frac{상}{①}$ 801). 운송인은 위 처분에 의하여 그 운송물에 발생한 손해에 대하여는 공동해손분담책임을 제외하고 그 배상책임을 면한다($\frac{상}{②}$ 801).

ⅴ) 선박경매권

선적항 외에서 선박이 수선하기 불가능하게 된 때에는 선장은 해무관청의 인가를 얻어 이를 경매할 수 있다($\frac{상}{753}$). 선박이 수선하기 불가능한 경우로는 ① 선박이 그 현재지에서 수선을 받을 수 없으며 또 그 수선을 할 수 있는 곳에 도달하기 불가능한 때 ② 수선비가 선박의 가액의 4분의 3을 초과할 때를 말한다($\frac{상}{①}$ 754).

수선비의 가액은 선박이 항해 중 훼손된 경우에는 그 발항한 때의 가액으로 하고 그 밖의 경우에는 그 훼손 전의 가액으로 한다(상754②).

2) 선장의 의무

선장은 보고·계산의 의무가 있는데, 선장은 항해에 관한 중요한 사항을 지체 없이 선박소유자에게 보고하여야 한다(상755①). 그리고 선장은 매 항해를 종료한 때에는 그 항해에 관한 계산서를 지체 없이 선박소유자에게 제출하여 그 승인을 얻어야 한다(상755②). 선장은 선박소유자의 청구가 있을 때에는 언제든지 항해에 관한 사항과 계산의 보고를 하여야 한다(상755③).

(2) 적하이해관계인에 대한 관계

선장은 원칙적으로 적하이해관계인과 직접적인 법률관계는 없지만 해상의 위험 등 때문에 선장이 항해 중에 적하를 처분하는 경우에는 이해관계인의 이익을 위하여 가장 적당한 방법으로 하여야 한다(상752①). 적하의 처분이란 매각하거나 투기 등 법률행위이든 사실행위이든 불문한다.

이 경우에 이해관계인은 선장의 처분으로 인하여 생긴 채무가 있을 때에는 채권자에게 적하의 가액을 한도로 하여 책임을 진다. 그러나 그 이해관계인에게 과실이 있는 때에는 무한의 책임을 진다(상752②). 적하를 처분할 경우의 손해배상액은 그 적하가 도달할 시기의 양륙항의 가격에 의하여 이를 정한다. 그러나 그 가격 중에서 지급을 요하지 아니하는 비용을 공제하여야 한다(상750②).

(3) 여객에 대한 관계

여객이 사망한 때에는 선장은 그 상속인에게 가장 이익이 되는 방법으로 사망자가 휴대한 수하물을 처분하여야 한다(상824).

(4) 구조료채무자에 대한 관계

선장은 구조료를 지급할 채무자에 갈음하여 그 지급에 관한 재판상 또는 재판 외의 모든 행위를 할 권한이 있다(상894①). 따라서 선장은 그 구조료에 관한 소송의 당사자가 될 수 있고, 그 확정판결은 구조료의 채무자에 대하여도 효력이 있다(상②⁸⁹⁴).

6.2.4.2.4. 선장의 공법상의 권리 · 의무

(1) 선장의 공법상의 권리

선장의 공법(선원법)상의 권한은 다음과 같다.

1) 지휘 · 명령권

선장은 위험 공동체인 선박운항의 최고 책임자로서 해원(海員)을 지휘 · 감독하며, 또한 선내에 있는 여객 · 기타의 자에 대하여 자기의 직무를 행함에 있어 필요한 명령을 할 수 있다.

2) 징계권

선장은 규정된 선내의 규율을 지키지 아니하는 해원을 징계할 수 있다.

3) 강제조치권

선장은 해원 · 여객 · 기타 선내에 있는 자가 흉기 · 폭발물 또는 발화하기 쉬운 물건을 소지한 때에는 필요에 따라 그 물건의 보관 · 폐기 기타 조치를 취할 수 있으며, 해원이 승선계약 종료의 공인이 있은 후 선박을 떠나지 아니할 때에는 그 해원을 강제로 조치할 수 있다.

4) 행정관청에 대한 원조의 청구권

선장은 해원 · 여객 · 기타 선내에 있는 자가 위험물을 소지하거나, 선내에 있는 사람의 인명이나 선박에 위해를 미치게 하거나, 선내 질서를 문란하게 할 경우 필요하다고 인정할 때에는 행정관청에 원조를 청할 수 있다.

5) 사법경찰관으로서의 직무

원양 · 근해 또는 연해구역을 항해하는 총톤수 20톤 이상인 선박의 선장은 선내에서 발생한 범죄에 대하여 사법경찰관으로서 범죄의 수사, 범인의 체포 등을 할 수 있다.

6) 선내 사망자에 대한 수장권

선장은 선박의 항행 중 선내에 있는 사람이 사망한 때에는 적절한 조건의 구비 하에 사체를 수장할 수 있다.

7) 호적공무원의 직무

항행 중 선내에서 출생 또는 사망에 대한 신고사항을 항해일지에 기재·기명·날인하고, 선박이 입항한 후 이에 대한 항해일지의 등본을 관계 시·읍·면장에게 발송해야 한다.

(2) 선장의 공법상의 의무

선장의 공법(선원법)상의 의무는 다음과 같다.

1) 출항 전의 검사의무

또한 공법상의 의무는 다음과 같다. 출항 전에 선박이 항해에 대한 감항성 여부와, 항해에 적응할 장비·적하(積荷)·인원·식료·연료·기타의 준비가 완료되어 있는지의 여부를 검사하여야 한다(선원법 7). 선장은 선박에 ① 선박국적증서 또는 선적증서 ② 승무원명부 ③ 항해일지 ④ 화물에 관한 서류 ⑤ 그 밖에 해양수산부령이 정하는 서류 등을 비치하여야 한다(선원법 20 ①).

2) 항행의 성취의무

선장은 항해의 준비가 완료된 때에는 즉시 출항하여야 하며(발항의무), 부득이한 경우 이외에는 예정항로를 변경하지 않고 도착항까지 항행하여야 한다(직항의무)(선원법 8).

3) 재선의무

선장은 화물의 선적 또는 여객의 승선이 개시될 때부터 화물의 양륙과 여객의 하선이 완료될 때까지 그 선박에서 떠나지 못한다(선원법 10).

4) 갑판상의 지휘의무

선장은 선박이 항구를 출입할 때, 선박이 좁은 수로를 통과할 때, 기타 선박에 위험성이 있을 때 갑판상에서 직접 선박을 지휘하여야 한다(선원법 9).

5) 선박 위험시의 조치의무

선장은 자기가 지휘하는 선박에 급박한 위험이 있을 때에는 인명·선박 및 적화물의 구조에 필요한 수단을 다하여야 한다(선원법 11).

6) 선박충돌시의 조치의무

선박이 충돌한 때에는 자기가 지휘하는 선박에 급박한 위험이 발생한 경우를 제외하고는 인명과 선박의 구조에 최선을 다하여야 하며, 또한 선박의 명칭·소유자·선적항·출항항·도착항을 상대방에게 통보하여야 한다(선원법 12).

7) 조난선박 등의 구조의무

타선박 및 항공기의 조난을 알았을 때 자기가 지휘하는 선박에 급박한 위험이 있을 경우를 제외하고는 인명 구조에 필요한 조치를 다하여야만 한다(선원법 13).

6.2.4.3. 해원

선원법상 선원이라 함은 임금을 받을 목적으로 배안에서 노무를 제공하기 위하여 고용된자로 선장·해원·예비원이 있다. 이러한 해원은 해상보조자에 불과하기 때문에 육상보조자나 선장과 같은 대리권이 없다(선원법 3 ⅰ).

6.2.4.4. 선박사용인

선박사용인이라 함은 임시로 선박상의 노무에 종사하기 위하여 고용된 자이다.

6.2.4.5. 도선사

도선사라 함은 일정한 도선구(導船區)에서 도선업무를 할 수 있는 도선사의 면허를 가진 자를 말한다(선원법 2 ⅱ).

6.2.5.1. 선박소유자의 책임제한 총설

6.2.5.1.1. 서

선박을 이용한 해상운송은 해상위험에서 오는 선박소유자의 운영리스크를 완화해줄 필요가 있었고 이와 관련한 여러 입법주의가 있다. 우리 상법상 선주유한책임제도는 1991년 개정상법시 금액책임주의로 일원화 하였다(상769
이하). 2007년 개정상법에서는 상법상 선주의 유한책임이 너무 낮다는 비판에 따라 국제적 추세에 맞추어 해상운송인의 책임을 더 무겁게 하는 입법이 이루어졌다

6.2.5.1.2. 선주책임제한에 관한 입법주의

(1) 위부주의

일방적 의사표시에 의하여 소유권을 이전하는 것을 위부(委付)라 하는데, 위부주의(佛法主義)란 선박소유자가 원칙적으로 인적 무한책임을 지나, 채권자에 대하여 해산(海産), 즉 선박과 운임, 손해배상청구권 등의 소유권을 일방적 의사표시에 의하여 이전한 경우에는 책임을 면한다는 주의이다.

(2) 선가책임주의

선가책임주의(美國法主義)란 선박소유자는 원칙적으로 항해말에 있어서의 선박의 가액과 그 선박에 의하여 생긴 채권액을 한도로 하여 인적 유한책임을 지고 동시에 선택적으로 해산의 위부권도 인정하는 주의이다.

(3) 집행주의

집행주의(獨法主義)는 선박소유자의 책임을 선박해산으로 제한하는 것으로 채권자는 오직 그 해산에 대해서만 강제집행을 할 수 있고 육산에는 미치지 못한다는 주의이다.

(4) 금액책임주의

금액책임주의란 항해단위가 아닌 사고마다 선박소유자의 책임한도액을 정하여 선박소유자는 선박의 톤당 얼마로 정하여진 금액의 한도 내에서 그 책임을 지는 주의이다.

(5) 선택주의

선택주의는 선박소유자의 무한책임을 원칙으로 하며 다만 선박소유자는 위부주의·선가책임주의·금액책임주의 등에 대한 선택권을 가지는 주의이다.

(6) 상법의 입장

선주책임제한에 관한 통일조약 중 1924년의 통일조약은 선가책임주의와 금액책임주의를 병용하였고, 1957년 통일조약에서는 금액책임주의로 단일화하였다가 1976년 통일조약은 1957년의 금액책임주의를 유지하면서 선주의 책임한도액을 선박톤수 단위로 증대시켰다.

1991년 개정상법은 1976년 「해사채권에 대한 책임제한 조약」의 내용을 입법화하여 책임제한 주체의 책임한도액을 증액하고 해상기업 활동의 다양화에 대응한 합리적 책임제한 제도를 확립하기 위하여 책임제한 주체의 범위를 용선자, 이행보조자, 구조자까지 확대하되 금액책임주의를 취하고 있었다.

2007년 개정상법은 이전의 기본적인 틀을 유지하면서 다만 여객의 사망에 대한 책임제한액을 국제조약에 맞추어 상향조정 하였다.

6.2.5.1.3. 책임제한의 주체

(1) 선박소유자 등

책임제한을 주장할 수 있는 자는 선박소유자뿐만 아니라(상769), 용선자, 선박관리인 및 선박운항자이다(상774①ⅰ). 이때 만일 동일한 사고에서 발생한 선박소유자의 책임과 용선자·선박관리인 및 선박운항자의 책임이 경합하는 경우에는 그 책임의 총액은 선박마다 법정책임한도액(상776)을 초과하지 못한다(상774②). 선박소유자 또는 선박관리인 및 선박운항자들 중 1인이 책임제한 절차개시의 결정을 받은 때에는 책임제한을 할 수 있는 다른 자도 이를 원용할 수 있다(상774③).

(2) 법인 선박소유자·무한책임사원

책임제한을 주장할 수 있는 자가 법인 또는 인적 회사인 경우 그의 무한책임사원도 책임제한을 주장할 수 있다(상774①ⅱ).

(3) 선장, 해원, 도선사 그 밖의 선박사용인 등

자기의 행위로 인하여 선박소유자, 용선자, 선박관리인 및 선박운항자에 대하여 책임을 생기게 한 선장, 해원, 도선사 그 밖의 선박소유자 등의 사용인 또는 대리인도 책임제한을 주장할 수 있다(상774①ⅲ).

(4) 해난구조자

구조자라 함은 구조활동에 직접 관련된 용역을 제공한 자를 말하며, 구조활동이라 함은 해난구조 시의 구조활동은 물론 침몰·난파·좌초 또는 유기 그 밖의 해양사고를 당한 선박 및 그 선박 안에 있거나 있었던 적하 그 밖의 물건의 인양·제거·파괴 또는 무해조치 및 이와 관련된 손해를 방지 또는 경감하기 위한 모든 조치를 말한다(상775④).

해난구조자가 구조활동과 직접 관련하여 과실 등으로 제3자에게 손해를 입혀 손해배상책임을 부담하는 경우도 책임제한을 주장할 수 있다. 즉 구조자 또는 그 피용자의 구조활동과 직접 관련하여 발생한 사람의 사망·신체의 상해, 재산의 멸실이나 훼손, 계약상 권리 외의 타인의 권리의 침해로 인하여 생긴 손해에 관한 채권 및 그러한 손해를 방지 혹은 경감하기 위한 조치에 관한 채권 또는 그 조치의 결과로 인하여 생긴 손해에 관한 채권에 대하여 구조자도 책임을 제한할 수 있다(상 775 ①).

6.2.5.1.4. 책임제한채권

(1) 책임제한채권

1) 일반책임제한 채권

선박소유자 등(상 769, 774 ① i), 법인 또는 인적 회사의 무한책임사원(상 774 ① ii) 및 선장 등(상 774 ① iii)이 주장할 수 있는 책임제한 채권은 다음과 같다(상 769).

① 선박에서 또는 선박의 운항에 직접 관련하여 발생한 사람의 사망, 신체의 상해 또는 그 선박 외의 물건의 멸실 또는 훼손으로 인하여 생긴 손해에 관한 채권

⇒ 선박충돌 사고로 인한 손해배상채권은 "선박의 운항에 직접 관련하여 발생한 그 선박 외의 물건의 멸실 또는 훼손으로 인하여 생긴 손해에 관한 채권"에 해당하고, 그러한 채권은 불법행위를 원인으로 하는 것이라 하여도 "청구원인의 여하에 불구하고" 책임을 제한할 수 있는 것으로 규정하고 있는 같은 법상 책임제한의 대상이 된다.[9]

② 운송물, 여객 또는 수하물의 운송의 지연으로 인하여 생긴 손해에 관한 채권

③ 그 밖에 선박의 운항에 직접 관련하여 발생한 계약상의 권리 외의 타인의 권리의 침해로 인하여 생긴 손해에 관한 채권

④ 위의 채권의 원인이 된 손해를 방지 또는 경감하기 위한 조치에 관한 채권 또는 그 조치의 결과로 인하여 생긴 손해에 관한 채권

---

9) 大判 1995.06.05, 95마325

위 채권이 선박소유자 자신의 고의 또는 손해발생의 염려가 있음을 인식하면
서 무모하게 한 작위 또는 부작위로 인하여 생긴 손해에 관한 것인 때에는 책
임제한을 할 수 없다(상769). 책임제한이 배제되는 주관적 요건은 책임제한의 주체
별로 판단한다. 판례도 책임제한이 배제되기 위해서는 책임제한의 주체가 선박
소유자인 경우에는 선박소유자 본인의, 용선자 등인 경우에는 그 용선자 등 본
인의, 피용자인 경우에는 피용자 본인의, 각 고의 또는 손해발생의 염려가 있음
을 인식하면서 무모하게 한 작위 또는 부작위가 있어야 하는 것이며, 위 피용자
에게 위와 같은 고의 또는 무모한 행위가 있었다고 하더라도 선박소유자 본인
에게 그와 같은 고의 또는 무모한 행위가 없는 이상 선박소유자는 책임을 제한
할 수 있다고 판시하고 있다.[10]

2) 구조자에 대한 책임제한 채권

구조자 또는 그 피용자의 구조활동과 직접 관련하여 발생한 사람의 사망·신
체의 상해, 재산의 멸실이나 훼손, 계약상 권리 외의 타인의 권리의 침해로 인
하여 생긴 손해에 관한 채권 및 그러한 손해를 방지 혹은 경감하기 위한 조치
에 관한 채권 또는 그 조치의 결과로 인하여 생긴 손해에 관한 채권에 대하여
구조자도 책임을 제한할 수 있다. 단 구조자에 대한 채권에는 구조활동과 관련
이 없는 운송물·여객 또는 수하물의 운송의 지연으로 생긴 손해에 관한 채권
(상769 ii) 및 여객의 사망 또는 신체의 상해로 인한 손해에 관한 채권(상770 ①i)은 발생할
여지가 없다(상775 ①).

구조활동을 선박으로부터 행하지 아니한 구조자 또는 구조를 받는 선박에서
만 행한 구조자는 책임의 한도액에 관하여 1천500톤의 선박에 의한 구조자로
본다(상775 ②). 구조자의 책임의 한도액은 구조선마다 또는 구조활동을 선박으로부터
행하지 아니한 구조자 또는 구조를 받는 선박에서만 행한 경우에는 구조자마다
동일한 사고로 인하여 생긴 모든 채권에 미친다(상775 ③).

---

10) 大判 1995.03.24, 94마2431; 同旨 大判 1995.06.05, 95마325

(2) 책임제한을 할 수 없는 채권

선박소유자는 다음 각 호의 채권에 대하여는 그 책임을 제한하지 못한다($\frac{상}{773}$).

① 선장·해원 그 밖의 사용인으로서 그 직무가 선박의 업무에 관련된 자 또는 그 상속인, 피부양자 그 밖의 이해관계인의 선박소유자에 대한 채권

→ 이는 선주의 책임제한을 통한 이익보다는 약자인 사용자를 보호하기 위한 것으로 사회보장적 측면을 고려한 것이다.

② 해난구조로 인한 구조료 채권 및 공동해손의 분담에 관한 채권

→ 해난구조로 인한 구조료 채권 및 공동해손의 분담에 관한 채권에 대해서는 상법에 별도의 책임한도 규정을 두고 있기 때문에 제외한 것이다. 즉 해난구조의 보수액은 다른 약정이 없으면 구조된 목적물의 가액을 초과하지 못하며($\frac{상}{①}$ 884), 공동해손의 분담책임이 있는 자는 선박이 도달하거나 적하를 인도한 때에 현존하는 가액의 한도에서 그 책임을 진다($\frac{상}{868}$).

③ 1969년 11월 29일 성립한 「유류오염손해에 대한 민사책임에 관한 국제조약」 또는 그 조약의 개정조항이 적용되는 유류오염손해에 관한 채권

→ 유류오염손해배상보장법에 의하여 선박소유자의 책임을 제한하고 있으므로 상법에서 다시 책임제한을 할 필요가 없어서 책임제한채권에서 배제한 것이다.

④ 침몰·난파·좌초·유기 그 밖의 해양사고를 당한 선박 및 그 선박 안에 있거나 있었던 적하 그 밖의 물건의 인양·제거·파괴 또는 무해조치에 관한 채권

→ 이 규정의 의미는 선박소유자에게 해상에서의 안전, 위생, 환경보전 등의 공익적인 목적으로 관계 법령에 의하여 그 제거 등의 의무가 부과된 경우에 그러한 법령상의 의무를 부담하는 선박소유자에 한하여 난파물 제거채권에 대하여 책임제한을 주장할 수 없는 것으로 하자는 것이다.[11]

⑤ 원자력손해에 관한 채권

→ 원자력손해배상법에 의하여 선박소유자의 책임을 제한하고 있으므로 상법에서 다시 책임제한을 할 필요가 없어서 책임제한채권에서 배제한 것이다.

---

11) 大判 2000.08.22. 99다9646, 9653, 9660, 9677.

⑥ 기타

선박소유자 자신의 고의 등으로 인하여 생긴 손해에 관한 채무도 책임제한이
인정되지 않는다.

상법상 선박소유자의 면책규정이나 유한책임에 관한 규정은 선하증권상 면책
조항이나 책임제한에 관하여 정한 경우가 아닌 한 오로지 운송계약상의 채무불
이행책임에만 적용되고 당사자 사이에 이를 불법행위책임에도 적용키로 하는
별도의 합의가 없는 이상 당연히 불법행위책임에 적용되지는 않는다. 따라서 해
상운송인이 화물운송 중 자기나 사용인 등의 고의 또는 과실로 인하여 화물을
멸실 또는 훼손시킨 경우 화주는 운송인에 대하여 운송계약불이행으로 인한 손
해배상과 불법행위로 인한 손해배상을 경합적으로 청구할 수 있다.[12]

6.2.5.1.5. 책임제한채권의 발생원인 및 단위

(1) 발생원인

상법은 책임제한채권의 발생원인에 대하여 청구원인의 여하를 불문한다(상769).
따라서 채무불이행으로 인한 채권이든 불법행위로 인한 채권이든 불문하고 책
임제한채권이 된다.

(2) 단위

책임제한채권은 선박마다 또 사고마다 하게 된다(사고주의)(상770②,775②). 즉 동일한
사고에서 발생한 모든 채권에 대한 선박소유자 등의 책임한도액은 선박마다 동
일한 사고에서 생긴 각 책임한도액에 대응하는 선박소유자에 대한 모든 채권에
미친다(상770②). 즉 동일한 사고에서 발생한 모든 채권에 대한 선박소유자 등의 책임
제한액의 총액은 선박마다의 책임한도액을 초과하지 못한다.

해난구조자의 책임한도액은 사고마다 구조선 단위로 정하여지나 다만 구조활
동을 선박에 의하지 않고 하거나 피구조선에서만 한 구조자에 관하여는 구조자

---

12) 大判 1989.04.11, 88다카11428

단위로 정하여진다($\frac{상}{③}$ 775).

동일한 선박의 동일한 사고에서 발생한 손해라도 책임한도액은 다시 책임제한채권의 내용에 따라 정하여진다. 즉 책임제한채권은 ① 여객의 사상으로 인한 손해에 관한 채권 ② 여객 외의 사람의 사상으로 인한 손해에 관한 채권 ③ 양자를 제외한 그 밖의 손해(물적 손해 등)에 관한 채권으로 3분되어 각각 별도의 책임한도액이 정하여진다($\frac{상}{①}$ 770). 이때 채권자의 책임이 제한되는 채권은 각 책임한도액에 대하여 각 채권액의 비율로 경합한다($\frac{상}{③}$ 770).

6.2.5.1.6. 책임한도액

(1) 서

선주의 책임한도액은 여객의 사상으로 인한 손해, 여객 외의 사람의 사상으로 인한 손해 및 그 밖의 손해로 3분하여 계산된다. 상법 제770조는 금액책임주의로 일원화하면서 동시에 선박의 톤수가 커질수록 책임한도액의 증가가 줄어드는 체감적 톤수비례방식을 채택하고 있다.

책임제한을 위한 선박의 톤수는 국제항해에 종사하는 선박의 경우에는 「선박법」에서 규정하는 국제총톤수로 하고 그 밖의 선박의 경우에는 동법에서 규정하는 총톤수로 한다($\frac{상}{772}$).

(2) 여객의 사상으로 인한 손해

여객의 사망 또는 신체의 상해로 인한 손해에 관한 채권에 대한 책임의 한도액은 그 선박의 선박검사증서에 기재된 여객의 정원에 17만5천 계산단위(국제통화기금의 1 특별인출권에 상당하는 금액을 말함)를 곱하여 얻은 금액으로 한다($\frac{상}{①}$ 770). 이때 계산단위라고 하는 것은 국제통화기금(IMF: International Monetary Fund)의 1특별인출권(SDR: Special Drawing Rights)에 상당하는 금액을 말한다.

선박소유자가 부담하는 책임한도액을 구 상법상 46,666 계산단위를 곱하여 얻은 금액과 2,500만 계산단위에 상당하는 금액 중 적은 금액"에서 175,000 계산단위로 상향 조정한 것은 현행 선박소유자 등 여객운송인의 책임한도액이 실제 배상액을 반영하지 못하여 이보다 훨씬 높은 금액에서 합의가 이루어지고 있는 상황을 반영하고 「1976년 국제해사채권책임제한조약」의 1996년 개정의정서(Protocol of 1996 to amend the Convention on Limitation of Liability for Maritime Claims) 수준에 맞추려는 것이다. 다만 책임한도액의 상향 조정에 따른 선박소유자의 부담을 경감하여 주기 위해서 개정안 시행 후 3년간 발생하는 사고에 대하여는 175,000 계산단위를 적용하지 않고 1/2에 해당하는 87,500 계산단위를 적용하도록 하는 경과조치를 두고 있다(부칙 4).

여객의 사상으로 인한 손해액의 한도액
여객의 정원 X 17만5천 계산단위(SDR)

(3) 여객 외의 사람의 사상으로 인한 손해

여객 외의 사람의 사망 또는 신체의 상해로 인한 손해에 관한 채권에 대한 책임의 한도액은 그 선박의 톤수에 따라서 다음에 정하는 바에 의하여 계산된 금액으로 한다. 그러나 3백 톤 미만의 선박의 경우에는 16만7천 계산단위에 상당하는 금액으로 한다(상770 ① ii).

① 5백 톤 이하의 선박의 경우에는 33만3천 계산단위에 상당하는 금액

② 5백 톤을 초과하는 선박의 경우에는 위 ①의 금액에 500 톤을 초과하여 3천 톤까지의 부분에 대하여는 매 톤당 500 계산단위, 3천 톤을 초과하여 3만 톤까지의 부분에 대하여는 매 톤당 333 계산단위, 3만 톤을 초과하여 7만 톤까지의 부분에 대하여는 매 톤당 250 계산단위 및 7만 톤을 초과한 부분에 대하여는 매 톤당 167 계산단위를 각 곱하여 얻은 금액을 순차로 가산한 금액

■ 여객 외의 사람의 사상으로 인한 손해

선박의 톤수	책임한도액
300톤 미만	167,000 SDR
300톤 ~ 500톤	333,000 SDR
500톤 초과 ~ 3,000톤	333,000 SDR + 초과톤당 500 SDR 3,000톤인 경우 : 1,583,000 SDR
3,000톤 초과 ~ 30,000톤	1,583,000 SDR + 초과톤당 333 SDR 30,000톤인 경우 : 10,574,000 SDR
30,000톤 초과 ~ 70,000톤	10,574,000 SDR + 초과톤당 250 SDR 70,000톤인 경우 : 20,574,000 SDR
70,000톤 초과	20,574,000 SDR + 초과톤당 167 SDR

(4) 그 밖의 손해

채권에 대한 책임의 한도액은 그 선박의 톤수에 따라서 다음에 정하는 바에 의하여 계산된 금액으로 한다. 그러나 3백 톤 미만의 선박의 경우에는 8만3천 계산단위에 상당하는 금액으로 한다($\overset{상 770}{① iii}$). 이 경우에도 선박톤수 증가에 따라 한도액의 증가비율이 낮아지는 체감방식으로 한다.

① 5백 톤 이하의 선박의 경우에는 16만7천 계산단위에 상당하는 금액

② 5백 톤을 초과하는 선박의 경우에는 ①의 금액에 5백 톤을 초과하여 3만 톤까지의 부분에 대하여는 매 톤당 167 계산단위, 3만 톤을 초과하여 7만 톤까지의 부분에 대하여는 매 톤당 125 계산단위 및 7만 톤을 초과한 부분에 대하여는 매 톤당 83 계산단위를 각 곱하여 얻은 금액을 순차로 가산한 금액($\overset{상 747}{① iii}$)

■ 그 밖의 손해

선박의 톤수	책임한도액
300톤 미만	83,000 SDR
300톤 ~ 500톤	167,000 SDR
500톤 초과 ~ 30,000톤	167,000 SDR + 초과톤당 167 SDR 30,000 톤인 경우 : 5,093,500 SDR
30,000톤 초과 ~ 70,000톤	5,093,500 SDR + 초과톤당 125 SDR 70,000 톤인 경우 : 10,093,500 SDR
70,000톤 초과	10,093,500 SDR + 초과톤당 83 SDR

이때 여객 외의 사람의 사상으로 인한 손해에 대한 책임한도액이 그 채권의 변제에 부족한 때에는 그 밖의 손해에 대한 책임한도액에서 그 잔액채권을 변제할 수 있는데, 이때 그 밖의 손해에 관한 채권이 있는 경우에는 이 채권과 여객 외의 사람의 사상으로 인한 손해에 대한 잔액채권이 각 채권액의 비율로 경합한다($\overset{상 770}{④}$). 또한 선박소유자 등 책임제한 채무자가 책임제한 채권자에 대하여 동일사고로 인하여 생긴 손해에 관한 채권을 가지는 경우에는 그 채권액을 공제한 잔액에 한하여 책임제한을 받는다($\overset{상}{771}$).

(5) 해난구조자의 책임제한채권의 경우

구조자 또는 그 피용자의 구조활동과 직접 관련하여 발생한 사람의 사망·신체의 상해, 재산의 멸실이나 훼손, 계약상 권리 외의 타인의 권리의 침해로 인하여 생긴 손해에 관한 채권 및 그러한 손해를 방지 혹은 경감하기 위한 조치에 관한 채권 또는 그 조치의 결과로 인하여 생긴 손해에 관한 채권에 대하여 구조자도 책임을 제한할 수 있다(상775①). 단 구조자에 대한 채권에는 구조활동과 관련이 없는 운송물·여객 또는 수하물의 운송의 지연으로 생긴 손해에 관한 채권(상769ⅱ) 및 여객의 사망 또는 신체의 상해로 인한 손해에 관한 채권(상770①ⅰ)에 대한 책임의 한도액은 그 선박의 선박검사증서에 기재된 여객의 정원에 17만5천 SDR을 곱하여 얻은 금액으로 한다는 규정은 적용하지 않는다(상775①단서).

이렇듯 구조자에 대한 정의규정을 두고 있는 것은 구조자의 책임제한에서 말하는 구조자의 개념이 해난구조에 있어서 구조자의 개념과 다르다는 것을 분명히 하기 위하여「1976년 국제해사채권책임제한조약」과 같은 내용으로 규정하고 있는 것이다.

구조활동을 선박으로부터 행하지 아니한 구조자 또는 구조를 받는 선박에서만 행한 구조자는 제770조의 규정에 의한 책임의 한도액에 관하여 1천500톤의 선박에 의한 구조자로 본다(상775②).13)

■ 여객 외의 사람의 사상으로 인한 손해

선박의 톤수	책임한도액
500톤 초과 ~ 3,000톤	333,000 SDR + 초과톤당 500 SDR 1500톤인 경우 : 833,000 SDR

---

13) 구 상법 제752조의2가「1976년 국제해사채권책임제한조약」의 내용을 정확하게 반영하지 못하고 있다는 지적이 있어서, 2007년 개정상법은 조약의 내용과 외국의 입법례를 참작하여 구조자가 구조활동과 관련하여 발생시킨 불가피한 손해에 대하여 책임제한을 주장할 수 있는 채권의 범위를 보다 구체화하고 있다.

■ 그 밖의 손해

선박의 톤수	책임한도액
500톤 초과 ~ 30,000톤	167,000 SDR + 초과톤당 167 SDR 1500 톤인 경우 : 334,000 SDR

6.2.5.1.7. 책임제한 절차

책임을 제한하고자 하는 자는 채권자로부터 책임한도액을 초과하는 청구금액을 명시한 서면에 의한 청구를 받은 날부터 1년 내에 법원에 책임제한절차 개시의 신청을 하여야 한다(상776①). 책임제한절차개시의 신청, 책임제한 기금의 형성, 공고, 참가, 배당 그 밖에 필요한 사항은 따로 법률로 정한다(상776②). 이에 대한 법률로 선박소유자 등의 책임제한절차에 관한 법률(1991.12.31, 법 제4487호)이 있다. 선박소유자 또는 기타 책임제한채무자(제1항 각 호에 규정된 자)의 1인이 책임제한절차 개시의 결정을 받은 때에는 책임제한을 할 수 있는 다른 자도 이를 원용할 수 있다(상774③).

서 설 **6.3.1**

해상물건운송계약 **6.3.2**

해상여객운송계약 **6.3.3**

▶ 6.3.1. 서설

6.3.1.1. 해상운송의 의의

6.3.1.1.1. 해상운송의 개념

해상운송이란 호천·항만 외의 해상에서 선박에 의한 물건 또는 여객을 운송하는 것으로 해상물건운송과 해상여객운송으로 나뉜다. 따라서 하천, 호수 등의 지역만을 운행하는 내륙수상운송은 일반적으로 해운의 개념에서 제외되며, 상선이 아닌 어선, 준설선 등도 해상운송의 개념에서 제외된다.

2007년 개정상법 이전에는 해상운송에 항해용선계약과 개품운송을 포함하고 있었으나 2007년 개정상법에서는 해상운송은 개품운송만을 의미하는 것으로 규정하고, 항해용선은 정기용선 및 선체용선과 같이 용선으로 별도로 규정하고 있다.

6.3.1.1.2. 해상운송계약의 법적 성질

해상운송계약은 일의 완성을 목적으로 하는 도급계약에 속하며 낙성계약이고 유상계약이다.

6.3.1.2. 해상운송 주체

상법상 해상운송기업의 주체는 운송인이다. 이에는 선박소유자 이외에 선체용선자 및 정기용선자도 포함된다.

6.3.2.1. 해상물건운송계약의 의의

해상물건운송계약이라 함은 당사자의 일방(해상운송인)이 상대방(송하인 또는 용선자)에 대하여 물건의 해상운송을 인수하고 상대방이 이에 대하여 보수를 지급할 것을 약정함으로써 성립하는 계약이다.

6.3.2.2. 해상물건운송계약의 종류

해상운송계약의 종류를 물건운송(제1절)과 여객운송(제2절)으로 구별하고 있던 상법을 2007년 개정상법에서는 개품운송(제1절), 해상운송계약(제2절), 항해용선(제3절), 정기용선(제4절), 선체용선(제5절)으로 구별하여 세분화 하였으며, 해상운송에서 쓰이는 선하증권을 운송증서(제6절)라는 별도의 절로 나누어 규정하고 있다.

6.3.2.2.1. 개품운송계약

(1) 개품운송계약의 의의

개품운송계약이라 함은 운송인이 개개의 물건을 해상에서 선박으로 운송할 것을 인수하고, 송하인이 이에 대하여 운임을 지급하기로 약정함으로써 그 효력이 생기는 운송계약을 말한다($^{\text{상}}_{791}$). 즉 개품운송계약은 선박회사가 여러 하주와 화물의 운송을 개별적으로 맺는 것으로 화물을 여러 하주로부터 받아 함께 선적하므로 정기선(Liner)에 의하는 경우가 많다.

■ **항해용선계약과 개품운송계약의 경제상 차이점**

구분	항해용선계약	개품운송계약
선로	불특정한 선로에서 임시적	특정한 선로에서 정기적
선체	소형	대형 정기선
계약내용	선박소유자와 용선자간에 보통 하나의 계약관계 有 → 각 계약마다 정해짐	운송인과 다수의 송하인 간에 다수의 계약관계 有 → 선하증권 계약에 의한 부합계약성을 가짐
재운송계약	허용	불허용

6.3.2.2.2. 여객운송

해상여객운송계약은 운송인이 특정한 여객을 출발지에서 도착지까지 해상에서 선박으로 운송할 것을 인수하고, 이에 대하여 상대방이 운임을 지급하기로 약정함으로써 그 효력이 생기는 운송을 말한다($\frac{상}{817}$).

6.3.2.2.3. 용선계약의 의의

용선계약(선복용선계약)이라 함은 운송인인 선박소유자 등이 선박의 전부 또는 일부의 선박을 제공하여 이것에 적재된 물건을 운송할 것을 약정하고 용선자가 이에 대하여 보수를 지급할 것을 약정하는 운송계약이다.

용선계약은 용선자가 선박의 점유를 취득하지 못하고 선박소유자 등이 선장을 점유보조자로 하여 선박을 점유하고 감독하며 항해를 지휘하는 등의 도급계약적 성질을 갖는다. 용선계약의 종류에는 전부용선계약, 일부용선계약, 항해용선계약, 기간용선계약, 주용선계약, 재용선계약 등이 있다.

6.3.2.2.4. 항해용선계약

(1) 항해용선계약의 의의

항해용선계약은 특정한 항해를 할 목적으로 선박소유자가 용선자에게 선원이 승무하고 항해장비를 갖춘 선박의 전부 또는 일부를 물건의 운송에 제공하기로 약정하고 용선자가 이에 대하여 운임을 지급하기로 약정함으로써 그 효력이 생기는 계약을 말한다($\overset{\text{상}827}{①}$).

(2) 적용범위

이 항해용선에 관한 규정은 그 성질에 반하지 아니하는 한 여객운송을 목적으로 하는 항해용선계약에도 준용한다($\overset{\text{상}827}{②}$). 선박소유자가 일정한 기간 동안 용선자에게 선박을 제공할 의무를 지지만 항해를 단위로 운임을 계산하여 지급하기로 약정한 경우에도 그 성질에 반하지 아니하는 한 이 항행용선의 규정을 준용한다($\overset{\text{상}827}{③}$).

(3) 항해용선계약의 체결

1) 계약의 당사자
항해용선계약의 기본당사자는 선박소유자와 용선자이다.

2) 계약의 체결
항해용선계약은 원칙적으로 자유롭게 체결할 수 있으며 불요식·낙성계약이다.

(4) 항해용선계약의 효력14)

1) 선박소유자의 의무

i) 선적과 관련한 의무

① 선박제공의무

선박소유자는 운송계약에서 정한 선박을 선적지에서 용선자 또는 송하인에게 제공하여야 한다.

② 선적준비완료통지의무

선박소유자(용선자)가 선적인인 경우에는 선박소유자는 운송물을 선적함에 필요한 준비가 완료된 때에는 지체 없이 용선자에게 그 통지를 발송하여야 한다($\overset{상\,829}{①}$). 운송물을 선적할 기간의 약정이 있는 경우에는 그 기간은 위의 통지가 오전에 있은 때에는 그 날의 오후 1시부터 기산하고, 오후에 있은 때에는 다음 날 오전 6시부터 기산한다. 이 기간에는 불가항력으로 인하여 선적할 수 없는 날과 그 항의 관습상 선적작업을 하지 아니하는 날을 산입하지 아니 한다($\overset{상\,829}{②}$). 이 기간을 경과한 후 운송물을 선적한 때에는 선박소유자는 상당한 보수를 청구할 수 있다($\overset{상\,829}{③}$).

용선자 외의 제3자가 운송물을 선적할 경우에 선장이 그 제3자를 확실히 알 수 없거나 그 제3자가 운송물을 선적하지 아니한 때에는 선장은 지체 없이 용선자에게 그 통지를 발송하여야 한다. 이 경우 선적기간 이내에 한하여 용선자가 운송물을 선적할 수 있다($\overset{상}{830}$).

③ 정박의무

선적기간과 양륙기간을 합하여 정박기간이라고 하는데, 용선계약의 경우에는 운송인은 용선자가 운송물의 전부를 선적 또는 양륙하는 데 필요한 기간만큼 선박을 정박시킬 의무가 있다. 그러나 용선자는 운송물의 전부를 선적하지 아니한 경우에도 선장에게 발항을 청구할 수 있다($\overset{상\,831}{①}$). 선적기간의 경과 후에는 용선자가 운송물의 전부를 선적하지 아니한 경우에도 선장은 즉시 발항할 수 있

---

14) 해상운송 즉 개품운송, 용선계약 등 해상운송인의 의무와 권리에 대한 포괄적인 설명은 6.3.2.4. 해상물건운송계약의 효력 참조.

다($^{상 831}_{②}$). 이 경우에는 용선자는 운임의 전액과 운송물의 전부를 선적하지 아니함으로 인하여 생긴 비용을 지급하고, 또한 선박소유자의 청구가 있는 때에는 상당한 담보를 제공하여야 한다($^{상 831}_{③}$).

④ 운송물 수령·적부의무

선박소유자는 용선계약에 따라 인도된 운송물을 수령할 의무가 있으며, 수령한 운송물을 적부할 의무를 부담한다($^{상 841①}_{795 ①}$). 적부란 운송물을 배에 실어서 선창 내에 적절한 방법으로 배치하는 것이라 할 것이다.

ii) 항해에 관한 의무

① 감항능력주의의무

감항능력주의의무란 선박소유자가 용선자나 송하인에 대하여 선적항을 발항할 당시 그 특정항해를 안전하게 완성할 수 있는 선박을 제공함에 있어서 상당한 주의를 다하여야 할 의무를 말한다. 운송인은 자기 또는 선원 그 밖의 선박사용인이 발항당시 감항능력주의의무를 해태하지 아니하였음을 증명하지 아니하면 운송물의 멸실, 훼손 또는 연착으로 인한 손해를 배상할 책임이 있다($^{상}_{794}$).

② 발항의무

선박소유자는 원칙적으로 선적기간 내에 운송물의 전부가 선적된 경우에만 발항하여야 한다. 예외적으로 용선자는 선적기간 내에 운송물의 전부를 선적하지 아니한 경우에도 선장에게 발항을 청구할 수 있고($^{상 831}_{①}$), 선장은 선적기간 경과 후에는 운송물의 전부가 선적되기 전이라도 즉시 발항할 수 있다($^{상 831}_{②}$). 이 경우 용선자는 운임의 전액과 운송물의 전부를 선적하지 아니함으로 인하여 생긴 비용을 지급하고, 또한 선박소유자의 청구가 있는 때에는 상당한 담보를 제공하여야 한다($^{상 831}_{③}$).

③ 직항의무(이로금지의무)

선박소유자는 발항하면 원칙적으로 예정항로에 따라 도착항(양륙항)까지 직항하여야 할 의무를 부담한다($^{상 796}_{viii}$).

④ 운송물에 관한 주의의무

운송인은 자기 또는 선원 그 밖의 선박사용인이 운송물의 수령, 선적, 적부, 운송, 보관, 양륙과 인도에 관하여 주의를 해태하지 아니하였음을 증명하지 아니하면 운송물의 멸실, 훼손 또는 연착으로 인한 손해를 배상할 책임이 있다(상 814 ①, 795 ①).

⑤ 위법선적물의 처분·위험물의 처분

법령 또는 계약에 위반하여 선적한 운송물 즉 위법선적물을 선장은 언제든지 이를 양륙할 수 있고 그 운송물이 선박 또는 다른 운송물에 위해를 미칠 염려가 있는 때에는 이를 포기할 수 있다(상 814 ①, 800 ①). 선장이 위 물건을 운송하는 때에는 선적한 때와 곳에서의 동종운송물의 최고운임의 지급을 청구할 수 있다(상 814 ①, 800 ②). 이 외에도 운송인 그 밖의 이해관계인은 손해배상을 청구할 수 있다(상 814 ①, 800 ③).

위험물 즉 인화성, 폭발성, 그 밖의 위험성이 있는 운송물은 운송인이 그 성질을 알고 선적한 경우에도 그 운송물이 선박이나 다른 운송물에 위해를 미칠 위험이 있는 때에는 선장은 언제든지 이를 양륙, 파괴 또는 무해조치할 수 있다(상 814 ①, 801 ①). 운송인은 위 처분에 의하여 그 운송물에 발생한 손해에 대하여는 공동해손 분담책임을 제외하고 그 배상책임을 면한다(상 814 ①, 801 ②).

iii) 양륙에 관한 의무

① 입항의무

선박소유자는 운송물의 양륙, 인도를 위하여 운송계약상 정하여진 양륙항 또는 용선자(송하인)가 지정하는 양륙항에 입항하여야 할 의무를 부담한다.

② 양륙 준비완료 통지의무

용선계약의 경우에는 운송물을 양륙함에 필요한 준비가 완료된 때에는 선장은 지체없이 수하인에게 그 통지를 발송하여야 한다(상 838 ①). 운송물을 양륙할 기간의 약정이 있는 경우에는 그 기간은 통지가 오전에 있은 때에는 그 날의 오후 1시부터 기산하고, 오후에 있은 때에는 다음날 오전 6시부터 기산한다. 이 기간에는 불가항력으로 인하여 선적할 수 없는 날과 그 항의 관습상 선적작업을 하지 아니하는 날을 산입하지 아니한다(상 838 ②, 829 ②). 위 양륙기간을 경과한 후 운송물을 양륙한 때에는 선박소유자는 상당한 보수를 청구할 수 있다(상 838 ③).

③ 정박(대박)의무

용선계약의 경우에는 운송인은 용선자가 운송물의 전부를 양륙하는 데 필요한 기간만큼 선박을 정박시킬 의무가 있다. 용선자가 위의 양륙기간을 경과한 후 운송물을 양륙한 때에는 운송인은 초과 정박기간에 상당하는 정박료(체선료)를 청구할 수 있다(상 838 ③).

④ 양륙의무

용선계약의 경우는 용선자 측에서 양륙의무를 부담한다.

⑤ 인도의무

선박소유자는 운송물을 정당한 수하인 즉 선하증권이 발행된 경우에는 선하증권의 정당한 소지인에게(상 841 ① 861), 선하증권이 발행되지 않은 경우에는 운송계약에서 지정된 수하인에게 운송물을 인도하여야 한다.

수하인은 수령의무(상 841 ① 802), 운임 등 지급의무(상 841 ① 807), 통지의무(상 841 ① 804)를 부담한다.

⑥ 공탁의무

수하인이 운송물의 수령을 해태한 때에는 선장은 이를 공탁하거나 세관 그 밖에 법령이 정하는 관청의 허가를 받은 곳에 인도할 수 있다. 이 경우에는 지체 없이 수하인에게 그 통지를 발송하여야 한다(상 841① 803 ①). 또한 수하인을 확실히 알 수 없거나 수하인이 운송물의 수령을 거부한 때에는 선장은 이를 공탁하거나 세관 그 밖의 관청의 허가를 받은 곳에 인도하고 지체 없이 용선자 또는 송하인 및 알고 있는 수하인에게 그 통지를 발송하여야 한다(상 841① 803 ②). 운송물을 공탁하거나 세관 그 밖에 관청의 허가를 받은 곳에 인도한 때에는 선하증권소지인 그 밖의 수하인에게 운송물을 인도한 것으로 본다(상 841① 803 ③).

2) 선박소유자의 책임

감항능력주의의무(상 794)의 규정에 위반하여 선박소유자의 의무 또는 책임을 경감 또는 면제하는 당사자 사이의 특약은 효력이 없다. 운송물에 관한 보험의 이익을 선박소유자에게 양도하는 약정 또는 이와 유사한 약정도 또한 같다(상 839 ①). 이 규정의 취지는 안전하게 항해할 수 있는 선박을 제공해야 하는 최소한의 감항능력주의의무와 관련하여서는 선박소유자의 의무 또는 책임을 경감하거나 면제할 수 없도록 함으로써 선박소유자의 우월적 지위를 견제하고자 하는 것이다.

그러나 개품운송계약의 경우와는 달리 항해용선계약에서는 제795조(운송물에 관한 주의의무), 제796조(운송인의 면책사유), 제797조(책임의 한도), 제798조(비계약적 청구에 대한 적용)의 규정에 반하여 선박소유자의 의무 또는 책임을 경감 또는 면제하는 당사자 사이의 특약은 효력이 있다(상839①, 799① 비교). 그러나 항해용선계약에서도 선박소유자가 제3자에게 선하증권을 발행한 경우에는 이 선하증권을 선의로 취득한 제3자에 대하여 선박소유자는 운송인으로서 권리와 의무가 있으므로(상855③) 개품운송계약의 경우와 동일하게 운송인으로서의 의무와 책임을 감경 또는 면제하는 특약을 하지 못한다(상855⑤).

산 동물의 운송 및 선하증권 그 밖에 운송계약을 증명하는 문서의 표면에 갑판적(甲板積)으로 운송할 취지를 기재하여 갑판적으로 행하는 운송에 대하여는 적용하지 아니한다(상839②, 799②). 즉 산 동물의 운송 및 갑판적 운송의 경우에는 운송인의 책임감경 또는 면제특약이 유효하다.

선박소유자의 용선자 또는 수하인에 대한 채권 및 채무는 그 청구원인의 여하에 불구하고 선박소유자가 운송물을 인도한 날 또는 인도할 날부터 2년 이내에 재판상 청구가 없으면 소멸한다. 다만, 이 기간은 당사자의 합의에 의하여 연장할 수 있다(상840①, 814① 단서). 기간을 단축하는 선박소유자와 용선자의 약정은 이를 운송계약에 명시적으로 기재하지 아니하면 그 효력이 없다(상840②).

당사자 사이의 합의에 따라 이 기간을 연장할 수 있도록 하고, 기간단축에 대하여는 이를 가능하도록 하되 항해용선계약에 명시적으로 기재할 것을 조건으로 하였는데, 이것 또한 기본적으로 계약자유의 원칙이 적용되는 용선계약의 특성을 반영하면서 기간단축에 관한 다툼의 소지를 제거하기 위한 것이다. 또한, 개정상법이 시행되기 전에 체결된 항해용선계약의 경우에는 종전대로 1년의 제척기간이 적용되도록 하는 경과조치를 두어 제척기간 변경으로 인한 혼란을 방지하고 있다(부칙5①).

3) 선박소유자의 권리

i) 운임청구권

운송인은 원칙적으로 운송물이 목적지에 도착하여야 운임을 청구할 수 있다.

운송물의 전부 또는 일부가 송하인의 책임 없는 사유로 인하여 멸실한 때에는 운송인은 그 운임을 청구하지 못한다. 운송인이 이미 그 운임의 전부 또는 일부를 받은 때에는 이를 반환하여야 한다(상841①, 134①).

운송물의 전부 또는 일부가 그 성질이나 하자 또는 용선자의 과실로 인하여 멸실한 때에는 운송인은 운임의 전액을 청구할 수 있다(상841①, 134②). 선박소유자는 선장이 항해의 계속에 필요한 비용을 지급하기 위하여 운송물을 처분하였을 때(상750①)와 공동해손처분을 한 경우에도(상865) 운임의 전액을 청구할 수 있다(상841①, 813). ① 선박의 침몰 또는 멸실 ② 선박의 수선불가능 ③ 선박의 포획 ④ 운송물의 불가항력적 멸실이 항해 도중에 생긴 때에는 용선자 또는 송하인은 운송의 비율에 따라 현존하는 운송물의 가액의 한도에서 운임을 지급하여야 하므로 운송인은 운임을 이 범위 내에서 청구할 수 있다(상841①, 810②).

운송물의 중량 또는 용적으로 운임을 정한 때에는 운송물을 인도하는 때의 중량 또는 용적에 의하여 그 액을 정한다(상841①, 805). 기간으로 운임을 정한 때에는 운송물의 선적을 개시한 날로부터 그 양륙을 종료한 날까지의 기간에 의하여 그 액을 정한다(상841①, 806①). 이 기간에는 불가항력으로 인하여 선박이 선적항이나 항해 도중에 정박한 기간 또는 항해도 중에서 선박을 수선한 기간을 산입하지 아니한다(상841①, 806②).

ii) 정박료 청구권

용선계약의 경우 약정한 선적기간 또는 양륙기간을 경과한 후 선적 또는 양륙을 한 때, 이 초과정박기간에 대하여 선박소유자는 정박료(체선료)를 청구할 수 있다(상841②, 829③ 830③). 수하인이 운송물을 수령한 때에는 수하인도 이러한 정박료를 지급하여야 할 의무를 부담한다(상841①, 807①).

iii) 부수비용 청구권 등

선박소유자는 운송계약 또는 선하증권의 취지에 따라 창고 보관료, 운송물 공탁비용, 검사비용, 관세 등과 같은 부대비용, 체당금, 운송물의 가액에 따른 공동해손 또는 해난구조로 인한 부담액을 용선자 또는 송하인에게 청구할 수 있는데 수하인이 운송물을 수령한 때에는 수하인에게도 이를 청구할 수 있다(상841①, 807①).

iv) 담보권

선박소유자(선장)는 수하인이 운송물을 수령하는 때에 운임, 부수비용, 체당금, 정박료, 운송물의 가액에 따른 공동해손 또는 해난구조로 인한 부담액을 지급하지 않으면 운송물을 인도하지 않고 이를 유치할 수 있는 권리를 갖는다(상 841 ①/807 ②).

선박소유자는 운임, 부수비용, 체당금, 정박료, 운송물의 가액에 따른 공동해손 또는 해난구조로 인한 부담액을 지급받기 위하여 법원의 허가를 얻어 운송물을 경매하여 우선변제를 받을 권리가 있다(상 841 ①/808 ①). 선장이 수하인에게 운송물을 인도한 후에도 선박소유자는 그 운송물에 대하여 위의 권리를 행사할 수 있다. 그러나 인도한 날로부터 30일을 경과하거나 제3자가 그 운송물에 점유를 취득한 때에는 그러하지 아니한다(상 841 ①/808 ②).

v) 부수적 권리

선박소유자는 운송과 관련하여 용선자에 대하여 다음과 같은 부수적 권리를 갖는다.

① 선박소유자는 용선자에 대한 운송(용선)계약서의 교부청구권(상 828)

② 용선계약의 경우 용선자에 대한 선적청구권(상 829 ①)

③ 용선계약의 경우 선적기간 내에 선적이 완료되지 않은 때의 발항권(상 792 ①/831 ②)

④ 용선자에 대한 선적기간 내에 운송에 필요한 서류의 교부청구권(상 841 ①/793)

⑤ 위법선적물 또는 위험물에 대한 조치권(상 841 ①/801)

⑥ 용선자가 운송물의 전부 또는 일부를 선적하고 운송계약을 해제 또는 해지한 경우 선적과 양륙비용의 청구권(상 835)

⑦ 용선자에 대한 선하증권등본의 교부청구권(상 856)

4) 채권의 제척기간

선박소유자의 용선자 또는 수하인에 대한 채권 및 채무는 그 청구원인의 여하에 불구하고 선박소유자가 운송물을 인도한 날 또는 인도할 날부터 2년 이내에 재판상 청구가 없으면 소멸한다. 다만, 이 기간은 당사자의 합의에 의하여 연장할 수 있다(상 840 ①/814 ① 단서). 기간을 단축하는 선박소유자와 용선자의 약정은 이를 운송계약에 명시적으로 기재하지 아니하면 그 효력이 없다(상 840 ②).

(5) 항해용선계약의 종료

1) 용선자의 임의해제

i) 발항 전의 임의해제

㈎ 전부용선계약의 경우

발항 전에는 전부용선자는 운임의 반액을 지급하고 계약을 해제할 수 있다 (상832①). 왕복항해의 용선계약인 경우에 전부용선자가 그 회항 전에 계약을 해지하는 때와 선박이 다른 항에서 선적항에 항행하여야 할 경우에 전부용선자가 선적항에서 발항하기 전에 계약을 해지하는 때에는 운임의 3분의 2를 지급하여야 한다(상832②,③).

용선자나 송하인이 계약을 해제 또는 해지를 한 때에도 부수비용과 체당금을 지급할 책임을 면하지 못한다(상834①). 이 경우 용선자나 송하인은 운송물의 가액에 따라 공동해손 또는 해난구조로 인하여 부담할 금액을 지급하여야 한다(상834②). 또한 운송물의 전부 또는 일부를 선적한 때에는 그 선적과 양륙의 비용은 용선자 또는 송하인이 부담한다(상835).

㈏ 일부 용선계약 또는 개품운송계약의 경우

일부용선자나 송하인은 다른 용선자와 송하인 전원과 공동으로 하는 경우에 한하여 운송계약을 해제 또는 해지를 할 수 있다(상833①). 용선자나 송하인이 계약을 해제 또는 해지를 한 때에도 부수비용과 체당금을 지급할 책임을 면하지 못한다(상834①). 용선자와 송하인 전원이 공동으로 하지 않은 경우에는 일부 용선자나 송하인이 발항 전에 계약을 해제 또는 해지를 한 때에도 운임의 전액을 지급하여야 한다(상833②). 발항전이라도 일부 용선자나 송하인이 운송물의 전부 또는 일부를 선적한 경우에는 다른 용선자와 송하인의 동의를 얻지 아니하면 계약을 해제 또는 해지하지 못한다(상833③). 또한 운송물의 전부 또는 일부를 선적한 때에는 그 선적과 양륙의 비용은 용선자 또는 송하인이 부담한다(상835).

㈐ 용선자의 계약 해제·해지 의제

용선자가 선적기간 내에 운송물의 선적을 하지 아니한 때에는 계약을 해제 또는 해지한 것으로 본다(상836).

ii) 발항 후의 임의해지

발항 후에는 용선자나 송하인은 운임의 전액, 체당금, 체선료와 공동해손 또는 해난구조의 부담액을 지급하고 그 양륙하기 위하여 생긴 손해를 배상하거나 이에 대한 상당한 담보를 제공하여야 계약을 해지할 수 있다($\frac{상}{837}$).

2) 불가항력에 의한 임의해제

항해 또는 운송이 법령에 위반하게 되거나 그 밖에 불가항력으로 인하여 계약의 목적을 달할 수 없게 된 때에는 각 당사자는 계약을 해제할 수 있다($\frac{상 841 ①}{811 ①}$). 불가항력적 사유가 항해 도중에 생긴 경우에 계약을 해지한 때에도 용선자 또는 송하인은 운송의 비율에 따른 운임을 지급하여야 한다($\frac{상 841 ①}{811 ②}$).

3) 법정원인에 의한 당연종료

모든 해상물건 운송계약은 ① 선박이 침몰 또는 멸실한 때 ② 선박이 수선할 수 없게 된 때 ③ 선박이 포획된 때 ④ 운송물이 불가항력으로 인하여 멸실된 때에는 종료한다($\frac{상 841 ①}{810 ①}$). ① 선박의 침몰 또는 멸실 ② 선박의 수선불가능 ③ 선박의 포획이 항해도중에 생긴 때에는 용선자 또는 송하인은 운송의 비율에 따라 현존하는 운송물의 가액의 한도에서 운임을 지급하여야 한다($\frac{상 841 ①}{810 ②}$).

4) 운송물 일부에 관한 불가항력으로 인한 운송인의 선적권

운송물이 불가항력으로 인하여 멸실된 때($\frac{상 841 ①}{810 ① iv}$) 및 항해 또는 운송이 법령에 위반하게 되거나 그 밖에 불가항력으로 인하여 계약의 목적을 달할 수 없게 된 때($\frac{상841 ①}{811 ①}$) 운송물의 일부에 대하여 생긴 때에는 송하인은 운송인의 책임이 가중되지 아니하는 범위 안에서 다른 운송물을 선적할 수 있다($\frac{상 841 ①}{812 ①}$). 송하인이 제1항의 권리를 행사하고자 하는 때에는 지체 없이 운송물의 양륙 또는 선적을 하여야 한다. 그 양륙 또는 선적을 게을리 한 때에는 운임의 전액을 지급하여야 한다($\frac{상 841 ①}{812 ②}$).

(6) 준용규정

제134조(운송물멸실과 운임), 제136조(고가물에 대한 책임), 제137조(손해배상의 액), 제140조(수하인의 지위), 제793조(운송에 필요한 서류의 교부), 제794조

(감항능력주의의무), 제795조(운송물에 관한 주의의무), 제796조(운송인의 면책사유), 제797조(책임의 한도), 제798조제1항 내지 제3항(비계약적 청구에 대한 적용), 제800조(위법선적물의 처분), 제801조(위험물의 처분), 제803조(운송물의 공탁 등), 제804조 제1항 내지 제4항(운송물의 일부 멸실·훼손에 관한 통지), 제805조(운송물의 중량·용적에 따른 운임), 제806조(운송기간에 따른 운임), 제807조(수하인의 의무, 선장의 유치권), 제808조(운송인의 운송물경매권)와 제810조(운송계약의 종료사유), 제811조(법정사유로 인한 해제), 제812조(운송물 일부에 관한 불가항력), 제813조(선장의 적하처분과 운임)의 규정은 항해용선계약에 준용한다($_{①}^{상841}$).

항해용선계약에는 그 성질상 개품운송계약에 관한 규정의 준용을 배제한 경우가 있는데 다음과 같다. 운송물에 관한 손해배상청구가 운송인 외의 실제운송인 또는 그 사용인이나 대리인에 대하여 제기된 경우에도 책임제한이 인정된다는 규정($_{④}^{상798}$), 수하인의 통지의무와 관련하여 수하인에게 불리한 당사자 사이의 특약은 효력이 없다는 규정($_{⑤}^{상804}$) 및 수인이 순차로 운송할 경우에는 각 운송인은 운송물의 멸실, 훼손 또는 연착으로 인한 손해를 연대하여 배상할 책임이 있다는 책임에 관한 규정($_{138}^{상}$) 등이다.

제806조(운송기간에 따른 운임)의 운임을 계산함에 있어서 제829조 제2항의 선적기간 또는 제838조 제2항의 양륙기간이 경과한 후에 운송물을 선적 또는 양륙한 경우에는 그 기간경과 후의 선적 또는 양륙기간은 이를 선적 또는 양륙기간에 산입하지 아니하고 제829조제3항 및 제838조제3항에 따라 별도로 보수를 정한다($_{②}^{상841}$).

6.3.2.2.5. 정기용선

(1) 정기용선계약의 개념

정기용선계약은 선박소유자가 용선자에게 선원이 승무하고 항해장비를 갖춘 선박을 일정한 기간동안 항해에 사용하게 할 것을 약정하고 용선자가 이에 대하여 기간으로 정한 용선료를 지급하기로 약정함으로써 그 효력이 생기는 계약을 말한다($\frac{\text{상}}{842}$). 이 정기용선계약에서는 선박소유자가 선박 및 선박의 인적·물적 장비를 다 갖추고 이를 정기용선자가 기간 단위로 사용하는 계약이다.

(2) 용선계약의 종류

용선계약에는 정기용선계약과 항해용선계약이 있는데 가장 큰 차이점은 전자는 기간단위로 용선하는 하는 것이고 후자는 특정항해에 대하여 용선을 하는 것이다.

정기용선계약은 선박임대차계약과도 구별되는데 선박임대차에서는 선주와는 독립적으로 선박임차인이 선박을 점유하고 선장의 선임, 감독권 등을 갖고 해상기업을 영위하는 데 반하여 정기용선에서는 선박의 점유가 용선자에게 인도되는 것이 아니라 점유는 여전히 선박소유자가 선장, 해원을 시켜 간접점유를 하고 정기용선자는 다만 그 선박의 자유사용권만을 갖는다.

판례도 선박의 이용계약이 선박임대차계약인지, 항해용선계약인지 아니면 이와 유사한 성격을 가진 제3의 특수한 계약인지 여부 및 그 선박의 선장·선원에 대한 실질적인 지휘·감독권이 이용권자에게 부여되어 있는지 여부는 그 계약의 취지·내용, 특히 이용기간의 장단(長短), 사용료의 고하(高下), 점유관계의 유무 그 밖에 임대차 조건 등을 구체적으로 검토하여 결정하여야 한다고 판시하고 있다.[15]

(3) 법적 성질

정기용선계약의 법적 성질에 대해 ① 용선계약의 일종으로 이해하는 용선계약설 ② 선박임대차계약과 노무공급계약의 혼합으로 보는 혼합계약설 ③ 통상의 용선계약과는 달리 선박임대차와 비슷하며 노무공급계약을 수반하는 특수한 계약이라고 보는 특수계약설 ④ 선박소유자 등이 운송물을 인수받아 자기의 관리·점유 하에 운송을 실행하는 것이므로 운송계약의 일종이라는 운송계약설 등이 있다. 판례는 당사자 간에 체결된 정기용선계약이 그 계약 내용에 비추어 선박에 대한 점유권이 용선자에게 이전되는 것은 아니지만 선박임대차와 유사

---

15) 大判 1999.02.05. 97다19090

하게 용선자가 선박의 자유사용권을 취득하고 그에 선원의 노무공급계약적인
요소가 수반되는 것이라면 이는 해상기업활동에서 관행적으로 형성 발전된 특
수한 계약관계라 할 것이라고 하여 특수계약설의 입장을 취하고 있다.[16]

(4) 내부관계

1) 정기용선자의 권리

정기용선자는 약정한 범위 안의 선박의 사용을 위하여 선장을 지휘할 권리가
있다($\frac{상843}{①}$). 선장, 해원 그 밖의 선박사용인이 정기용선자의 정당한 지시에 위반
하여 정기용선자에게 손해가 발생한 경우에는 선박소유자가 이를 배상할 책임
이 있다($\frac{상843}{②}$).

정기용선계약에 있어서 선박의 점유, 선장 및 선원에 대한 임면권, 그리고 선
박에 대한 전반적인 지배관리권은 모두 선주에게 있고 특히 화물의 선적, 보관
및 양하 등에 관련된 상사적인 사항과 달리 선박의 항행 및 관리에 관련된 해
기적인 사항에 관한 한 선장 및 선원들에 대한 객관적인 지휘·감독권은 달리
특별한 사정이 없는 한 오로지 선주에게 있다고 할 것이므로 정기용선된 선박
의 선장이 항행 상의 과실로 충돌사고를 일으켜 제3자에게 손해를 가한 경우
용선자가 아니라 선주가 선장의 사용자로서 상법 제845조 또는 제846조에 의한
배상책임을 부담하는 것이고 따라서 상법 제766조 제1항이 유추적용될 여지는
없으며 다만 정기용선자에게 민법상의 일반 불법행위책임 내지는 사용자책임을
부담시킬 만한 귀책사유가 인정되는 때에는 정기용선자도 그에 따른 배상책임
을 별도로 부담할 수 있다.[17]

정기용선계약에 관하여 발생한 정기용선자의 선박소유자 등에 대한 이러한
채권은 선박이 반환된 날로부터 2년 내에 재판상 청구를 하지 않으면 소멸한다
($\frac{상846}{①}$). 다만 이 기간은 당사자의 합의에 의하여 연장할 수 있다($\frac{상846}{①}$). 반대로 이
기간을 단축하는 선박소유자와 용선자의 약정은 이를 운송계약에 명시적으로
기재하지 않으면 그 효력이 없다($\frac{상846}{②}$).

개정상법상 정기용선계약상의 채권의 소멸기간의 연장은 항해용선 및 나용선

---

16) 大判 1992.02.25. 91다14215
17) 大判 2003.08.22. 2001다65977

의 경우와 통일을 기하고 정기용선된 선박이 항해용선 되는 등 재용선되는 경우가 많은 사정을 감안한 것이다.

2) 정기용선자의 의무

i) 용선료지급의무

정기용선자는 선박을 일정 기간 항해에 사용한 대가로 선박소유자 또는 임차인에게 약정한 용선료를 지급할 의무를 부담한다(상842). 만일 정기용선자가 이러한 용선료를 약정한 기일에 지급하지 않는 경우에는 선박소유자 등은 계약해제·해지권(상845①) 및 운송물의 유치권·경매권(상844)을 갖는다.

ii) 선박소유자의 운송물유치권 및 경매권

정기용선자가 선박소유자에게 용선료, 체당금 그 밖에 이와 유사한 정기용선계약에 의한 채무를 이행하지 아니하는 경우에는 선박소유자는 운송물에 대한 유치권과 경매권을 갖는다. 즉 선장은 금액의 지급과 상환하지 아니하면 운송물을 인도할 의무가 없으며(상807①), 운송인은 금액의 지급을 받기 위하여 법원의 허가를 얻어 운송물을 경매하여 우선변제를 받을 권리가 있다. 선장이 수하인에게 운송물을 인도한 후에도 인도한 날부터 30일을 경과하거나 제3자가 그 운송물에 점유를 취득한 때가 아니면 운송인은 그 운송물에 대하여 경매의 권리를 행사할 수 있다(상808).

그러나 선박소유자는 정기용선자가 발행한 선하증권을 선의로 취득한 제3자에게 대항하지 못한다(상844①단서). 선박소유자의 운송물에 대한 권리는 정기용선자가 운송물에 관하여 약정한 용선료 또는 운임의 범위를 넘어서 이를 행사하지 못한다(상844②단서).

iii) 용선료의 연체와 계약해지 등

정기용선자가 용선료를 약정기일에 지급하지 아니한 때에는 선박소유자는 계약을 해제 또는 해지할 수 있다(상845①).

iv) 채권의 제척기간

정기용선계약에 관하여 선박소유자 등이 정기용선자에 대하여 갖는 이러한 채권은 당사자 사이의 별도의 연장의 특약이 없는 한 선박이 반환된 날로부터 2년 내에 재판상 청구를 하지 않으면 소멸한다($\overset{상}{846}$). 다만 이 기간은 당사자의 합의에 의하여 연장할 수 있다($\overset{상846}{①}$). 반대로 이 기간을 단축하는 선박소유자와 용선자의 약정은 이를 운송계약에 명시적으로 기재하지 않으면 그 효력이 없다($\overset{상846}{②}$).

(5) 외부관계

1) 정기용선자의 제3자에 대한 관계

정기용선자가 제3자와 운송계약을 체결하여 운송물을 선적한 후 선박의 항해 중에 선박소유자가 제1항의 규정에 의하여 계약을 해제 또는 해지한 때에는 선박소유자는 적하이해관계인에 대하여 정기용선자와 동일한 운송의무가 있다($\overset{상845}{②}$). 구 상법에서는 이에 관한 명문의 규정이 없어서 정기용선자는 그 대외적인 책임관계에 있어서 선박임차인에 관한 상법 제766조의 유추적용에 의하여 선박소유자와 동일한 책임을 진다고 해석하였다(통설·판례).[18] 따라서 해석상 또는 명문의 규정에 의하든 정기용선자는 선박의 이용에 관한 사항에 있어서는 제3자에 대하여 선박소유자와 동일한 권리·의무가 있다. 선박소유자 또는 적하이해관계인의 정기용선자에 대한 손해배상청구에 영향을 미치지 아니한다($\overset{상845}{④}$).

2) 선박소유자 등과 제3자와의 관계

정기용선자가 제3자와 운송계약을 체결하여 운송물을 선적한 후 선박의 항해 중에 선박소유자가 계약을 해제 또는 해지한 때에는 즉 선박소유자가 계약의 해제 또는 해지 및 운송계속의 뜻을 적하이해관계인에게 서면으로 통지를 한 때에는 선박소유자의 정기용선자에 대한 용선료·체당금 그 밖에 이와 유사한 정기용선계약상의 채권을 담보하기 위하여 정기용선자가 적하이해관계인에 대하여 가지는 용선료 또는 운임의 채권을 목적으로 질권을 설정한 것으로 본다($\overset{상845}{③}$). 그리고 선박소유자 또는 적하이해관계인의 정기용선자에 대한 손해배상청구에 영향을 미치지 아니한다($\overset{상845}{④}$).

---

18) 大判 1992.2.25, 91다14215

6.3.2.2.6. 선체용선계약(나용선)

(1) 선체용선계약의 의의

선체용선계약은 용선자의 관리·지배 하에 선박을 운항할 목적으로 선박소유자가 용선자에게 선박을 제공할 것을 약정하고 용선자가 이에 따른 용선료를 지급하기로 약정함으로써 그 효력이 생기는 계약을 말한다(상847①).

(2) 선체용선계약의 종류

선체용선계약에는 용선자가 선박소유자로부터 선박만을 용선하는 경우와 선원과 함께 선박을 용선하는 경우가 있다. 선원과 함께 제공되는 선체용선계약에 대해서 상법은 선박소유자가 선장 그 밖의 해원을 공급할 의무를 지는 경우에도 용선자의 관리·지배 하에서 해원이 선박을 운항하는 것을 목적으로 하면 이를 선체용선계약으로 본다라고 규정하고 있다(상847②). 이 선원부용선계약에서는 용선자가 선박을 관리·지배하기 때문에 선박과 관련하여 일체의 책임 즉 선박수선의무, 선박충돌에 따른 책임 등의 의무를 부담하게 된다.

(3) 법적 성질

선체용선계약은 그 성질에 반하지 아니하는 한 「민법」상 임대차에 관한 규정을 준용한다(상848①). 용선기간이 종료된 후에 용선자가 선박을 매수 또는 인수할 권리를 가지는 경우 및 금융의 담보를 목적으로 채권자를 선박소유자로 하여 선체용선계약을 체결한 경우에도 용선기간 중에는 당사자 사이에서는 선체용선에 관한 권리와 의무가 있다(상848②).

개정상법은 나용선과 관련하여 용선기간이 종료된 후에 용선자가 선박을 매수 또는 인수할 권리를 갖는 경우와 금융의 담보를 목적으로 채권자를 선박소유자로 하여 나용선 계약을 체결한 경우에도 용선기간 중에는 당사자 사이의 권리와 의무를 나용선 관련 규정에 따라 정하도록 하였으며, 이와 관련하여 법 시행 전에 체결된 선박임대차계약도 이 법 시행에 따른 나용선 계약의 효력이 있는 것으로 보도록 하는 경과규정을 두고 있다(부칙6).

(4) 내부관계

1) 임대차계약 관계

선체용선계약은 그 성질에 반하지 아니하는 한 「민법」상 임대차에 관한 규정을 준용하므로 선체용선자는 용선한 선박을 사용·수익할 수 있고, 선박소유자는 용선료를 청구할 수 있다($\frac{민}{618}$).

2) 선체용선자의 등기청구권

선체용선자는 선박소유자에 대하여 선체용선등기에 협력할 것을 청구할 수 있다($\frac{상849}{①}$). 선체용선을 등기한 때에는 그 때부터 제3자에 대하여 효력이 생긴다($\frac{상849}{②}$).

(5) 외부관계

1) 선체용선과 제3자에 대한 법률관계

선체용선자가 상행위 그 밖에 영리를 목적으로 선박을 항해에 사용하는 경우에는 그 이용에 관한 사항에는 제3자에 대하여 선박소유자와 동일한 권리의무가 있다($\frac{상850}{①}$).

2) 선박소유자와 제3자와의 관계

선박의 이용에 관하여 생긴 우선특권은 선박소유자에 대하여도 그 효력이 있다. 다만, 우선특권자가 그 이용의 계약에 반함을 안 때에는 그러하지 아니하다($\frac{상850}{②}$).

(6) 선체용선계약상의 채권의 소멸

선체용선계약에 관하여 발생한 당사자 사이의 채권은 선박이 선박소유자에게 반환된 날부터 2년 이내에 재판상 청구가 없으면 소멸한다. 다만 이 기간은 당사자의 합의에 의하여 연장할 수 있다($\frac{상851}{①}$). 반대로 이 기간을 단축하는 선박소유자와 용선자의 약정은 이를 운송계약에 명시적으로 기재하지 않으면 그 효력이 없다($\frac{상851}{②}$).

항해용선	정기용선	선체용선
특정한 1회의 항해 또는 연속된 항해를 단위로 하여 선복의 전부 또는 일부를 이용하게 하는 용선계약	일정기간 동안 항해에 사용할 것을 약정하는 용선계약	선박 이외의 선장과 선원 · 장비 등에 대하여 용선자가 관리 · 지배하고 그 책임을 부담하는 용선계약
선주가 선박지배(점유) → 선박소유자(선주)가 선장 · 선원 임명 및 지휘 · 감독함	좌동	선체용선자의 선박지배(점유) → 선체용선자가 선장 · 선원 임명 및 지휘 · 감독함(배타적으로 지배)
선박소유자가 해상운송인, 화주는 항해용선자	선박소유자가 실질운송인, 정기용선자는 화주 또는 다른 사람의 운송을 의뢰받는 계약운송인 → 정기용선자가 항해 지휘	계약기간 동안 일시적 선주 지위
운임은 화물의 수량 또는 선복을 기준으로 결정	좌동	임차료는 기간을 기준으로 결정

6.3.2.2.7. 그 밖의 분류

(1) 재운송계약

용선자가 자기의 명의로 제3자와 체결한 제2의 운송계약을 재운송계약이라 한다($\frac{상}{809}$). 제1의 용선계약을 주된 용선계약이라 한다.

재용선계약의 경우에 선주와 용선자 사이의 주된 운송계약과 용선자와 재용선자 사이의 재운송계약은 각각 독립된 운송계약으로서 선주와 재운송계약의 운송의뢰인(재용선자)과의 관계에서는 아무런 직접적인 관계가 없으므로 선주가 직접 재용선자에 대하여 주된 운송계약상의 운임 등을 청구할 수는 없고 수하인에 대한 관계에서도 수하인이 화물을 수취하여도 수하인은 재용선계약의 운송인인 용선자에 대하여 운임 지불 의무를 부담하는 것일 뿐 선주가 수하인에 대하여 주된 운송계약의 운임 등을 직접 청구할 수는 없다.[20]

항해용선자 또는 정기용선자가 자기의 명의로 제3자와 운송계약을 체결한 경우에는 그 계약의 이행이 선장의 직무에 속한 범위 안에서 선박소유자도 그 제3자에 대하여 감항능력주의의무($\frac{상}{787}$)와 운송물($\frac{상}{788}$)에 관한 주의의무의 책임을 진다($\frac{상}{809}$).

이론적으로는 용선자와 운송계약을 맺은 선박소유자는 용선자와 재운송계약

---

19) 임중호, 국회심사보고서 각주 59번 참고
20) 大判 1997.01.23. 97다31441

을 맺은 제3자(가령, 재용선자 또는 송하인)와 아무런 법률관계가 없기 때문에, 제3자는 선박소유자에게 손해배상을 청구할 수 없으나 용선자에게 책임을 추궁할 재산이 없는 경우 등에는 제3자의 보호가 소홀할 수 있는 문제가 있을 수 있기 때문에, 용선자와 제3자(가령 재용선자) 간의 계약의 이행이 선장의 직무에 속한 범위 안에서는 이를 감독하는 선박소유자에게 직접 책임을 추궁할 수 있도록 하려는 것이 상법 규정의 취지이다.[21]

(2) 통(연락)운송계약·복합운송조약

통(連絡)운송계약은 해상운송인이 자기 담당구간뿐만 아니라 전구간의 운임을 받고 자기와 연락이 있는 다른 운송인의 운송수단에 의하여 목적지까지의 전 운송을 인수하는 계약을 말한다. 즉 통운송계약은 하나의 계약에 복수의 운송수단이 예정되어 있고, 제1의 운송인이 계약당사자가 되는 단독통운송계약과 전 운송인이 공동계약하는 공동통운송계약이 있다.

통운송계약 중 육상, 해상, 항공과 같이 2가지 이상의 상이한 운송수단을 이용하여 운송하는 계약을 복합운송계약이라 한다.[22] 양륙항에서 수통의 선하증권 중 1통을 소지한 자가 운송물의 인도를 청구하는 경우에도 선장은 그 인도를 거부하지 못한다(상816①). 운송물의 일부를 인도한 후 다른 소지인이 운송물의 인도를 청구한 경우에도 그 인도하지 아니한 운송물에 대하여는 선장은 지체 없이 운송물을 공탁하고 각 청구자에게 그 통지를 발송하여야 한다(상818②). 수통의 선하증권 중 1통의 소지인이 운송물의 인도를 받은 때에는 다른 선하증권은

---

21) 구 상법 규정에서 용선자의 범위와 관련하여, "항해용선자"가 포함되는 것에는 이론이 없으나, 정기용선자도 포함되는지에 관하여는 해석상 많은 논란이 있었다. 이를 입법적으로 해결하고자 개정상법에서는 정기용선된 선박에 적재한 운송물의 수하인 및 선하증권소지인의 보호가 중요하다는 전제하에 정기용선의 경우에도 선박소유자에게 책임을 물을 수 있도록 명문으로 규정한 것이다.

22) 국제복합운송조약 제1조 제1호 : 國際複合運送이라 함은 複合運送人이 物件을 자기의 保管아래 引受한 한 國家의 支店에서 다른 國家에 위치하고 있는 引渡가 예정된 支店까지, 複合運送契約에 의한 적어도 2종류 이상의 運送手段에 의한 物件運送을 의미한다. 어느 한 運送手段에 의한 運送契約의 履行으로서 그러한 契約에 정의된 바대로 행한 集荷와 引渡는 國際複合運送으로 看做하지 아니한다. "International multimodal transport" means the carriage of goods by at least two different modes of transport on the basis of a multimodal transport contract from a place in one country at which the goods are taken in charge by the multimodal transport operator to place designated for delivery situated in a different country. The operations of pick-up and delivery of goods carried out in the performance of a unimodal transport contract, as defined in such contract, shall not be considered as international multimodal transport.

그 효력을 잃는다($\overset{상816}{②}$).

(3) 계속운송계약

계속운송계약이라 함은 해상운송인이 송하인에 대하여 일정한 기간 일정한 운임률로써 일정한 종류의 적하를 수시로 계속하여 운송할 것을 약정한 계약을 말한다.

(4) 혼합선적계약

혼합선적계약이라 함은 해상운송에서 서로 다른 용선자 또는 송하인이 자기의 적하를 다른 동종의 운송물과 혼합하여 운송할 것을 승인하는 물건 운송계약이다. 이는 주로 곡물이나 유조선에 의한 원유의 수송을 위하여 많이 이용된다.

(5) 예선계약

예선계약이라 함은 해상운송인이 예선료를 받고 선박에 의하여 상대방의 선박을 일정한 지점에 예선하거나 또는 단순히 타선에 동력을 공급하거나 그 운항을 보조하여 예선하는 계약이다.

6.3.2.3. 해상물건운송계약의 체결

6.3.2.3.1. 계약의 당사자

해상운송계약이란 당사자의 일방(해상운송인)이 상대방(송하인 또는 용선자)에 대하여 선박에 의한 물건의 운송을 인수하고, 상대방은 이에 대하여 보수를 지급할 것을 약속함으로써 성립하는 계약이다($\overset{상}{780}$).

해상물건운송계약의 당사자는 운송인수인과 운송위탁자이다. 운송인수인으로는 선박소유자, 선체용선자, 정기용선자, 항해용선자 등이 있고 운송위탁자로는 송하인, 용선자 등이 있다. 재운송계약에서 용선자(정기용선자 또는 항해용선자)는 송하인과 같은 운송을 위탁하는 경우도 있다.

6.3.2.3.2. 계약의 체결

해상물건 운송계약은 불요식의 낙성계약이므로 당사자 사이의 청약과 승낙의 합치로써 계약은 성립하고 특별한 서면이나 방식을 요하지 않는다. 실무상 선하증권 등의 증서방식으로 하는 경우도 많으나 선하증권은 유가증권(면책증권)으로서 계약의 성립요건이 되는 것은 아니다.

6.3.2.4. 해상물건운송계약의 효력

6.3.2.4.1. 해상물건운송인의 의무

(1) 선적과 관련한 의무

1) 선박제공의무

해상물건운송인은 운송계약에서 정한 선박을 선적지에서 용선자 또는 송하인에게 제공하여야 한다.

2) 선적준비완료통지의무

ⅰ) 용선계약의 경우

선박소유자(용선자)가 선적인인 경우에는 선박소유자는 운송물을 선적함에 필요한 준비가 완료된 때에는 지체 없이 용선자에게 그 통지를 발송하여야 한다(상 829①). 운송물을 선적할 기간의 약정이 있는 경우에는 그 기간은 위의 통지가 오전에 있은 때에는 그 날의 오후 1시부터 기산하고, 오후에 있은 때에는 다음 날 오전 6시부터 기산한다. 이 기간에는 불가항력으로 인하여 선적할 수 없는 날과 그 항의 관습상 선적작업을 하지 아니하는 날을 산입하지 아니 한다(상829②). 이 기간을 경과한 후 운송물을 선적한 때에는 선박소유자는 상당한 보수를 청구할 수 있다(상829③).

용선자 외의 제3자가 운송물을 선적할 경우에 선장이 그 제3자를 확실히 알 수 없거나 그 제3자가 운송물을 선적하지 아니한 때에는 선장은 지체 없이 용선자에게 그 통지를 발송하여야 한다. 이 경우 선적기간 이내에 한하여 용선자가 운송물을 선적할 수 있다(상830).

ⅱ) 개품운송계약의 경우

개개의 물건을 운송계약의 목적으로 한 경우에는 운송인이 선적하므로 송하인은 당사자 사이의 합의 또는 선적항의 관습에 의한 때와 곳에서 운송인에게 운송물을 제공하여야 한다(상792①). 위의 때와 곳에서 송하인이 운송물을 제공하지 아니한 경우에는 계약을 해제한 것으로 본다. 이 경우에는 선장은 즉시 발항할 수 있고 송하인은 운임의 전액을 지급하여야 한다(상792②).

3) 정박의무

ⅰ) 용선계약의 경우

선적기간과 양륙기간을 합하여 정박기간이라고 하는데, 용선계약의 경우에는 운송인은 용선자가 운송물의 전부를 선적 또는 양륙하는 데 필요한 기간만큼 선박을 정박시킬 의무가 있다. 그러나 용선자는 운송물의 전부를 선적하지 아니한 경우에도 선장에게 발항을 청구할 수 있다(상831①). 선적기간의 경과 후에는 용선자가 운송물의 전부를 선적하지 아니한 경우에도 선장은 즉시 발항할 수 있다(상831②). 이 경우에는 용선자는 운임의 전액과 운송물의 전부를 선적하지 아니함으로 인하여 생긴 비용을 지급하고, 또한 선박소유자의 청구가 있는 때에는 상당한 담보를 제공하여야 한다(상831③).

ⅱ) 개품운송계약의 경우

개품운송계약의 경우에는 운송인 측에서 선적하므로 정박의무는 없으나 용선자 또는 송하인은 선적기간 내에 운송에 필요한 서류를 선장에게 교부하여야 한다(상793).

4) 선하증권교부의무

운송인은 운송물을 수령한 후 송하인의 청구에 의하여 1통 또는 수통의 선하증권을 교부하여야 한다(상852①). 운송인은 운송물을 선적한 후 용선자 또는 송하인의 청구에 의하여 1통 또는 수통의 선적선하증권을 교부하거나 수령선하증권에 선적의 뜻을 표시하여야 한다(상852②). 운송인은 선장 또는 그 밖의 대리인에게 선하증권의 교부 또는 선적의 표시를 위임할 수 있다(상852③). 운송인은 증거를 보전하기 위하여 선하증권의 교부를 받은 용선자 또는 송하인에게 선하증권의 등본에 기명날인 또는 서명하여 교부를 청구할 수 있다(상856).

(2) 항해에 관한 의무

1) 감항능력주의의무

㈎ 감항능력주의의무의 의의

감항능력주의의무란 해상운송인이 용선자나 송하인에 대하여 선적항을 발항할 당시 그 특정항해를 안전하게 완성할 수 있는 선박을 제공함에 있어서 상당한 주의를 다하여야 할 의무를 말한다. 운송인은 자기 또는 선원 그 밖의 선박사용인이 발항당시 감항능력주의의무를 해태하지 아니하였음을 증명하지 아니하면 운송물의 멸실, 훼손 또는 연착으로 인한 손해를 배상할 책임이 있다(상794).

■ 감항능력주의의무의 내용

① 항해능력: 선박이 안전하게 항해를 할 수 있게 할 것
② 운행능력: 필요한 선원의 승선, 선박의장과 필요 물품의 보급
③ 감하(堪荷)능력: 선창, 냉장실 그 밖에 운송물을 적재할 선박의 부분을 운송물의 수령, 운송과 보존을 위하여 적합한 상태에 둘 것

㈏ 구체적 사례

바다를 예정된 항로를 따라 항해하는 선박은 통상 예견할 수 있는 위험을 견딜 수 있을 만큼 견고한 항체를 유지하여야 하므로 발항 당시 감항능력이 결여된 선박을 해상운송에 제공한 선박소유자는 항해 중 그 선박이 통상 예견할 수

있는 파랑이나 해상부유물의 충격을 견디지 못하고 파열되어 침몰하였다면 불법행위의 책임조건인 선박의 감항능력 유지의무를 해태함으로써 운송물을 멸실케 한 과실이 있다 할 것이다.[23]

감항능력은 언제나 선체나 기관 등 선박시설이 당해 항해에 있어서 통상의 해상위험을 감내할 수 있는 능력(물적 감항능력)을 구비함과 동시에 그 선박에 승선하고 있는 선원의 기량과 수에 있어서도 그 항해에 있어서 통상의 해상위험을 감내할 수 있을 정도의 상태(인적 감항능력)에 완전히 갖추고 있어야만 한다.[24] 즉 선박소유자에게는 자기소유의 선박이 발항할 당시 안전하게 항해를 감당할 수 있도록 필요한 인적, 물적 준비를 하여 감항능력을 확보하여야 할 주의의무가 있는 것이고, 이러한 감항능력주의의무의 내용에는 선박이 안전하게 항해를 하는 데 필요한 자격을 갖춘 인원수의 선장과 선원을 승선시켜야 할 주의의무가 포함되어 있는 것이다.[25] 따라서 판례도 약 2개월의 경험밖에 없는 항해사는 안전항해 능력이 부족하므로 그의 항해상 과실로 인한 사고에 대하여 선박소유자는 감항능력위반으로 인한 손해배상책임을 면할 수 없다고 판시하고 있다.[26] 그러나 원칙적으로 선박직원법에 따른 해기사면허가 없는 선원이 승선한 선박은 소위 인적 감항능력을 결여한 것으로 추정되나 선원이 위 면허를 소지하였는지 여부만이 선박의 인적 감항능력의 유무를 결정하는 절대적인 기준이 되는 것은 아니고 비록 위 면허가 없다고 하더라도 사실상 특정 항해를 안전하게 수행할 수 있는 우수한 능력을 갖춘 선원이 승선하였다면 이러한 경우까지 선박이 인적 감항능력을 결여하였다고 할 수는 없다.[27]

㈐ 주의의무위반의 효과

감항능력에 관하여 운송인이 주의를 하여야 할 시기는 선적항에서의 발항당시이며 상당한 정도의 주의를 기울여야 하는 것으로 이해하고 있다. 무과실의 입증책임은 운송인에게 있다.

운송인은 감항능력주의의무를 위반하면 운송물의 멸실, 훼손 또는 연착으로 인한 손해를 배상할 책임이 있다(상794). 이에 반하여 운송인의 의무 또는 책임을

---

23) 大判 1985.05.28. 84다카966
24) 大判 1995.09.29. 93다53078
25) 大判 1989.11.24. 88다카16294
26) 大判 1975.12.23. 75다83
27) 大判 1995.08.22. 94다61113

경감 또는 면제하지 못한다($\frac{상}{①}\frac{799}{전단}$). 운송물에 관한 보험의 이익을 해상물건운송인에게 양도하는 약정 또는 이와 유사한 약정도 무효이다($\frac{상}{①}\frac{799}{후단}$). 그러나 산 동물의 운송 및 선하증권 그 밖에 운송계약을 증명하는 문서의 표면에 갑판적으로 운송할 취지를 기재하여 갑판적으로 행하는 운송에 대하여는 운송인의 의무 또는 책임을 경감 또는 면제하는 특약을 체결할 수 있다($\frac{상}{②}\frac{799}{}$). 운송인이 감항능력주의의무 위반을 입증한 경우에는, 운송인은 일정한 면책사유에 해당하는 사고로 인하여 발생한 손해의 경우에도 배상책임을 진다($\frac{상}{796}$).

2) 발항의무

ⅰ) 용선계약의 경우

해상운송인은 원칙적으로 선적기간 내에 운송물의 전부가 선적된 경우에만 발항하여야 한다. 예외적으로 용선자는 선적기간 내에 운송물의 전부를 선적하지 아니한 경우에도 선장에게 발항을 청구할 수 있고($\frac{상}{①}\frac{831}{}$), 선장은 선적기간 경과 후에는 운송물의 전부가 선적되기 전이라도 즉시 발항할 수 있다($\frac{상}{②}\frac{831}{}$). 이 경우 용선자는 운임의 전액과 운송물의 전부를 선적하지 아니함으로 인하여 생긴 비용을 지급하고, 또한 선박소유자의 청구가 있는 때에는 상당한 담보를 제공하여야 한다($\frac{상}{③}\frac{831}{}$).

ⅱ) 개품운송계약의 경우

개개의 물건을 운송계약의 목적으로 한 경우에 송하인은 운송인에게 운송물을 제공하여야 함에도($\frac{상}{①}\frac{792}{}$) 제공하지 아니한 경우에는 선장은 즉시 발항할 수 있고 송하인은 운임의 전액을 지급하여야 한다($\frac{상}{②}\frac{792}{}$).

3) 직항의무(이로금지의무)

해상운송인은 발항하면 원칙적으로 예정항로에 따라 도착항(양륙항)까지 직항하여야 할 의무를 부담한다. 즉 이로는 허용되지 않는데 해상운송인은 예외적으로 해상에서의 인명이나 재산의 구조행위로 인한 이로나 그 밖에 정당한 이유가 있는 이로는 할 수 있다($\frac{상}{\text{Ⅷ}}\frac{796}{}$).

4) 운송물에 관한 주의의무

운송인은 자기 또는 선원 그 밖의 선박사용인이 운송물의 수령, 선적, 적부, 운송, 보관, 양륙과 인도에 관하여 주의를 해태하지 아니하였음을 증명하지 아니하면 운송물의 멸실, 훼손 또는 연착으로 인한 손해를 배상할 책임이 있다(상795①). 적부란 운송물을 선박의 선창 내에 적절하게 배치하는 것을 말한다.

운송인은 선장, 해원, 도선사 그 밖의 선박사용인의 항해 또는 선박의 관리에 관한 행위 또는 화재로 인하여 생긴 운송물에 관한 손해를 배상할 책임을 면한다. 그러나 운송인의 고의 또는 과실로 인한 화재의 경우에는 그러하지 아니 한다(상795②).

'화재'란, 운송물의 운송에 사용된 선박 안에 발화원인이 있는 화재 또는 직접 그 선박 안에서 발생한 화재에만 한정되는 것이 아니고 육상이나 인접한 다른 선박 등 외부에서 발화하여 당해 선박으로 옮겨 붙은 화재도 포함한다고 해석된다.[28] 그러나 단서에 따라 화재로 인한 손해배상책임의 면제에서 제외되는 사유인 고의 또는 과실의 주체인 '운송인'이란, 운송인 자신 또는 이에 준하는 정도의 직책을 가진 자만을 의미할 뿐이고 선원 그 밖에 선박사용인 등의 고의 또는 과실은 여기서의 면책제외 사유에 해당하지 아니한다고 해석하여야 할 것이다.[29]

5) 위법선적물의 처분 · 위험물의 처분

법령 또는 계약에 위반하여 선적한 운송물 즉 위법선적물을 선장은 언제든지 이를 양륙할 수 있고 그 운송물이 선박 또는 다른 운송물에 위해를 미칠 염려가 있는 때에는 이를 포기할 수 있다(상800①). 선장이 위 물건을 운송하는 때에는 선적한 때와 곳에서의 동종운송물의 최고운임의 지급을 청구할 수 있다(상800②). 이 외에도 운송인 그 밖의 이해관계인은 손해배상을 청구할 수 있다(상800③).

위험물 즉 인화성, 폭발성, 그 밖의 위험성이 있는 운송물은 운송인이 그 성질을 알고 선적한 경우에도 그 운송물이 선박이나 다른 운송물에 위해를 미칠 위험이 있는 때에는 선장은 언제든지 이를 양륙, 파괴 또는 무해조치할 수 있다(상801①). 운송인은 위 처분에 의하여 그 운송물에 발생한 손해에 대하여는 공동해손 분담책임을 제외하고 그 배상책임을 면한다(상801②).

---

28) 大判 2002.12.10, 2002다39364
29) 大判 2002.12.10, 2002다39364

(3) 양륙에 관한 의무

1) 입항의무

해상운송인은 운송물의 양륙, 인도를 위하여 운송계약상 정하여진 양륙항 또는 용선자(송하인)가 지정하는 양륙항에 입항하여야 할 의무를 부담한다.

2) 양륙 준비완료 통지의무

용선계약의 경우에는 운송물을 양륙함에 필요한 준비가 완료된 때에는 선장은 지체없이 수하인에게 그 통지를 발송하여야 한다(상 838 ①). 운송물을 양륙할 기간의 약정이 있는 경우에는 그 기간은 통지가 오전에 있은 때에는 그 날의 오후 1시부터 기산하고, 오후에 있은 때에는 다음날 오전 6시부터 기산한다. 이 기간에는 불가항력으로 인하여 선적할 수 없는 날과 그 항의 관습상 선적작업을 하지 아니하는 날을 산입하지 아니한다(상 838 ②, 829 ②). 위 양륙기간을 경과한 후 운송물을 양륙한 때에는 선박소유자는 상당한 보수를 청구할 수 있다(상 838 ③).

개품운송계약의 경우에는 운송인은 수하인에게 운송물의 도착을 통지하여야 한다(상 802 참조).

3) 정박(대박)의무

용선계약의 경우에는 운송인은 용선자가 운송물의 전부를 양륙하는 데 필요한 기간만큼 선박을 정박시킬 의무가 있다. 용선자가 위의 양륙기간을 경과한 후 운송물을 양륙한 때에는 운송인은 초과 정박기간에 상당하는 정박료(체선료)를 청구할 수 있다(상 838 ③). 개품운송계약의 경우에는 정박의무가 없다.

선박소유자가 약정 양륙기간을 초과한 기간에 대하여 용선자에게 청구할 수 있는 소위 정박료 또는 체선료는 체선기간 중 선박소유자가 입는 선원료, 식비, 체선비용, 선박이용을 방해받음으로 인하여 상실한 이익 등의 손실을 전보하기 위한 법정의 특별보수이므로 선박소유자의 과실을 참작하여 약정 정박료 또는 체선료를 감액하거나 과실상계를 할 수 없다.[30]

4) 양륙의무

용선계약의 경우는 보통 용선자 측에서 양륙의무를 부담하므로 운송인은 개품

---

30) 大判 1994.06.14. 93다58547

운송계약에서만 이러한 양륙의무를 부담한다. 개개의 물건의 운송을 계약의 목적으로 한 경우에 운송물의 도착통지를 받은 수하인은 당사자 사이의 합의 또는 양륙항의 관습에 의한 때와 곳에서 지체 없이 운송물을 수령하여야 한다($\frac{\text{상}}{802}$).

5) 인도의무

ⅰ) 운송인의 의무의무

해상운송인은 운송물을 정당한 수하인 즉 선하증권이 발행된 경우에는 선하증권의 정당한 소지인에게($\frac{\text{상}}{861}$), 선하증권이 발행되지 않은 경우에는 운송계약에서 지정된 수하인에게 운송물을 인도하여야 한다.

ⅱ) 수하인의 의무·권리

㈎ 수령의무

운송물의 도착통지를 받은 수하인은 당사자 사이의 합의 또는 양륙항의 관습에 의한 때와 곳에서 지체 없이 운송물을 수령하여야 할 의무를 진다($\frac{\text{상}}{802}$).

㈏ 운임 등 지급의무

수하인이 운송물을 수령하는 때에는 운송계약 또는 선하증권의 취지에 따라 운임·부수비용·체당금·체선료, 운송물의 가액에 따른 공동해손 또는 해난구조로 인한 부담액을 지급하여야 한다($\frac{\text{상807}}{①}$). 선장은 위의 금액의 지급과 상환하지 아니하면 운송물을 인도할 의무가 없다($\frac{\text{상807}}{②}$).

"수하인은 운송물을 수령하는 때에는 운송계약 또는 선하증권의 취지에 따라 운임, 부수비용, 체당금, 정박료, 운송물의 가액에 따른 공동해손 또는 해난구조로 인한 부담액을 지급하여야 한다."고 규정하고 있으므로, 수하인 또는 선하증권의 소지인은 운송물을 수령하지 않는 한 운임 등을 지급하여야 할 의무가 없다고 보아야 할 것이고 따라서 수하인이 운송인으로부터 화물의 도착을 통지받고 이를 수령하지 아니한 것만으로 바로 운송물을 수령한 수하인으로 취급할 수는 없으며 법상 소정의 운임 등을 지급할 의무도 없다.[31]

---

31) 大判 1996.02.09, 94다27144

(다) 통지의무

수하인이 운송물의 일부 멸실 또는 훼손을 발견한 때에는 수령 후 지체 없이 그 개요에 관하여 운송인에게 서면에 의한 통지를 발송하여야 한다. 다만, 그 멸실 또는 훼손이 즉시 발견할 수 없는 것인 때에는 수령한 날부터 3일 내에 그 통지를 발송하여야 한다(상804①). 통지가 없는 경우에는 운송물이 멸실 또는 훼손 없이 수하인에게 인도된 것으로 추정한다(상804②). 그러나 운송인 또는 그 사용인이 악의인 경우에는 적용하지 아니한다(상804③). 운송물에 멸실 또는 훼손이 발생하였거나 그 의심이 있는 경우에는 운송인과 수하인은 서로 운송물의 검사를 위하여 필요한 편의를 제공하여야 한다(상804④). 이에 위반하여 수하인에게 불리한 당사자 사이의 특약은 효력이 없다(상804⑤).

수하인은 운송계약의 기본당사자는 아니지만 운송물이 도착지에 도착한 때에는 송하인과 동일한 권리를 취득하고(상815, 140), 수하인이 그 운송물의 인도를 청구한 때에는 수하인의 권리가 송하인의 권리보다 우선한다(상815, 139②).

6) 공탁의무

수하인이 운송물의 수령을 해태한 때에는 선장은 이를 공탁하거나 세관 그 밖에 법령이 정하는 관청의 허가를 받은 곳에 인도할 수 있다. 이 경우에는 지체 없이 수하인에게 그 통지를 발송하여야 한다(상803①). 또한 수하인을 확실히 알 수 없거나 수하인이 운송물의 수령을 거부한 때에는 선장은 이를 공탁하거나 세관 그 밖의 관청의 허가를 받은 곳에 인도하고 지체 없이 용선자 또는 송하인 및 알고 있는 수하인에게 그 통지를 발송하여야 한다(상803②). 운송물을 공탁하거나 세관 그 밖에 관청의 허가를 받은 곳에 인도한 때에는 선하증권소지인 그 밖의 수하인에게 운송물을 인도한 것으로 본다(상803③).

6.3.2.4.2. 해상물건운송인의 책임

(1) 서설

상법은 해상운송인의 손해배상책임에 관하여 육상물건운송인의 책임규정을 준용하고 있으므로 행상물건운송인의 책임은 육상물건운송인의 책임과 대체로 같다. 그러나 행상운송의 특수성에 비추어 약간의 특별규정을 두고 있다. 즉 해상물건운송인의 책임은 감항능력주의의무(商794) 위반 및 상사과실(商①795)이 있는 경우에만 발생하고 항해과실 및 선박화재가 있는 경우(商②795)에는 원칙적으로 발생하지 않는다. 또한 손해배상액이 정액배상으로 제한되어 있어서 육상물건 운송인의 책임보다 경감되어 있다. 운송인의 책임을 제한하는 이유는 해상운송이 바다라는 위험을 내포하고 있어서 운송인의 주의의무만으로는 한계가 있고 선박이 침몰한 경우에는 그 피해가 막대하여 운송인을 정책적으로 보호하기 위하여 책임을 제한한 것이다. 이는 특히 해상운송에 관한 조약이 주로 선주국이 중심이 되어 제정되다 보니 선주국들의 입장이 반영된 것이다.

2007년 개정상법은 오늘날 세계적으로 널리 통용되고 있고 주요 해운국들이 수용하고 있는 「헤이그 - 비스비 규칙」에 맞추어 운송인의 책임한도를 매포장당 또는 선적단위당 666.67계산단위로 상향 조정하면서 중량기준을 도입하여 중량 1킬로그램당 2계산단위의 금액 중 큰 금액으로 책임한도를 정하도록 도입하였다.

(2) 책임부담의 주체

해상물건운송과 관련하여 발생한 손해에 대한 책임부담의 주체는 해상물건운송인이다(商795). 해상물건운송인이라 함은 해상물건운송인 스스로는 물론 그 사용인 또는 대리인, 책임보험자 및 실제운송인과 그 사용인 또는 대리인이다. 그 밖에 상법상의 선박소유자, 선박공유자, 선체용선자, 정기용선자로서 자기명의로 해상운송을 하는 자를 포함한다. 또한 재운송계약에 있어서의 항해용선자 또는 재운송계약의 경우에 용선자가 제3자와 운송계약을 체결한 경우 계약의 이행이 선장의 직무에 속하는 경우에는 선박소유자도 책임부담의 주체가 된다(商809). 책임부담의 주체인 해상물건운송인은 책임제한의 주체가 될 수 있는 자이기도 하다.

(3) 책임을 부담하는 경우

1) 감항능력주의의무 위반

해상물건 운송인은 감항능력에 관한 주의의무를 부담하며(商794), 이 의무에 위반하는 경우에는 운송인은 손해배상책임을 부담한다. 즉 운송인은 자기 또는 선원 기타의 선박사용인이 발항 당시 선박이 안정하게 항해를 할 수 있게 하여야 하고, 필요한 선원의 승선·선박 의장과 필요품을 보급하여야 하며, 선창, 냉장실 기타 운송물을 적재할 선박의 부분을 운송물의 수령, 운송과 보존을 위하여 적합한 상태에 두어야 한다. 운송인은 이에 과하여 주의를 해태하지 아니하였을 증명하지 아니하면 운송물의 멸실, 훼손 또는 연착으로 인한 손해를 배상할 책임이 있다.

2) 상사과실

해상물건운송인은 상사과실이 있는 경우에는 손해배상책임을 부담한다. 상사과실이란 운송물의 수령, 선적, 적부, 운송, 보관, 양륙과 인도에 관한 과실을 말한다. 따라서 운송인은 자기 또는 선원 그 밖의 선박사용인이 운송물의 수령, 선적, 적부, 운송, 보관, 양륙과 인도에 관하여 주의를 해태하지 아니하였음을 증명하지 아니하면 운송물의 멸실, 훼손 또는 연착으로 인한 손해를 배상할 책임이 있다(상 795/①).

무과실의 입증책임을 운송인에게 지우고 있는 것은 적하이해관계인의 운송인측의 과실입증의 어려움 및 운송인의 책임제한에 상응하는 것이라 할 것이다.

3) 배상액

ⅰ) 정액배상주의

운송물의 전부멸실 또는 연착의 경우의 손해배상액은 인도할 날의 도착지의 가격에 의하고(상 815/137 ①), 운송물의 일부멸실 또는 훼손의 경우의 손해배상액은 인도한 날의 도착지의 가격에 의한다(상 815/137 ②). 이러한 특칙은 운송인이 경과실로 인하여 손해가 발생한 경우에만 적용되고 운송인의 고의나 중과실로 인하여 손해가 발생한 경우에는 적용되지 않는다(상 815/137 ③). 운송물의 멸실·훼손 또는 연착 이외의 원인으로 인하여 발생한 손해에 대하여는 민법의 일반원칙(민/393)에 의하여 운송인의 손해배상의 범위가 정하여진다.

ⅱ) 손해배상액의 제한

운송인의 손해배상의 책임은 당해 운송물의 매 포장당 또는 선적단위당 666.67 계산단위의 금액과 중량 1킬로그램당 2 계산단위의 금액 중 큰 금액을 한도로 이를 제한할 수 있다(상_①⁷⁸⁹).

운송물의 포장 또는 선적단위의 수는 다음과 같이 정한다(상_②⁷⁸⁹). '포장'이란 운송물의 보호 내지는 취급을 용이하게 하기 위하여 고안된 것으로서 반드시 운송물을 완전히 감싸고 있어야 하는 것도 아니며 구체적으로 무엇이 포장에 해당하는지 여부는 운송업계의 관습 내지는 사회 통념에 비추어 판단하여야 할 것이다.[32]

① 컨테이너 그 밖에 이와 유사한 운송용기가 운송물을 통합하기 위하여 사용되는 경우에 그러한 운송용기에 내장된 운송물의 포장 또는 선적단위의 수를 선하증권 그 밖에 운송계약을 증명하는 문서에 기재한 때에는 그 각 포장 또는 선적단위를 하나의 포장 또는 선적단위로 본다. 이 경우를 제외하고는 이러한 운송용기 내의 운송물 전부를 하나의 포장 또는 선적단위로 본다.

② 운송인이 아닌 자가 공급한 운송용기 자체가 멸실 또는 훼손된 경우에는 그 용기를 별개의 포장 또는 선적단위로 본다.

다만, 운송물에 관한 손해가 운송인 자신의 고의 또는 손해발생의 염려가 있음을 인식하면서 무모하게 한 작위 또는 부작위로 인하여 생긴 것인 때에는 그러하지 아니하다(상_①⁷⁸⁹단서). 즉 운송인 자신에게 고의가 있는 경우에는 전액배상을 하여야 한다. 따라서 운송인 이외의 선원 기타 선박사용인의 고의 등으로 인하여 발생한 손해에 대하여는 책임제한이 인정된다.[33]

'운송인 자신'은 운송인 본인을 말하고 운송인의 피용자나 대리인 등의 이행보조자를 포함하지 않지만 법인 운송인의 경우에 그 대표기관의 고의 또는 무모한 행위만을 법인의 고의 또는 무모한 행위로 한정한다면 법인의 규모가 클수록 운송에 관한 실질적 권한이 하부의 기관으로 이양된다는 점을 감안할 때 위 단서조항의 배제사유가 사실상 사문화되고 당해 법인이 책임제한의 이익을 부당하게 향유할 염려가 있다. 따라서 법인의 대표기관뿐만 아니라 적어도 법인

---

32) 大判 2004.07.22, 2002다44267
33) 大判 1996.12.06, 96다31611 : 운송인의 책임제한이 배제되기 위해서는, 운송인 본인의 고의 또는 손해발생의 염려가 있음을 인식하면서 무모하게 한 작위 또는 부작위가 있어야 하는 것이고, 운송인의 피용자인 선원 기타 선박사용인에게 고의 또는 무모한 행위가 있었다 하더라도 운송인 본인에게 그와 같은 고의나 무모한 행위가 없는 이상 운송인은 상법 제789조의2 제1항 본문에 의하여 책임을 제한할 수 있다. 同旨 : 大判 2001.04.27, 99다71528

의 내부적 업무분장에 따라 당해 법인의 관리 업무의 전부 또는 특정 부분에
관하여 대표기관에 갈음하여 사실상 회사의 의사결정 등 모든 권한을 행사하는
사람은 그가 이사회의 구성원 또는 임원이 아니더라도 그의 행위를 운송인인
회사 자신의 행위로 봄이 상당하다.[34]

iii) 손해배상액의 제한 배제 : 종류와 가액을 고지한 경우

송하인이 운송인에게 운송물을 인도할 때에 그 종류와 가액을 고지하고 선하
증권 그 밖에 운송계약을 증명하는 문서에 이를 기재한 경우에는 기재된 가액에
따라 배상하여야 한다. 그러나 송하인이 운송물의 종류 또는 가액을 고의로 현
저하게 부실한 고지를 한 때에는 운송인은 자기 또는 그 사용인이 악의인 경우
를 제외하고 운송물의 손해에 대하여 책임을 면한다(상797③).

iv) 선주유한책임과의 관계

해상운송인의 감항능력주의의무 위반 및 상사과실 등에 관한 책임과 면책사
유 등에 의한 운송인의 손해배상책임 제한(포장당 또는 선적당 666.67 SDR 또
는 1kg당 2 SDR)의 규정은 선박소유자의 책임제한에 관한 규정(상769, 774, 776)의 적용에
영향을 미치지 않는다(상797④). 따라서 상법 제797조의 책임한도액은 운송물 하나
하나에 대한 것이고(개별적 책임제한) 운송인은 그 한도에서 부담할 채무액을
포함하여 그가 부담할 채무의 전체에 관하여 다시 선주유한책임규정에 의한 책
임제한을 받는다(총체적 책임제한).

v) 고가물에 대한 특칙

화폐, 유가증권 기타의 고가물에 대하여는 송하인이 운송을 위탁할 때에 그
종류와 가액을 명시한 경우에 한하여 운송인이 손해를 배상할 책임이 있다(상136).
그러나 운송인이 고의로 고가물을 멸실 혹은 훼손시킨 경우 운송인은 책임을
면하지 못한다. 즉 고가물 불고지로 인한 면책규정은 일반적으로 운송인의 운송
계약상의 채무불이행으로 인한 청구에만 적용되고 불법행위로 인한 손해배상청
구에는 그 적용이 없다.[35] 운송물이 고가물이라는 점과 그 종류·가액을 송하
인이 명시하지 않았다는 점은 운송인이 입증하여야 한다.

---

34) 大判 2006.10.26, 2004다27082
35) 大判 1991.08.23, 91다15409

송하인이 고가물의 명시를 하지 아니하였으나 운송인이나 그 사용인이 우연히 고가물임을 안 경우에 ① 운송인은 면책된다고 하는 견해 ② 고가물로서의 주의를 게을리 한때에 고가물로서의 손해배상책임을 진다는 견해 ③ 보통물로서의 주의를 게을리한 때에 한하여 고가물로서의 손해배상책임을 진다는 견해(다수설)로 나뉘어 있다.

(4) 책임을 부담하지 않는 경우

1) 항해과실

해상물건운송인은 항해과실이 있는 경우에는 손해배상책임을 부담하지 않는다. 항해과실이란 항해 또는 선박의 관리에 관한 선장 그 밖에 해원의 과실을 말한다. 따라서 운송인은 선장, 해원, 도선사 그 밖의 선박사용인의 항해 또는 선박의 관리에 관한 행위로 인하여 생긴 운송물에 관한 손해를 배상할 책임을 면한다. 그러나 운송인의 고의 또는 과실로 인한 화재의 경우에는 그러하지 아니한다($\overset{상795}{②}$). 해상물건운송인의 감항능력주의의무 위반이 사고와 인과관계가 있으면 운송인은 항해과실의 면책을 받지 못한다고 본다.

2) 선박화재

해상물건운송인은 선장, 해원, 도선사 그 밖의 선박사용인의 과실로 인한 선박화재로 인하여 생긴 운송물에 관한 손해에 대하여 책임을 지지 아니한다. 그러나 해상물건 운송인 자신의 고의 또는 과실로 인한 화재의 경우에는 면책되지 않는다($\overset{상795}{②}$).36)

3) 고가물

고가물인 경우 송하인이 해상물건 운송인에게 운송을 위탁할 때에 이를 고지하지 않은 경우에는 그 고가물의 멸실, 훼손 또는 연착으로 인한 손해에 대하여 운송인은 자기 또는 그 사용인이 악의인 경우를 제외하고는 면책된다($\overset{상815,}{136}$).

---

36) 선박화재의 경우에도 감항능력주의의무와의 관계는 항해과실의 경우와 같라고 보는 견해가 있으나 이는 의문이다. 왜냐하면 선박화재는 감항능력과는 직접적인 관계가 없다고 보여지기 때문이다.

4) 면책사유

운송인은 다음의 사실이 있었다는 것과 운송물에 관한 손해가 그 사실로 인하여 보통 생길 수 있는 것임을 증명한 때에는 이를 배상할 책임을 면한다. 그러나 감항능력주의의무와 운송물에 관한 주의의무(상사과실)의 규정에 의한 주의를 다하였더라면 그 손해를 피할 수 있었음에도 불구하고 그 주의를 다하지 아니하였음을 증명한 때에는 배상책임을 진다(상795).

① 해상 그 밖에 항행할 수 있는 수면에서의 위험 또는 사고

② 불가항력

③ 전쟁, 폭동 또는 내란

④ 해적행위 그 밖에 이에 준하는 행위 : 준하는 행위란 강도 등의 행위를 의미한다.

⑤ 재판상의 압류, 검역상의 제한 그 밖의 공권에 의한 제한

⑥ 송하인 또는 운송물의 소유자나 그 사용인의 행위

⑦ 동맹파업 그 밖의 쟁의 행위 또는 선박 폐쇄

⑧ 해상에서의 인명이나 재산의 구조행위 또는 이로 인한 항로이탈(이로), 그 밖에 정당한 이유로 인한 항로이탈

⑨ 운송물의 포장의 불충분 또는 기호의 표시의 불완전

⑩ 운송물의 특수한 성질 또는 숨은 하자

⑪ 선박의 숨은 하자

(5) 면책약관

1) 면책약관 무효

운송인의 감항능력주의의무(상794), 운송물에 관한 주의의무(상사과실)(상795①), 운송인의 고의·과실로 인한 선박화재에 대한 책임(상795단서②), 운송인의 부주의에 의한 면책사유가 증명된 경우의 책임(상795단서), 운송인의 고의 또는 그에 준하는 사유로 인한 손해에 대한 무한책임(상796), 선하증권 등에 기재된 운송물의 가액에 대한 운송인의 책임(상797①) 등은 상법의 규정에 반하여 운송인의 의무 또는 책임을 경감 또는 면제하지 못한다(상799①전단). 운송물에 관한 보험의 이익을 해상물건운송인에게 양도하는 약정 또는 이와 유사한 약정도 무효이다(상799①후단). 운송인의 책임을 가중

하는 당사자간의 특약은 유효하다고 할 것이다.

2) 면책약관 유효

산 동물의 운송 및 선하증권 그 밖에 운송계약을 증명하는 문서의 표면에 갑판적으로 운송할 취지를 기재하여 갑판적으로 행하는 운송에 대하여는 운송인의 의무 또는 책임을 경감 또는 면제하는 특약을 체결할 수 있다($^{상 799}_{②}$).

용선계약 중에서 ① 해상물건 운송인의 감항능력주의 의무위반이 있음에도 불구하고 이로 인한 운송인의 책임을 경감 또는 면제하는 당사자 사이의 특약과 ② 용선계약에 따라 선하증권이 발행된 경우 선하증권소지인에 대하여도 운송인의 책임을 경감 또는 면제하는 당사자 사이의 특약은 무효이다($^{상 799}_{①}$). 용선계약 중 나머지의 경우에는 원칙적으로 당사자 사이의 특약에 의하여 자유롭게 해상물건 운송인의 책임을 상법의 규정보다 경감 또는 면제할 수 있다($^{상 799}_{②}$).

해상운송인의 책임결과의 일부를 감경하는 배상액제한약관은 원칙적으로 구 상법 제790조에 저촉되지 않는다고 할 것이지만 배상책임을 면제하는 것과 다름없다고 할 정도로 적은 액수를 책임한도액으로 정한 배상액제한약관은 실질적으로 책임제외약관과 다를 바 없는 것이므로 구 상법 제790조에 저촉되어 무효라고 할 것이다.[37]

(6) 순차해상물건운송인의 책임

수인이 순차적으로 해상에서 운송할 경우에 각 운송인은 운송물의 멸실, 훼손 또는 연착으로 인한 손해에 대하여 연대책임이 있고 운송인 중 1인이 이러한 손해를 배상한 때에는 그 손해의 원인이 된 행위를 한 운송인에 대하여 구상권이 있다($^{상 815, 138}_{①, ②}$). 이때 그 손해의 원인이 된 행위를 한 운송인을 알 수 없을 때에는 각 운송인은 그 운임의 비율로 손해를 분담하는데 그 손해가 자기의 운송구간 내에서 발생하지 아니하였음을 증명한 때에는 손해분담의 책임이 없다($^{상 815,}_{138 ③}$).

(7) 책임의 소멸

운송인의 송하인 또는 수하인에 대한 채권 및 채무는 그 청구원인의 여하에

---

[37] 大判 1988.09.27. 86다카2377

불구하고 운송인이 수하인에게 운송물을 인도한 날 또는 인도할 날부터 1년 내에 재판상 청구가 없으면 소멸한다. 그러나 이 기간은 당사자의 합의에 의하여 연장할 수 있다(상814①).

구 상법 제811조는 "운송인의 용선자, 송하인 또는 수하인에 대한 채권 및 채무는 그 청구원인의 여하에 불구하고 운송인이 수하인에게 운송물을 인도한 날 또는 인도할 날부터 1년 내에 재판상 청구가 없으면 소멸한다."고 규정하고 있는바, 해상운송계약에 따른 선하증권이 발행된 경우에는 그 선하증권의 정당한 소지인이 위 규정에서 말하는 수하인이므로 선하증권 소지인의 해상운송인에 대한 채권의 경우에도 적용된다. 그리고 운송인의 악의나 고의 여부 등 그 청구원인의 여하를 가리지 아니하고 적용된다.[38]

'운송물을 인도할 날'이라고 함은 통상 운송계약이 그 내용에 좇아 이행되었으면 인도가 행하여져야 했던 날을 말한다.[39] 해상운송계약에 따른 선하증권이 발행된 경우에도 그 선하증권의 정당한 소지인이 상법 제811조의 '수하인'이고, 상법 제811조는 운송인의 해상운송계약상의 이행청구 및 채무 불이행에 따른 손해배상청구의 경우뿐만 아니라 운송인의 불법행위에 따른 손해배상청구 등 청구원인의 여하에 관계없이 적용되므로, 상법 제811조는 선하증권의 소지인이 운송인에 대하여 운송물에 대한 양도담보권을 침해한 불법행위에 따른 손해배상책임을 묻는 경우에도 적용된다.[40]

운송인이 인수한 운송을 다시 제3자에게 위탁한 경우에 송하인 또는 수하인이 위의 기간 이내에 운송인과 배상 합의를 하거나 운송인에게 재판상 청구를 하였다면, 그 합의 또는 청구가 있은 날부터 3개월이 경과하기 이전에는 그 제3자에 대한 운송인의 채권·채무는 소멸하지 아니한다. 운송인과 그 제3자 사이에 제1항 단서와 동일한 취지의 약정이 있는 경우에도 또한 같다(상814②).[41] 이 경우에 있어서 재판상 청구를 받은 운송인이 그로부터 3개월 이내에 그 제3자에

---

38) 大判 1997.09.30, 96다54850
39) 大判 1997.11.28, 97다28490
40) 大判 1999.10.26, 99다41329
41) 대판 2001.10.30, 2000다62490(해상물건운송계약에 있어 계약운송인과 실제운송인과의 관계와 같이 복수의 주체가 운송물의 멸실·훼손으로 인하여 선하증권소지인에 대하여 연대하여 손해배상책임을 부담하는 경우, 어느 일방이 선하증권소지인에 대하여 먼저 손해액을 배상한 후 다른 일방에 대하여 그 배상금액을 구상하는 경우에는, 운송인의 채권·채무의 소멸을 규정하고 있는 상법 제811조(2007년 개정상법 제814조) 소정의 단기제척기간에 관한 규정은 적용되지 않는다고 할 것이다.)

대하여 소송고지를 하면 3개월의 기간은 그 재판이 확정 그 밖에 종료된 때부터 기산한다(상814③).

(8) 불법행위책임과의 관계

운송인의 책임에 관한 규정은 운송인의 불법행위로 인한 손해배상의 책임에도 이를 적용한다(상798①). 운송물에 관한 손해배상청구가 운송인의 사용인 또는 대리인에 대하여 제기된 경우에 그 손해가 그 사용인 또는 대리인의 직무집행에 관하여 생긴 것인 때에는 그 사용인 또는 대리인은 운송인이 주장할 수 있는 항변과 책임제한을 원용할 수 있다. 다만, 그 손해가 그 사용인 또는 대리인의 고의 또는 운송물의 멸실, 훼손 또는 연착이 생길 염려가 있음을 인식하면서 무모하게 한 작위 또는 부작위로 인하여 생긴 것인 때에는 그러하지 아니 한다(상798②).

책임을 지는 경우에 운송인과 그 사용인 또는 대리인의 운송물에 대한 책임제한금액의 총액은 당해 운송물의 매 포장당 또는 선적단위당 666.67 계산단위의 금액과 중량 1킬로그램당 2 계산단위의 금액 중 큰 금액의 한도를 초과하지 못한다(상798③). 운송물에 관한 손해배상청구가 운송인 외의 실제운송인 또는 그 사용인이나 대리인에 대하여 제기된 경우에도 이를 적용한다(상798④).

'사용인 또는 대리인'이란 고용계약 또는 위임계약 등에 따라 운송인의 지휘감독을 받아 그 업무를 수행하는 자를 말하고 그러한 지휘감독 관계없이 스스로의 판단에 따라 자기 고유의 사업을 영위하는 독립적인 계약자는 포함되지 아니한다.42)

(9) 복합운송인의 책임

운송인이 인수한 운송에 해상 외의 운송구간이 포함된 경우 운송인은 손해가 발생한 운송구간에 적용될 법에 따라 책임을 진다(상816①). 어느 운송구간에서 손해가 발생하였는지 불분명한 경우 또는 손해의 발생이 성질상 특정한 지역으로 한정되지 아니하는 경우에는 운송인은 운송거리가 가장 긴 구간에 적용되는 법에 따라 책임을 진다. 다만, 운송거리가 같거나 가장 긴 구간을 정할 수 없는

---

42) 大判 2004.02.13, 2001다75318

경우에는 운임이 가장 비싼 구간에 적용되는 법에 따라 책임을 진다(상816②).

복합운송인의 책임원칙으로는 복합운송인의 책임을 각 운송구간에 적용되는 운송법상의 책임제도와 연결시키는 방법과 이를 분리시켜 독자적인 책임원칙에 의하도록 하는 방법, 그리고 양자를 절충하는 방법 등 3가지의 방법이 적용되고 있다. 그러한 방법으로는 ① 통일책임원칙 ② 네트워크책임원칙 ③ 변형통일책임원칙 등이 있다.

① 통일책임원칙(uniform liability system)이란 운송물의 멸실 등이 복합운송의 어느 구간에서 발생하였느냐를 묻지 않고 별도의 동일한 기준에 따라 책임을 부담하는 것을 말한다. ② 네트워크책임원칙(network liability system)이란 손해발생구간이 밝혀지지 않은 경우에는 그 손해가 해상구간에서 발생한 것으로 추정하여 독자적인 책임규정을 적용하고, 손해발생구간이 확인된 경우에는 그 손해발생구간에 적용될 국내법이나 국제조약을 적용하게 되는 것을 말한다. ③ 변형통일책임원칙(modified uniform liability system)이란 「국제복합물건운송협약」이 채택하고 있는 것으로 이에 따르면, 손해발생구간의 확인 여부에 관계없이 동일한 책임규정을 적용하되, 손해발생구간이 확인되고 그 구간에 적용될 법에 규정된 책임한도액이 「국제복합물건운송협약」의 책임한도액보다 높은 경우에는 그 구간에 적용되는 법의 책임한도액을 적용하게 되는 것을 말한다.

2007년 개정상법은 1992년 국제복합운송업자연맹(FIATA)의 선하증권, 1980년 UN의 「국제복합물건운송협약」(Convention on International Multimodal Transport of Goods) 및 독일 등의 입법례를 참조하여 원칙적으로 운송인은 손해가 발생한 운송구간에 적용될 법에 따라 손해배상책임을 지도록 하되, 다만 어느 운송구간에서 손해가 발생하였는지 불분명한 경우 및 손해의 발생이 성질상 특정한 지역으로 한정되지 아니하는 경우에는 주된 운송구간에 적용될 법에 따라 책임을 지고, 주된 운송구간은 법원이 운송거리·운임 그 밖의 제반사정을 참작하여 정하도록 하고 있다.

6.3.2.4.3. 해상물건운송인의 권리

(1) 기본적 권리

1) 운임청구권

ⅰ) 원칙

운송계약은 도급계약이므로 운송인은 원칙적으로 운송물이 목적지에 도착하여야 운임을 청구할 수 있다. 운송물의 전부 또는 일부가 송하인의 책임 없는 사유로 인하여 멸실한 때에는 운송인은 그 운임을 청구하지 못한다. 운송인이 이미 그 운임의 전부 또는 일부를 받은 때에는 이를 반환하여야 한다(상134①).

ⅱ) 예외

운송물의 전부 또는 일부가 그 성질이나 하자 또는 송하인의 과실로 인하여 멸실한 때에는 운송인은 운임의 전액을 청구할 수 있다(상815, 134②). 운송인은 선장이 항해의 계속에 필요한 비용을 지급하기 위하여 운송물을 처분하였을 때(상750①)와 공동해손처분을 한 경우에도(상865) 운임의 전액을 청구할 수 있다(상81). ① 선박의 침몰 또는 멸실 ② 선박의 수선불가능 ③ 선박의 포획 ④ 운송물의 불가항력적 멸실이 항해 도중에 생긴 때에는 용선자 또는 송하인은 운송의 비율에 따라 현존하는 운송물의 가액의 한도에서 운임을 지급하여야 하므로 운송인은 운임을 이 범위 내에서 청구할 수 있다(상810②).

ⅲ) 운임액

운송물의 중량 또는 용적으로 운임을 정한 때에는 운송물을 인도하는 때의 중량 또는 용적에 의하여 그 액을 정한다(상805). 기간으로 운임을 정한 때에는 운송물의 선적을 개시한 날로부터 그 양륙을 종료한 날까지의 기간에 의하여 그 액을 정한다(상806①). 이 기간에는 불가항력으로 인하여 선박이 선적항이나 항해 도중에 정박한 기간 또는 항해도 중에서 선박을 수선한 기간을 산입하지 아니한다(상806②).

2) 정박료 청구권

용선계약의 경우 약정한 선적기간 또는 양륙기간을 경과한 후 선적 또는 양륙을 한 때, 이 초과정박기간에 대하여 해상운송인은 정박료(체선료)를 청구할 수 있다($^{\text{상}829}_{830}\,^{③}_{③}$). 수하인이 운송물을 수령한 때에는 수하인도 이러한 정박료를 지급하여야 할 의무를 부담한다($^{\text{상}807}_{①}$).

3) 부수비용 청구권 등

해상운송인은 운송계약 또는 선하증권의 취지에 따라 창고 보관료, 운송물 공탁비용, 검사비용, 관세 등과 같은 부대비용, 체당금, 운송물의 가액에 따른 공동해손 또는 해난구조로 인한 부담액을 용선자 또는 송하인에게 청구할 수 있는데 수하인이 운송물을 수령한 때에는 수하인에게도 이를 청구할 수 있다($^{\text{상}807}_{①}$).

4) 담보권

해상운송인(선장)은 수하인이 운송물을 수령하는 때에 운임, 부수비용, 체당금, 정박료, 운송물의 가액에 따른 공동해손 또는 해난구조로 인한 부담액을 지급하지 않으면 운송물을 인도하지 않고 이를 유치할 수 있는 권리를 갖는다($^{\text{상}807}_{②}$).

해상운송인은 운임, 부수비용, 체당금, 정박료, 운송물의 가액에 따른 공동해손 또는 해난구조로 인한 부담액을 지급받기 위하여 법원의 허가를 얻어 운송물을 경매하여 우선변제를 받을 권리가 있다($^{\text{상}808}_{①}$). 선장이 수하인에게 운송물을 인도한 후에도 운송인은 그 운송물에 대하여 위의 권리를 행사할 수 있다. 그러나 인도한 날로부터 30일을 경과하거나 제3자가 그 운송물에 점유를 취득한 때에는 그러하지 아니한다($^{\text{상}808}_{②}$).

(2) 부수적 권리

해상운송인은 운송과 관련하여 용선자 또는 송하인에 대하여 다음과 같은 부수적 권리를 갖는다.

① 해상운송인은 용선자에 대한 운송(용선)계약서의 교부청구권($^{\text{상}}_{828}$)

② 용선계약의 경우 용선자에 대한 선적청구권($^{\text{상}829}_{①}$)

③ 개품운송계약의 경우 운송물제공청구권($^{\text{상}792}_{①}$)

④ 용선계약의 경우 선적기간 내에 선적이 완료되지 않은 때 또는 개품운송계약의 경우 송하인이 당사자 사이의 합의 또는 선적항의 관습에 의한 때와 곳에서 운송인에게 운송물을 제공하지 않은 때의 발항권($^{\text{상}792}_{831②}\,^{①}$)

⑤ 용선자 또는 송하인에 대한 선적기간 내에 운송에 필요한 서류의 교부청
　 구권($\overset{상}{793}$)

⑥ 위법선적물 또는 위험물에 대한 조치권($\overset{상}{801}$)

⑦ 용선자나 송하인이 운송물의 전부 또는 일부를 선적하고 운송계약을 해제
　 또는 해지한 경우 선적과 양륙비용의 청구권($\overset{상}{835}$)

⑧ 용선자 또는 송하인에 대한 선하증권등본의 교부청구권($\overset{상}{856}$)

운송물이 불가항력으로 인하여 멸실된 때($\overset{상\,810}{①\,iv}$) 및 법정사유로 인한 해제 즉 제811조 제1항의 사유가 운송물의 일부에 대하여 생긴 때에는 송하인은 운송인의 책임이 가중되지 아니하는 범위 안에서 다른 운송물을 선적할 수 있다($\overset{상\,123}{①}$). 송하인이 위의 권리를 행사하고자 하는 때에는 지체 없이 운송물의 양륙 또는 선적을 하여야 한다. 그 양륙 또는 선적을 게을리 한 때에는 운임의 전액을 지급하여야 한다($\overset{상\,123}{②}$).

(3) 채권의 제척기간

운송인의 용선자, 송하인 또는 수하인에 대한 채권 및 채무는 그 청구원인의 여하에 불구하고 운송인이 수하인에게 운송물을 인도한 날 또는 인도할 날부터 1년 내에 재판상 청구가 없으면 소멸한다. 그러나 이 기간은 당사자의 합의에 의하여 연장할 수 있다($\overset{상\,814}{①}$).

운송인이 인수한 운송을 다시 제3자에게 위탁한 경우에 송하인 또는 수하인이 위의 기간 이내에 운송인과 배상 합의를 하거나 운송인에게 재판상 청구를 하였다면, 그 합의 또는 청구가 있은 날부터 3개월이 경과하기 이전에는 그 제3자에 대한 운송인의 채권·채무는 제1항의 규정에 불구하고 소멸하지 아니한다. 운송인과 그 제3자 사이에 제1항 단서와 동일한 취지의 약정이 있는 경우에도 또한 같다($\overset{상\,814}{②}$).43) 이 경우에 있어서 재판상 청구를 받은 운송인이 그로부터 3개월 이내에 그 제3자에 대하여 소송고지를 하면 3개월의 기간은 그 재판이

---

43) 대판 2001.10.30, 2000다62490(해상물건운송계약에 있어 계약운송인과 실제운송인과의 관계와 같이 복수의 주체가 운송물의 멸실·훼손으로 인하여 선하증권소지인에 대하여 연대하여 손해배상책임을 부담하는 경우, 어느 일방이 선하증권소지인에 대하여 먼저 손해액을 배상한 후 다른 일방에 대하여 그 배상금액을 구상하는 경우에는, 운송인의 채권·채무의 소멸을 규정하고 있는 상법 제811조(2007년 개정상법 제814조) 소정의 단기제척기간에 관한 규정은 적용되지 않는다고 할 것이다.)

확정 그 밖에 종료된 때부터 기산한다($\overset{상814}{③}$).

6.3.2.5. 해상물건운송계약의 종료

6.3.2.5.1. 용선자의 임의해제

(1) 발항 전의 임의해제

1) 전부용선계약의 경우

발항 전에는 전부용선자는 운임의 반액을 지급하고 계약을 해제할 수 있다($\overset{상832}{①}$). 왕복항해의 용선계약인 경우에 전부용선자가 그 회항 전에 계약을 해지하는 때와 선박이 다른 항에서 선적항에 항행하여야 할 경우에 전부용선자가 선적항에서 발항하기 전에 계약을 해지하는 때에는 운임의 3분의 2를 지급하여야 한다($\overset{상832}{②,③}$).

용선자나 송하인이 계약을 해제 또는 해지를 한 때에도 부수비용과 체당금을 지급할 책임을 면하지 못한다($\overset{상834}{①}$). 이 경우 용선자나 송하인은 운송물의 가액에 따라 공동해손 또는 해난구조로 인하여 부담할 금액을 지급하여야 한다($\overset{상834}{②}$). 또한 운송물의 전부 또는 일부를 선적한 때에는 그 선적과 양륙의 비용은 용선자 또는 송하인이 부담한다($\overset{상}{835}$).

2) 일부 용선계약 또는 개품운송계약의 경우

일부용선자나 송하인은 다른 용선자와 송하인 전원과 공동으로 하는 경우에 한하여 운송계약을 해제 또는 해지를 할 수 있다($\overset{상833}{①}$). 용선자나 송하인이 계약을 해제 또는 해지를 한 때에도 부수비용과 체당금을 지급할 책임을 면하지 못한다($\overset{상834}{①}$). 용선자와 송하인 전원이 공동으로 하지 않은 경우에는 일부 용선자나 송하인이 발항 전에 계약을 해제 또는 해지를 한 때에도 운임의 전액을 지급하여야 한다($\overset{상833}{②}$). 발항전이라도 일부 용선자나 송하인이 운송물의 전부 또는 일부를 선적한 경우에는 다른 용선자와 송하인의 동의를 얻지 아니하면 계약을 해제 또는 해지하지 못한다($\overset{상833}{③}$).[44] 또한 운송물의 전부 또는 일부를 선적한 때에는 그 선적과 양륙의 비용은 용선자 또는 송하인이 부담한다(상835).

3) 용선자의 계약 해제·해지 의제

용선자가 선적기간 내에 운송물의 선적을 하지 아니한 때에는 계약을 해제 또는 해지한 것으로 본다(상836).

(2) 발항 후의 임의해지

발항 후에는 용선자나 송하인은 운임의 전액, 체당금, 체선료와 공동해손 또는 해난구조의 부담액을 지급하고 그 양륙하기 위하여 생긴 손해를 배상하거나 이에 대한 상당한 담보를 제공하여야 계약을 해지할 수 있다(상837).

6.3.2.5.2. 불가항력에 의한 임의해제

항해 또는 운송이 법령에 위반하게 되거나 그 밖에 불가항력으로 인하여 계약의 목적을 달할 수 없게 된 때에는 각 당사자는 계약을 해제할 수 있다(상811①). 불가항력적 사유가 항해 도중에 생긴 경우에 계약을 해지한 때에도 용선자 또는 송하인은 운송의 비율에 따른 운임을 지급하여야 한다(상811②).

6.3.2.5.3. 법정원인에 의한 당연종료

모든 해상물건 운송계약은 ① 선박이 침몰 또는 멸실한 때 ② 선박이 수선할 수 없게 된 때 ③ 선박이 포획된 때 ④ 운송물이 불가항력으로 인하여 멸실된 때에는 종료한다(상810①). ① 선박의 침몰 또는 멸실 ② 선박의 수선불가능 ③ 선박의 포획이 항해도중에 생긴 때에는 용선자 또는 송하인은 운송의 비율에 따라 현존하는 운송물의 가액의 한도에서 운임을 지급하여야 한다(상810②). 따라서

---

44) 일부 용선계약 또는 개품운송계약의 경우에도 이 경우 용선자나 송하인은 운송물의 가액에 따라 공동해손 또는 해난구조로 인하여 부담할 금액을 지급하여야 한다(상834②)는 규정을 적용한다고 보는 견해가 있으나 이는 의문이다. 법문에 이를 준용하는 근거가 없기 때문이다. 즉 834조 제2항은 832조 제2항과 제3항의 경우에는로 한정하고 있기 때문이다.

운송물이 불가항력으로 인하여 멸실된 때에는 송하인은 운임을 전혀 지급하지
않아도 무방하다.

6.3.2.5.4. 운송물 일부에 관한 불가항력으로 인한 운송인의 선적권

운송물이 불가항력으로 인하여 멸실된 때(상810①iv) 및 항해 또는 운송이 법령에 위
반하게 되거나 그 밖에 불가항력으로 인하여 계약의 목적을 달할 수 없게 된 때
(상811①) 운송물의 일부에 대하여 생긴 때에는 송하인은 운송인의 책임이 가중되지
아니하는 범위 안에서 다른 운송물을 선적할 수 있다(상812①). 송하인이 제1항의 권
리를 행사하고자 하는 때에는 지체 없이 운송물의 양륙 또는 선적을 하여야 한
다. 그 양륙 또는 선적을 게을리 한 때에는 운임의 전액을 지급하여야 한다(상812②).

6.3.2.6. 해상운송증서

2007년 개정상법은 해상운송증서 선하증권(상852~862)과 해상운송장(상863~864)을 규정하
고 있다.

6.3.2.6.1. 선하증권

(1) 의의

선하증권이란 해상운송인이 운송물을 수령 또는 선적하였음을 증명하고 목적
지에서 운송물을 증권소지인에게 인도할 것을 약정하는 내용의 유가증권이다.

(2) 성질

선하증권은 운송물인도청구권을 표창하는 유가증권으로서 지시증권성(상861,130), 요
인증권성(상852), 요식증권성(상853), 문언증권성(상854), 상환증권성(상861,129), 인도증권성(상861,133), 처

분증권성($^{\mathrm{상}\,861,}_{132}$) 등을 갖는다.

〔상환증권성 관련 판례〕

해상운송인으로서는 운송물을 선하증권의 소지인에게 선하증권과 상환하여 인도하여야 함이 원칙이라 할 것이나, 해상운송인이 선하증권 소지인의 인도 지시 내지 승낙에 따라 운송물을 제3자에게 인도한 경우에는 그 제3자가 선하증권을 제시하지 않았다 하더라도 해상운송인이 그와 같은 인도 지시 내지 승낙을 한 선하증권 소지인에 대하여 운송물인도의무 불이행이나 불법행위로 인한 손해배상책임을 진다고 할 수 없다.[45]

선하증권을 발행한 운송인이 선하증권과 상환하지 아니하고 운송물을 선하증권 소지인 아닌 자에게 인도함으로써 선하증권 소지인에게 운송물을 인도하지 못하게 되어 운송물에 대한 그의 권리를 침해하였을 때에는 고의 또는 중대한 과실에 의한 불법행위가 성립한다고 할 것인데, 이 경우 운송물을 인수한 자가 운송물을 선의취득 하는 등의 사유로 선하증권 소지인이 운송물에 대한 소유권을 상실하여야만 운송인의 불법행위가 성립하는 것이 아니라 운송인이 선하증권 소지인이 아닌 자에게 운송물을 인도함으로써 선하증권 소지인의 운송물에 대한 권리의 행사가 어렵게 되기만 하였으면 곧바로 불법행위가 성립한다.[46]

〔요인증권성 관련 판례〕

선하증권은 운송물의 인도청구권을 표창하는 유가증권인바, 이는 운송계약에 기하여 작성되는 유인증권으로 상법은 운송인이 송하인으로부터 실제로 운송물을 수령 또는 선적하고 있는 것을 유효한 선하증권 성립의 전제조건으로 삼고 있으므로 운송물을 수령 또는 선적하지 아니하였는데도 발행된 선하증권은 원인과 요건을 구비하지 못하여 목적물의 흠결이 있는 것으로서 무효라고 봄이 상당하고,[47] 이러한 경우 선하증권의 소지인은 운송물을 수령하지 않고 선하증권을 발행한 운송인에 대하여 불법행위로 인한 손해배상을 청구할 수 있다.[48]

---

45) 大判 1997.06.24. 95다40953
46) 大判 2001.04.10. 2000다46795
47) 大判 1982.09.14. 80다1325
48) 大判 2005.03.24. 2003다5535

(3) 기능

선하증권은 송하인과 해상운송인 및 수하인을 포함한 선하증권소지인 사이에서 다음과 같은 세 가지의 기능을 한다. 첫째, 운송인이 송하인으로부터 운송물을 수령하였음을 나타내는 화물수령증으로서의 기능, 둘째, 운송인과 송하인 간에 체결된 운송계약의 증거로서의 기능, 셋째로, 선하증권소지인은 목적항에서 물건인도청구권을 갖는 점에서 권원증권의 기능이 바로 그것이다.

(4) 선하증권의 종류

선하증권의 발행시기가 운송물의 수령 후인가 또는 선적 후인가에 따라 수령선하증권과 선적선하증권이 있으며, 수하인의 표시방법에 따라 기명식 선하증권, 지시식 선하증권, 무기명식(소지인출급식) 선하증권이 있다.

(5) 선하증권의 발행

1) 발행의 당사자

운송인은 운송물을 수령한 후 용선자 또는 송하인의 청구에 의하여 1통 또는 수통의 선하증권을 교부하여야 한다($\frac{상}{①}$852). 따라서 선하증권의 발행청구권자는 소하인 또는 용선자이고 발행자는 해상운송인 또는 선박소유자이다.

운송인은 운송물을 선적한 후 용선자 또는 송하인의 청구에 의하여 1통 또는 수통의 선적선하증권을 교부하거나 수령선하증권에 선적의 뜻을 표시하여야 한다($\frac{상}{②}$852). 운송인은 선장 또는 그 밖의 대리인에게 선하증권의 교부 또는 선적의 표시를 위임할 수 있다($\frac{상}{③}$852). 따라서 운송인은 대리인을 통해서도 선하증권을 발행할 수 있으므로 선하증권에 직접 서명하여 이를 송하인에게 교부한 행위자인 대리인을 운송계약상의 운송인으로 인정하지 아니하고 본인을 운송인으로 인정할 수 있다.[49]

선하증권의 송하인란을 기재함에 있어서는 반드시 운송계약의 당사자만을 송하인으로 기재하여야 하는 것은 아니고 넓은 의미의 하주를 송하인으로 기재할

---

49) 大判 1997.06.27. 95다7215

수도 있으므로 선하증권상에 송하인으로 기재되어 있다는 것만으로 그 선하증권에 의한 운송계약의 상대방이라고 단정할 수는 없다.[50]

운송인을 위하여 운송계약의 이행을 보조하거나 대행하고 있더라도 운송인으로부터 직접 지휘·감독을 받지 않고 독립하여 영업활동을 수행하고 있을 뿐이라면 그러한 자를 운송인의 피용자라고 할 수는 없는 것이므로 운송인은 그러한 자의 불법행위에 대하여 사용자로서의 손해배상책임을 지지 아니한다.[51]

2) 선하증권의 기재사항

선하증권에는 다음의 사항을 기재하고 운송인이 기명날인 또는 서명하여야 한다($\frac{상}{①}$ 853).

① 선박의 명칭, 국적과 톤수
② 송하인이 서면으로 통지한 운송물의 종류, 중량 또는 용적, 포장의 종별, 개수와 기호 → 운송물의 중량, 용적, 개수 또는 기호가 운송인이 실제로 수령한 운송물을 정확하게 표시하고 있지 아니하다고 의심할 만한 상당한 이유가 있는 때 또는 이를 확인할 적당한 방법이 없는 때에는 그 기재를 생략할 수 있다($\frac{상}{②}$ 853).
③ 운송물의 외관상태
④ 용선자 또는 송하인의 성명 또는 상호
⑤ 수하인 또는 통지수령인의 성명 또는 상호
⑥ 선적항
⑦ 양륙항
⑧ 운임
⑨ 발행지와 그 발행 연월일
⑩ 수통의 선하증권을 발행한 때에는 그 수
⑪ 운송인의 성명 또는 상호
⑫ 운송인의 주된 영업소 소재지

송하인은 기재사항이 정확함을 운송인에게 담보한 것으로 본다($\frac{상}{③}$ 853). 수령한 운송물과 선하증권의 기재가 상이하여 운송인이 선하증권의 선의취득자에게 손해

---

50) 大判 2000.03.10, 99다55052
51) 大判 2000.03.10, 99다55052

배상책임을 지는 경우에는 송하인에 대해 손해배상을 청구할 수 있다.

운송인이 선하증권에 기재된 통지수령인에게 운송물에 관한 통지를 한 때에는 송하인 및 선하증권소지인 그 밖의 수하인에게 통지한 것으로 본다(상853④).

3) 등본의 교부

선하증권의 교부를 받은 용선자 또는 송하인은 발행자의 청구가 있는 때에는 선하증권의 등본에 기명날인 또는 서명하여 교부하여야 한다(상856).

(6) 선하증권의 양도

기명식 또는 지시식 선하증권은 배서에 의하여 양도된다. 그러나 기명식 선하증권으로서 증권상에 배서를 금지하는 뜻의 기재가 있는 경우에는 그러하지 아니한다(상861, 130). 무기명식 또는 소지인출급식 선하증권은 단순한 교부에 의하여 양도 된다(상65, 민523).

(7) 선하증권의 효력

1) 채권적 효력

선하증권이 발행된 경우 운송인과 송하인 사이에 선하증권에 기재된 대로 개품운송계약이 체결되고 운송물을 수령 또는 선적한 것으로 추정한다(상854①). 선하증권을 선의로 취득한 소지인에 대하여 운송인은 선하증권에 기재된 대로 운송물을 수령 혹은 선적한 것으로 보고 선하증권에 기재된 바에 따라 운송인으로서 책임을 진다(상854②). 즉 운송계약당사자(송하인 – 운송인) 간에는 요인증권성에 의한 무효를 악의의 증권소지인에 대해서는 반증을 주장할 수 있으나 선의의 증권소지인에 대해서는 문언증권성에 의한 책임을 지게 된다.

선하증권은 해상운송인이 운송물을 수령한 것을 증명하고 양륙항에서 정당한 소지인에게 운송물을 인도할 채무를 부담하는 유가증권으로서 운송인과 그 증권소지인 간에는 증권 기재에 따라 운송계약상의 채권관계가 성립하는 채권적 효력이 발생한다.[52]

---

52) 大判 1998.09.04, 96다6240

개정상법상 선하증권이 발행된 경우 선하증권에 기재된 대로 개품운송계약이 체결된 것으로 추정하는 이유는 개품운송의 경우 약관에 따른 표준계약이 일반적이어서 별도의 계약행위를 하지 않기 때문에 선하증권이 발행되면 일정한 약관계약이 체결된 것으로 추정하여 권리·의무관계를 발생시키고자 하는 것이다.

운송인은 선하증권에 기재된 대로 운송물을 수령 또는 선적한 것으로 추정되므로 선하증권에 운송물이 외관상 양호한 상태로 선적되었다는 기재가 있는 무고장선하증권이 발행된 경우에는 특별한 사정이 없는 한 운송인은 그 운송물을 양호한 상태로 수령 또는 선적한 것으로 추정된다 할 것이고 따라서 무고장선하증권의 소지인이 운송물의 훼손으로 인한 손해를 입증함에 있어서는 운송인으로부터 운송물을 수령할 당시의 화물의 손괴사실만 입증하면 되는 것이고 나아가 이러한 손해가 항해 중에 발생한 것임을 입증할 필요는 없다.[53]

2) 물권적 효력

선하증권에 의하여 운송물을 인도받을 수 있는 자에게 그 증권을 교부한 때에는 운송물에 행사하는 권리의 취득에 관하여 운송물을 인도한 것과 동일한 효력이 있다($\frac{상861}{133}$). 따라서 운송물을 처분하는 당사자 간에는 운송물에 관한 처분은 증권으로서 하여야 하며 운송물을 받을 수 있는 자에게 증권을 교부한 때에는 운송물 위에 행사하는 권리의 취득에 관하여 운송물을 인도한 것과 동일한 물권적 효력이 발생하므로 운송물의 권리를 양수한 수하인 또는 그 이후의 자는 선하증권을 교부받음으로써 그 채권적 효력으로 운송계약상의 권리를 취득함과 동시에 그 물권적 효력으로 양도 목적물의 점유를 인도받은 것이 되어 그 운송물의 소유권을 취득한다.[54]

3) 수통의 선하증권이 발행된 경우 운송물의 인도

i) 양륙항에서의 운송물 인도

양륙항에서 수통의 선하증권 중 1통을 소지한 자가 운송물의 인도를 청구하는 경우에도 선장은 그 인도를 거부하지 못한다($\frac{상857}{①}$). 수통의 선하증권 중 1통의 소지인이 운송물의 인도를 받은 때에는 다른 선하증권은 그 효력을 잃는다($\frac{상857}{②}$).

---

53) 大判 2001.02.09, 98다49074
54) 大判 2001.02.09, 98다49074

2인 이상의 선하증권소지인이 운송물의 인도를 청구한 때에는 선장은 지체 없이 운송물을 공탁하고 각 청구자에게 그 통지를 발송하여야 한다(상859①). 운송물의 일부를 인도한 후 다른 소지인이 운송물의 인도를 청구한 경우에도 그 인도하지 아니한 운송물에 대하여는 선장은 지체 없이 운송물을 공탁하고 각 청구자에게 그 통지를 발송하여야 한다(상859②).

ii) 양륙항 외에서의 운송물의 인도

양륙항 외에서는 선장은 선하증권의 각 통의 반환을 받지 아니하면 운송물을 인도하지 못한다(상858).

iii) 공탁

2인 이상의 선하증권소지인이 운송물의 인도를 청구한 때에는 선장은 지체 없이 운송물을 공탁하고 각 청구자에게 그 통지를 발송하여야 한다(상859①). 공탁한 운송물에 대하여는 수인의 선하증권소지인에게 공통되는 전자로부터 먼저 교부를 받은 증권소지인의 권리가 다른 소지인의 권리에 우선한다(상860①). 격지자에 대하여 발송한 선하증권은 그 발송한 때를 교부받은 때로 본다(상860②).

4) 용선계약과 선하증권

용선자의 청구가 있는 경우 선박소유자는 운송물을 수령한 후에 선하증권을 발행한다(상855①). 선하증권이 발행된 경우 선박소유자는 선하증권에 기재된 대로 운송물을 수령 또는 선적한 것으로 추정한다(상855②). 제3자가 선의로 선하증권을 취득한 경우 선박소유자는 운송인으로서 권리와 의무가 있다. 용선자의 청구에 따라 선박소유자가 제3자에게 선하증권을 발행한 경우에도 또한 같다(상855③). 이 경우에 그 제3자는 송하인으로 본다(상855④). 또한 운송인으로서의 의무와 책임을 감경 또는 면제하는 특약을 하지 못한다(상855⑤).

5) 전자선하증권

i) 전자선하증권의 의의

운송인은 선하증권을 발행하는 대신에 송하인 또는 용선자의 동의를 얻어 법무부장관이 지정하는 등록기관에 등록을 하는 방식으로 전자선하증권을 발행할 수 있다. 이 경우 전자선하증권은 선하증권과 동일한 법적 효력을 갖는다(상862①).

개정상법에서 전자선하증권에 관한 규정을 신설한 것은 현대 해운기업들이 해운활동을 영위하면서 발달한 정보통신기술을 사용하여 비용절감과 업무 효율성의 증대를 도모하고자 하는 전 세계적인 경향을 반영하여 종이선하증권이 전자적 환경에서 전자적 형태로도 이용될 수 있도록 하기 위한 것이다.[55]

ii) 전자선하증권의 발행

전자선하증권에는 선하증권의 기재사항에 관한 정보가 포함되어야 하며, 운송인이 전자서명을 하여 송신하고 용선자 또는 송하인이 이를 수신하여야 그 효력이 생긴다(상862②).

iii) 전자선하증권의 양도

전자선하증권의 권리자는 배서의 뜻을 기재한 전자문서를 작성한 다음 전자선하증권을 첨부하여 지정된 등록기관을 통하여 상대방에게 송신하는 방식으로 그 권리를 양도할 수 있다(상862③). 이 정한 방식에 따라 배서의 뜻을 기재한 전자문서를 상대방이 수신하면 선하증권을 배서하여 교부한 것과 동일한 효력이 있고, 전자문서를 수신한 권리자는 선하증권을 교부받은 소지인과 동일한 권리를 취득한다(상862④).

iv) 전자선하증권의 등록기관의 지정요건 등

전자선하증권의 등록기관의 지정요건, 발행 및 배서의 전자적인 방식, 운송물의 구체적인 수령절차 그 밖에 필요한 사항은 대통령령으로 정한다(상862⑤).

6) 해상화물운송장

i) 해상화물운송장의 의의

해상화물운송장(Sea Waybill)은 실무에서 선하증권과는 달리 유가증권이 아니면서 운송을 증명하고 그 수하인에게 운송물을 인도하면 운송채무가 이행되는 운송증서이다.

---

55) 국제적으로는 국가 상호 간의 무역환경이 IT화됨에 따라 이미 유럽을 중심으로 중앙등록기관에 전자적으로 등록하는 방식에 의한 볼레로(BOLERO ; Bill of Lading Electronic Registry Organization)라고 하는 전자선하증권이 이용되는 등 전자무역이 활발히 이루어지고 있고, 국제해법위원회(CMI)는 「1990년 전자선하증권통일규칙(Uniform Rules for Electronic Bills of Lading)」을 제정한 바 있다.

해상화물증서는 요인증권성(상863), 요식증권성(상863), 면책증권성(상864②)은 있으나 선하증권과 같은 법률상 당연한 지시증권성(상861, 130), 상환증권성(상861, 129), 인도증권성(상861, 133), 처분증권성(상861, 132) 등을 갖는다.

2) 해상화물운송장의 발행문언증권성(상854),

운송인은 용선자 또는 송하인의 청구가 있으면 선하증권을 발행하는 대신 해상화물운송장을 발행할 수 있다. 해상화물운송장은 당사자 사이의 합의에 따라 전자식으로도 발행할 수 있다(상863①).

해상화물운송장에는 해상화물운송장임을 표시하는 외에 선하증권의 기재사항(제853조 제1항 각 호)을 기재하고 운송인이 기명날인 또는 서명하여야 한다(상863②). 선하증권의 발행에 관한 책임 및 효력(제853조 제2항 및 제4항)의 규정은 이를 해상화물운송장에 준용한다(상863③).

3) 해상화물운송장의 효력

i) 추정적 효력

해상화물운송장이 발행된 경우 운송인이 그 운송장에 기재된 대로 운송물을 수령 또는 선적한 것으로 추정한다(상864①). 따라서 해상화물운송장을 발행한 운송인은 선의취득자에는 적용되지 않는 선하증권과는 달리 선의의 운송장 소지인에 대하여도 그가 운송물을 수령하지 않았거나 또는 수령한 운송물과 상이함을 증명하여 대항할 수 있는 것으로 본다.

ii) 면책적 효력

운송인이 운송물을 인도함에 있어 수령인이 해상화물운송장에 기재된 수하인 또는 그 대리인이라고 믿을만한 정당한 이유가 있는 때에는 수령인이 권리자가 아니라고 하더라도 운송인은 그 책임을 면한다(상864②).

해상화물운송장의 효력은 그 양도성이 없다는 점을 제외하고는 선하증권과 대체로 동일하다. 다만, 선하증권의 경우에는 이 증권과 상환하지 아니하고 무권리자에게 운송물이 인도되면 어떠한 경우에도 운송인이 그 책임을 면하지 못하지만(선하증권의 상환증권성), 해상화물운송장의 경우에는 운송인이 운송물을 인도함에 있어서 화물운송장에 기재된 수하인 또는 그 대리인임을 확인하기 위한 모든 합리적인 주의를 다하였음을 증명하는 경우에는 수령인이 권리자가 아니었다 하더라도 운송인은 그 책임을 면하도록 하고 있다.

(8) 보증도

'보증도(保證渡)'의 상관습은 운송인 또는 운송취급인의 정당한 선하증권 소지인에 대한 책임을 면제함을 목적으로 하는 것이 아니고 오히려 보증도로 인하여 정당한 선하증권 소지인이 손해를 입게 되는 경우 운송인 또는 운송취급인이 그 손해를 배상하는 것을 전제로 하고 있는 것이므로 운송인 또는 운송취급인이 보증도를 한다고 하여 선하증권과 상환함이 없이 운송물을 인도함으로써 선하증권 소지인의 운송물에 대한 권리를 침해하는 행위가 정당한 행위로 된다거나 운송취급인의 주의의무가 경감 또는 면제된다고 할 수 없고 보증도로 인하여 선하증권의 정당한 소지인의 운송물에 대한 권리를 침해하였을 때에는 고의 또는 중대한 과실에 의한 불법행위의 책임을 진다.[56]

---

56) 大判 1992.02.25, 91다30026

6.3.3.1. 해상여객운송계약의 의의

6.3.3.1.1. 의의

해상여객운송계약은 운송인이 특정한 여객을 출발지에서 도착지까지 해상에서 선박으로 운송할 것을 인수하고, 이에 대하여 상대방이 운임을 지급하기로 약정함으로써 그 효력이 생기는 계약을 말한다($\frac{상}{817}$). 즉 해상여객운송계약이라 함은 당사자의 일방(해상운송인)이 상대방(여객 또는 용선자)에 대하여 여객의 해상운송을 인수하고 상대방이 이에 대하여 보수를 지급할 것을 약정함으로써 성립하는 도급계약이다.

6.3.3.1.2. 종류

해상여객운송에는 개개의 여객의 운송을 목적으로 하는 개별운송계약과 여객 전체의 운송을 인수할 목적으로 하는 용선계약이 있다. 해상운송계약의 경우에는 개별운송계약이 일반적이다.

6.3.3.2. 해상여객운송계약의 성립

6.3.3.2.1. 계약의 당사자

해상여객운송계약의 기본당사자는 여객의 해상운송을 인수하는 해상여객운송인과 이에 대하여 보수를 지급하는 용선자 또는 여객이다. 당사자의 지위를 양도할 수 있는가에 대해 상법은 기명식의 선표는 이를 타인에게 양도하지 못한다($\overset{상}{818}$)고 규정함으로써 부정하고 있다. 유가증권의 개념과 관련하여 기명식 승차(선)권은 일반적으로 유가증권으로 보지 않기 때문에 이는 당연한 규정이라 할 수 있다.

6.3.3.2.2. 계약의 체결

해상여객운송계약도 해상물건운송계약처럼 낙성·불요식의 계약이다. 따라서 그 성립에 특별한 형식이 요구되지 않는다. 해상여객운송계약이 운송약관에 의한 정형적 방식을 취하게 되는 경우에는 여객을 보호하기 위하여 운송인의 의무 또는 책임을 경감 또는 면제하는 면책약관은 무효로 한다($\overset{상\ 826\ ③,}{799\ ①}$).

6.3.3.3. 해상여객운송계약의 효력

6.3.3.3.1. 해상여객운송인의 의무

(1) 서

해상여객운송인은 운송을 목적으로 하는 점에서 육상여객운송인이나 해상물건운송인과 같다. 따라서 해상여객운송인의 의무에 관하여 이들 규정을 준용하고 있다($\overset{상}{826}$). 그러나 해상여객운송의 경우는 여객을 해상물건운송에서의 물건처럼 취급할 수 없고 육상여객운송에 비해 장시간이므로 이들 제도와는 다른 특별규정을 두고 있다.

(2) 식사제공의무

여객의 항해 중의 식사는 다른 약정이 없으면 운송인의 부담으로 한다(상819①).

(3) 선박수선 중의 거처 및 식사 제공의무

항해의 중도에서 선박을 수선하는 경우에는 운송인은 그 수선 중 여객에게 상당한 거처와 식사를 제공하여야 한다. 그러나 여객의 권리를 해하지 아니하는 범위 내에서 상륙항까지의 운송의 편의를 제공한 때에는 그러하지 아니한다(상819②). 이 경우에 여객은 항해의 비율에 따른 운임을 지급하고 계약을 해지할 수 있다(상819③).

(4) 수하물 무임운송 의무

여객이 계약에 의하여 선내에서 휴대할 수 있는 수하물에 대하여는 운송인은 다른 약정이 없으면 따로 운임을 청구하지 못한다(상820).

(5) 사망한 여객의 수하물처분의무

여객이 사망한 때에는 선장은 그 상속인에게 가장 이익이 되는 방법으로 사망자가 휴대한 수하물을 처분하여야 한다(상824).

6.3.3.3.2. 해상여객운송인의 책임

(1) 해상운송인의 여객에 대한 책임

1) 해상여객운송인의 책임 발생원인

해상여객운송인의 여객 자신의 손해에 대한 손해배상책임은 육상여객운송인의 여객 자신의 손해에 대한 손해배상책임과 같다(상826 ①.148). 운송인은 자기 또는 사용인이 운송에 관한 주의를 해태하지 아니하였음을 증명하지 아니하면(과실책임주의) 여객이 운송으로 인하여 받은 손해를 배상할 책임을 면하지 못하며(상148 ①), 손해배상의 액을 정함에는 법원은 피해자와 그 가족의 정상을 참작하여야 한다(상148 ②). 여객이 운송으로 인하여 받은 손해란 여객의 사상으로 인한 손해로서 재산적 손해와 정신적 손해를 포함하며, 재산적 손해는 장래의 일실이익[57]도 포함한다. 여객운송계약의 손해배상책임은 물건운송인의 책임이 획일적이고 또 정액배상책임인 점에 비해서 개별적이고 특별손해에 대하여도 그 배상책임을 부담하는 점에서 구별된다.

이에 더하여 해상여객은 해상여객운송인의 감항능력주의의무 위반으로 입은 손해에 대해서도 배상을 청구할 수 있다(상826 ①.794). 해상여객운송인의 책임을 경감 또는 면제하는 당사자 사이의 특약은 무효이다(상826① 799①). 해상여객운송인이 용선계약을 체결하고 그 용선자가 자기명의로 제3자인 여객과 재운송계약을 체결한 경우에 그 운송계약의 이행이 선장의 직무에 속한 범위 안에서는 선박소유자도 제3자에 대하여 감항능력주의의무 위반과 상사과실이 있는 경우에 손해배상책임을 진다(상826① ①.809).

2) 해상여객운송인의 책임제한

상법은 해상여객운송인의 책임한도를 규정하고 있지 않으므로 선박소유자의 책임제한을 원용할 수 있을 것이다. 따라서 여객의 사망 또는 신체의 상해로 인한 손해에 관한 채권에 대한 책임의 한도액은 그 선박의 선박검사증서에 기재된 여

---

57) 大判 1982.7.13, 82다카278 : 전송인이 전송으로 인하여 사망한 여객이 입은 일실수익의 손해액을 산정함에 있어서는 사망당시의 수익을 기준으로 함이 원칙이고 사망당시 직업이 없었다면 일반노동임금을 기준으로 할 수밖에 없으나, 사망 이전에 장차 일정한 직업에 종사하여 그에 상응한 수익을 얻게 될 것이라고 확실하게 예측할 만한 객관적 사정이 있을 때에는 장차 얻게 될 수익을 기준으로 그 손해액을 산정할 수 있다.

객의 정원에 17만5천 계산단위(국제통화기금의 1 특별인출권에 상당하는 금액을 말함)를 곱하여 얻은 금액으로 제한할 수 있을 것이다($^{상770}_{①i}$).

(2) 수하물에 대한 책임

1) 위탁받은 수하물에 대한 책임

위탁받은 수하물의 손해에 대한 해상여객운송인의 손해배상책임은 해상물건 운송인의 손해배상책임과 같다(6.3.2.4.2. 참조). 따라서 해상물건운송인의 책임에 관한 규정을 준용하고 있다. 제134조(운송물멸실과 운임), 제136조(고가물에 대한 책임), 제149조 제2항(인도를 받은 수하물에 대한 책임), 제794조(감항능력 주의의무), 제795조(운송물에 관한 주의의무), 제796조(운송인의 면책사유), 제797조(책임의 한도), 제798조(비계약적 청구에 대한 적용), 제799조(운송인에 대한 책임감경금지), 제800조(위법선적물의 처분), 제801조(위험물의 처분), 제804조(운송물의 일부 멸실, 훼손에 관한 통지), 제807조(수하인의 의무, 선장의 유치권), 제809조(항해용선자 등과 개품운송시 선박소유자의 책임), 제811조(법정사유로 인한 해제)와 제814조(운송인의 채권·채무의 소멸)의 규정은 운송인이 위탁을 받은 여객의 수하물의 운송에 준용한다($^{상826}_{②}$).

2) 휴대수하물에 대한 책임

휴대수하물의 손해에 대한 해상여객운송인의 손해배상책임은 육상여객운송인의 손해배상책임과 해상물건운송인의 책임에 관한 규정을 준용하고 있다. 즉 제150조(인도를 받지 아니한 수하물에 대한 책임), 제797조 제1항(유한책임)과 제4항(선주유한책임에 관한 규정에 의한 책임의 이중제한에 관한 규정), 제798조(비계약적 청구에 대한 적용), 제799조 제1항(운송인에 대한 책임감경금지), 제809조(재운송계약과 선박소유자의 책임)와 제814조(운송인의 채권·채무의 소멸)의 규정은 운송인이 위탁을 받지 아니한 여객의 수하물에 준용한다($^{상826}_{③}$).

6.3.3.3.3. 해상여객운송인의 권리

(1) 운임청구권

해상여객운송인은 여객의 운송에 대한 보수로서 운임을 청구할 수 있다(상817).

(2) 발항권

여객이 승선시기까지 승선하지 아니한 때에는 선장은 즉시 발항할 수 있다. 항해중도의 정박항에서도 이와 같으며(상821①), 이 경우에는 여객은 운임의 전액을 지급하여야 한다(상821②).

(3) 공탁권 · 경매권

수하물이 도착지에 도착한 날로부터 10일 이내에 여객이 수하물의 인도를 청구하지 아니한 때에는 운송인은 수하물의 공탁 · 경매권(상67)을 갖는다. 그러나 주소 또는 거소를 알지 못하는 여객에 대하여는 최고와 통지를 요하지 않는다(상826②, 149②).

(4) 채권의 소멸

해상여객운송인의 수하물에 관하여 발생한 채권은 해상물건운송인의 채권과 같이 그 수하물을 인도한 날 또는 인도할 날로부터 1년의 제척기간의 경과로 소멸한다. 그러나 당사자는 합의에 의하여 이 기간을 연장할 수 있다(상826②, ③, 814).

6.3.3.3.4. 해상여객운송계약의 종료

(1) 여객의 임의해제 · 운임

여객이 발항 전에 계약을 해제하는 경우에는 운임의 반액을 지급하고, 발항 후에 계약을 해제하는 경우에는 운임의 전액을 지급하여야 한다(상822).

(2) 불가항력으로 인한 당사자의 임의해제 · 해지

여객이 발항 전에 사망, 질병 그 밖의 불가항력으로 인하여 항해할 수 없게 된 때에는 운송인은 운임의 10분의 3을 청구할 수 있고, 발항 후에 그 사유가 생긴 때에는 운송인의 선택으로 운임의 10분의 3 또는 운송의 비율에 따른 운임을 청구할 수 있다(상823).

(3) 법정원인에 의한 당연종료

해상여객운송계약은 ① 선박이 침몰 또는 멸실한 때, ② 선박이 수선할 수 없게 된 때, ③ 선박이 포획된 때에는 종료한다(상825,810 ①). 그 사유가 항해의 중도에서 생긴 때에는 여객은 운송의 비율에 따른 운임을 지급하여야 한다(상825,810 ②).

구 상법에서는 법정원인에 의한 당연종료가 규정되고 있었으나 개정상법에서는 이 부분이 빠진 것으로 보인다. 입법적 실수인지 당연종료가 당연한 것이어서 삭제한 것인지 명확하지 않다. 어찌되었든 법정원인에 의한 당연종료는 명문의 규정이 없어도 인정된다고 할 것이다.

6.3.3.3.5. 준용규정(상826)

(1) 해상여객운송에 준용하는 규정

해상여객운송에는 제148조(여객이 받은 손해의 배상책임), 제794조(감항능력주의의무), 제799조 제1항(운송인의 책임감경금지), 제809조(항해운송자 등의 재운송계약시 선박소유자의 책임) 등의 규정이 준용된다.

(2) 운송인이 위탁을 받은 여객의 수하물의 운송에 준용하는 규정

운송인이 위탁을 받은 여객의 수하물의 운송에에는 제134조(운송물멸실과 운임), 제136조(고가물에 대한 책임), 제149조 제2항(인도를 받은 수하물에 대한 책임), 제794조(감항능력주의의무), 제795조(운송물에 관한 주의의무), 제796조(운송인의 면책사유), 제797조(책임의 한도), 제798조(비계약적 청구에 대한 적용), 제799조(운송인의 책임감경금지), 제800조(위법선적물의 처분), 제801조(위험물의 처분), 제804조(운송물의 일부 멸실·훼손에 관한 통지), 제807조(수하인의 의무, 선장의 유치권), 제809조(항해운송자 등의 재운송계약시 선박소유자의 책임), 제811조(법정사유로 인한 해제), 제814조(운송인의 채권·채무의 소멸) 등의 규정이 준용된다.

(3) 운송인이 위탁을 받지 아니한 여객의 수하물에 준용하는 규정

운송인이 위탁을 받지 아니한 여객의 수하물에 대해서는 제150조(인도를 받지 아니한 수하물에 대한 책임), 제797조제1항·제4항(책임의 한도), 제798조(비계약적 청구에 대한 적용), 제799조제1항(운송인의 책임감경금지), 제809조(항해운송자 등의 재운송계약시 선박소유자의 책임) 및 제814조(운송인의 채권·채무의 소멸) 등의 규정이 준용된다.

서 설　6.4.1

공동해손　6.4.2

선박충돌　6.4.3

해난구조　6.4.4

해상기업활동은 해상을 항해하여야 하므로 이에 따른 각종의 해상위험이 필연적으로 발생하게 된다. 따라서 해상법에서는 다양한 해상위험으로부터 인명과 재산을 보호하고 이로 인한 경제적 손해의 합리적인 처리를 위한 제도로서 공동해손·선박충돌·해난구조·해상보험에 관한 규정을 두고 있다. 해상보험은 보험편에서 규정하고 있으므로 여기에서는 공동해손·선박충돌·해난구조에 대해서 살펴보기로 한다.

6.4.2.1. 공동해손의 의의

6.4.2.1.1. 공동해손의 의의

해손은 선박과 적하의 공동위험을 면하기 위한 처분으로 인하여 생긴 손해와 비용을 말하는데 이 해손을 다수가 나누어 부담하면 공동해손, 단독으로 부담하면 단독해손이 된다. 선박과 적하의 공동위험을 면하기 위한 선장의 선박 또는 적하에 대한 처분으로 인하여 생긴 손해 또는 비용은 공동해손으로 한다(상865).

6.4.2.1.2. 공동해손의 법적 성질

공동해손의 법적 성질에 대하여 공동대리설(美法), 부당이득설(佛法), 사무관리설, (해상법상의) 특수법률요건설(통설)로 나뉘어져 있다.

6.4.2.2. 공동해손의 요건

6.4.2.2.1. 공동위험의 존재

선박과 적하의 공동위험을 면하기 위하여 한 것이어야 한다. 선박과 적하의 전부에 대한 위험이어야 하므로 일부에 대한 위험은 공동위험이 아니며 위험은 절박하여야 하며 발생원인은 불문하며, 객관적[58]으로 존재하여야 한다. 선박과

---

58) 주관적인 경우에도 공동해손의 요건을 충족한 것으로 보는 견해도 있다.

적하에 관한 것이므로 인명의 위험을 면하기 위한 손해는 공동해손 아니다. 또한 위험을 면하기 위한 소극적인 것이어야 하므로 적극적으로 공동의 이익을 위한 것도 공동해손이 아니다.

공동위험의 존부여부는 선장이 처분한 때 기준으로 하여 결정한다.

6.4.2.2.2. 처분

선박 또는 적하에 대하여 선장의 고의의 처분이 있어야 한다. 선박 또는 적하에 대하여 선장의 고의·비상의 합리적인 처분이어야 하므로 우연한 처분, 불가항력에 의한 처분, 비합리적인 처분은 공동해손이 아니다. 처분인은 선장이며 (대선장, 대행선장, 선장의 수임인) 처분의 목적물은 선박 또는 적하이다.

6.4.2.2.3. 손해 또는 비용의 발생

선장의 처분으로 인하여 손해 또는 비용이 발생하여야 한다. 손해란 선박 또는 적하의 처분으로 인하여 생긴 실손해를 의미하며, 비용이란 피난항으로의 입항비, 도선료, 예손료 등을 말한다. 손해와 비용은 선장의 처분과 상당인과관계가 있어야 한다. 손해와 비용에 대한 범위를 정하는 방법에는 세 가지 입법주의가 있다. 즉 ① 공동안전의 손해와 비용을 범위로 하는 공동안전주의 ② 공동항해의 계속을 위한 손해와 비용을 범위로 하는 공동이익주의 ③ (공동안전이나 공동이익 어느 것도 증진하지 않아도) 선장의 처분과 상당인과관계 있는 손해와 비용을 범위로 하는 희생주의가 있다. 우리 상법은 희생주의의 입장이다($\frac{상}{865}$).

6.4.2.2.4. 목적물의 잔존

공동해손이 성립하기 위해서는 선장의 처분 후에 적어도 선박 또는 적하의 일부가 존재하여야 한다($\frac{상}{866}$). 잔존물의 범위에 대해 선박잔존주의, 병존주의, 잔존종류불문주의가 있다. 선박잔존주의는 적어도 선박이 잔존할 것을 요하는 주의이고(佛), 병존주의는 선박과 적하의 양자가 잔존할 것을 요하는 주의이고(獨), 잔존종류불문주의(우리나라)는 선박 또는 적하의 전부 또는 일부가 잔존하면 무방하다는 주의이다(英美法). 선박 또는 적하의 보존에 있어서는 처분에 의하여 선박 또는 적하가 일시 보존되면 되고 항해의 종료 시까지 종국적으로 보전되어야 하는 것은 아니다. 처분과 보존과의 인과관계 여부에 대한 입법주의에는 잔존주의와 인과주의가 있다.

■ **처분과 보존과의 인과관계 여부에 대한 입법주의**

	잔존주의(효과주의)	인과주의
나라	英(영국), 獨(독일), 韓(한국)	佛(프랑스), 日(일본)
인과관계	−처분과 보존 사이의 인과관계의 존재를 요하지 않음 −처분의 주효유무에 불구하고 처분 후에 선박 또는 적하가 잔존하면 무방함 −처분행위와 보존 사이의 인과관계를 입증하는 어려움 無 (공동해손 피해 채권자 유리)	−처분과 보존 사이의 인과관계의 존재를 요함 −처분물의 소유자(불리)〈잔존물의 소유자(유리) −처분행위와 보존 사이의 인과관계를 입증하는 어려움 有(처분행위 주저하게 됨) → 보존기회 상실 우려

6.4.2.3. 공동해손의 효과

공동해손의 효과로 공동해손채권 및 공동해손채무를 확정하고 이를 정산하게 된다.

6.4.2.3.1. 공동해손채권

(1) 채권자

공동해손채권자는 공동해손 처분에 의하여 손해를 입거나 비용을 지출한 해상운송인 또는 적하이해관계인이다.

(2) 채권액의 범위

공동해손채권액은 원칙적으로 선장의 처분으로 인하여 생긴 선박 또는 적하에 대한 손해 또는 비용의 전액이다. 채권액을 정함에 있어서 속구목록에 기재하지 아니한 속구, 선하증권 그 밖에 적하의 가격을 정할 수 있는 서류 없이 선적한 하물 또는 종류와 가액을 명시하지 아니한 화폐나 유가증권 그 밖의 고가물은 보존된 경우에는 그 가액을 공동해손의 분담에 산입하고 손실된 경우에는 그 가액을 공동해손의 액에 산입하지 아니한다(상872①).

갑판에 적재한 하물에 대하여도 연안항행의 경우를 제외하고는 산입하지 아니한다. 다만, 갑판에 선적하는 것이 관습상 허용되는 경우와 그 항해가 연안항행에 해당되는 경우에는 산입한다(상872②). 컨테이너 운송이나 원목운송과 같이 갑판적 운송이 관습적으로 이루어지는 경우에 대하여도 공동해손분담청구에서 제외하는 것은 형평에 맞지 아니하므로 개정상법은 이를 공동해손분담 청구에 포함되도록 한 것이다.

(3) 채권액의 산정

공동해손의 액을 정함에 있어서는 선박의 가액은 도달의 때와 곳의 가액으로 하고 적하의 가액은 양륙의 때와 곳의 가액으로 한다. 그러나 적하에 관하여는 그 손실로 인하여 지급을 면하게 된 모든 비용을 공제하여야 한다(상869).

선하증권 그 밖의 적하의 가격을 정할 수 있는 서류에 적하의 실가보다 고액을 기재한 경우에 그 하물이 보존된 때에는 그 기재액에 의하여 공동해손의 분담액을 정하고 적하의 실가보다 저액을 기재한 경우에 그 하물이 손실된 때에는 그 기재액을 공동해손의 액으로 한다(상873①). 적하의 가격에 영향을 미칠 사항에 관하여 허위의 기재를 한 경우에도 같다(상873②).

6.4.2.3.2. 공동해손채무

(1) 채무자

공동해손에 있어서의 채무자는 선장의 처분으로 인하여 그 위험을 면한 해상운송인 또는 적하이해관계인이다. 공동해손의 분담책임이 있는 자는 선박이 도달하거나 적하를 인도한 때에 현존하는 가액의 한도에서 그 책임을 진다(상868). 즉 공동해손채무자는 유한책임을 진다.

(2) 채무액

공동해손은 그 위험을 면한 선박 또는 적하의 가액과 운임의 반액과 공동해
손의 액과의 비율에 따라 각 이해관계인이 이를 분담한다(상866). 공동해손의 분담
액을 정함에 있어서는 선박의 가액은 도달의 때와 곳의 가액으로 하고 적하의
가액은 양륙의 때와 곳의 가액으로 한다. 그러나 적하에 관하여는 그 가액 중에
서 멸실로 인하여 지급을 면하게 된 운임 그 밖의 비용을 공제하여야 한다(상867).
채무액을 정하는 시기에 대해 즉시주의와 항해종료주의가 있는데 상법은 항해
종료주의를 채택하고 있다.

선하증권 그 밖에 적하의 가격을 정할 수 있는 서류에 적하의 실가보다 고액
을 기재한 경우에는 그 기재액을 공동해손의 채무액으로 하고(상873①), 또한 적하의
가격에 영향을 미칠 사항에 관하여 허위의 기재를 한 경우에도 같다(상873②).

선박에 비치한 무기, 선원의 급료, 선원과 여객의 식량과 의류는 보존된 경우
에도 그 가액을 공동해손의 분담에 산입하지 아니하고, 손실된 경우에는 그 가
액을 공동해손의 액에 산입한다(상871).

■ 공동해손채권 및 공동해손채무

<table>
<tr><td colspan="2"></td><td>공동해손채권</td><td>공동해손채무</td></tr>
<tr><td colspan="2">사람</td><td>채권자 : 공동해손 처분에 의하여 손해를 입거나
비용을 지출한 해상운송인 또는 적하이해관계인</td><td>채무자 : 선장의 처분으로 인하여 그 위험을 면
한 해상운송인 또는 적하이해관계인</td></tr>
<tr><td rowspan="2">범위</td><td>원칙</td><td>제865조</td><td>제866조-공동해손의 분담)</td></tr>
<tr><td>제외</td><td>제872조
① 화폐나 기타의 고가물의
보존 시 → 그 가액 산입 O
손실 시 → 가액산입에 산입 X
② 갑판에 적재한 화물에 대하여도 연안항행의
　　경우를 제외하고는 산입 X!</td><td>제871조
선박에비치한 무기
선원의 급료
선원과 여객의 식량과 의류
■ 보존 : 공동해손의 액에 산입 X
■ 손실 : 공동해손의 액에 산입 O</td></tr>
<tr><td rowspan="3">산정</td><td>원칙</td><td>공동해손의 손해액의 산정(제869조)</td><td>공동해손의 분담액의 산정(제872조)</td></tr>
<tr><td>예외</td><td colspan="2">적하가액의 부실 기재와 공동해손 (제873조)
① 서류에 적하의
실가보다 고액기재 → 하물이 보존된 때 : 공동해손 분담액
실가보다 저액기재 → 손실된 때 : 공동해손액
② 적하의 가격에 영향을 미칠 사항에 관하여 허위 기재를 한 경우에도 같다.</td></tr>
<tr><td>기타</td><td>공동해손채권의 소멸(제875조)
계산이 종료한 날부터 1년 내에 재판상 청구가
없으면 소멸</td><td>공동해손 분담자의 유한책임(제868조)</td></tr>
</table>

6.4.2.3.3. 공동해손의 정산

(1) 분담의 비율

공동해손은 그 위험을 면한 선박 또는 적하의 가액 및 운임의 반액과 공동해
손의 액과의 비율에 따라 각 이해관계인이 이를 분담한다($\substack{상\\866}$).

공동해손의 정산에 대해서는 상법에 명문의 규정이 없으나 특약이나 관습이
없으면 선장이 담당한다고 본다(통설).

(2) 공동해손인 손해의 회복과 분담금반환의무

선박소유자, 용선자, 송하인 그 밖의 이해관계인이 공동해손의 액을 분담한 후
선박, 속구 또는 적하의 전부나 일부가 소유자에게 복귀된 때에는 그 소유자는 공
동해손의 상금으로 받은 금액에서 구조료와 일부손실로 인한 손해액을 공제하고
그 잔액을 반환하여야 한다($\substack{상\\874}$). 이는 소유자의 부당이득을 막기 위한 것이다.

선박과 적하의 공동위험이 선박 또는 적하의 하자나 그 밖의 과실 있는 행위
로 인하여 생긴 경우에는 공동해손의 분담자는 그 책임이 있는 자에 대하여 구
상권을 행사할 수 있다($\substack{상\\870}$).

6.4.2.3.4. 채권의 소멸

공동해손으로 인하여 생긴 채권 및 공동위험의 책임 있는 자에 대한 구상권
은 그 계산이 종료한 날로부터 1년 내에 재판상 청구가 없으면 소멸하는데 이
기간은 당사자의 합의에 의하여 연장할 수 있다($\substack{상\\875}$).

6.4.3.1. 선박충돌의 의의

선박충돌은 항해선 상호 간 또는 항해선과 내수항행선 간에 어떠한 수면에서 충돌하여 선박 또는 선박 내에 있는 물건이나 사람에 관하여 손해가 발생하는 것을 말한다. 선박충돌은 2척 이상의 선박의 선체 간 충돌이지만 적어도 하나는 항해선이어야 하며, 수면의 종류는 불문한다. 그리고 충돌과 손해 사이에는 상당인과관계가 있어야 한다(상876①).

선박충돌이란 2척 이상의 선박이 그 운용상 작위 또는 부작위로 선박 상호간에 다른 선박 또는 선박 내에 있는 사람 또는 물건에 손해를 생기게 하는 것을 말하며, 직접적인 접촉의 유무를 묻지 아니한다(상876②). 2007년 개정상법의 규정에 의하면 선박의 충돌에 직접적인 접촉의 유무를 묻지 아니함으로써 선박충돌의 개념에 간접충돌도 입법적으로 포함시키고 있다. 따라서 선박의 조정의 부실 또는 규칙위반 등으로 인하여 다른 선박 또는 그 선박 내의 사람이나 물건에 손해를 끼친 경우에도 선박충돌에 해당한다.

상법은 선박충돌에 관하여 불가항력으로 인한 충돌(상877), 일방과실로 인한 충돌(상878), 쌍방과실로 인한 충돌(상879), 도선사의 과실로 인한 충돌의 경우로 나누어 규정하고 있다.

6.4.3.2. 선박충돌의 효과

6.4.3.2.1. 선박소유자 간의 관계

(1) 불가항력으로 인한 충돌

선박의 충돌이 불가항력으로 인하여 발생하거나 충돌의 원인이 명백하지 아니한 때에는 피해자는 충돌로 인한 손해의 배상을 청구하지 못한다($\frac{\text{상}}{877}$). 즉 원인 불명인 경우에는 각 선박소유자는 그가 입은 손해를 각각 부담한다. 선박충돌로 인하여 생긴 손해의 배상에 관하여는 상법 규정만이 적용되고 민법상의 공동불법행위에 관한 규정은 그 적용이 배제된다.[59]

(2) 일방과실로 인한 충돌

선박의 충돌이 일방의 선원의 과실로 인하여 발생한 때에는 그 일방의 선박소유자는 피해자에 대하여 충돌로 인한 손해를 배상할 책임이 있다($\frac{\text{상}}{878}$). 과실 있는 선박소유자가 손해배상을 하는 경우에는 선주유한책임을 주장할 수 있다($\frac{\text{상}}{769}$).

(3) 쌍방과실로 인한 충돌

선박의 충돌이 쌍방의 선원의 과실로 인하여 발생한 때에는 쌍방의 과실의 경중에 따라 각 선박소유자가 손해배상의 책임을 분담한다. 그 과실의 경중을 판정할 수 없는 때에는 손해배상의 책임을 균분하여 부담한다($\frac{\text{상}879}{①}$). 이 경우에 제3자의 사상에 대한 손해배상은 쌍방의 선박소유자가 연대하여 그 책임을 진다($\frac{\text{상}879}{②}$).

(4) 도선사의 과실로 인한 충돌

선박의 충돌이 도선사의 과실로 인하여 발생한 경우에도 선박소유자는 일방과실의 법리 또는 쌍방과실의 법리에 의하여 손해를 배상할 책임이 있다($\frac{\text{상}}{880}$).

---

59) 大判 1972.06.13. 70다213

6.4.3.2.2. 제3자에 대한 관계

(1) 일방과실로 인한 충돌

선박충돌이 일방선박의 과실로 인한 때에는 과실 없는 선박의 적하·여객에 대한 손해에 대해서는 불법행위상의 손해배상책임을($^{\text{민}}_{750}$), 과실 있는 선박의 적하·여객에 대한 손해에 대해서는 채무불이행에 의한 손해배상책임을 진다($^{\text{상}}_{878}$).

(2) 쌍방과실로 인한 충돌

선박충돌이 쌍방선박의 과실로 어느 선박의 적하·여객에 대한 손해에 대해서는 각 선박소유자가 연대하여 손해배상책임을 지게 되나($^{\text{민}}_{760}$) 상법은 이에 대한 특칙을 두고 있다.

1) 인적손해

선박충돌이 쌍방선박의 과실로 인한 제3자의 사상에 대한 손해배상은 쌍방의 선박소유자가 연대하여 그 책임을 진다($^{\text{상}879}_{②}$). 따라서 제3자에 대해서는 연대책임을 부담하므로 선박소유자간의 과실의 경중은 의미가 없으나 내부관계에서는 의미가 있다고 할 것이다($^{\text{상}879}_{①참조}$).

2) 물적손해

제3자의 물적 손해에 대해서는 상법에 명문의 규정이 없으므로 선박소유자가 연대하여 손해배상책임을 진다고 할 것이다($^{\text{민}}_{760}$). 다만 선박의 충돌이 쌍방의 선원의 과실로 인하여 발생한 때에는 쌍방의 과실의 경중에 따라 각 선박소유자가 손해배상의 책임을 분담하고 그 과실의 경중을 판정할 수 없는 때에는 손해배상의 책임을 균분하여 부담한다($^{\text{상}879}_{①}$)고 하는 이 규정을 적용한다는 견해도 있으나 이는 의문이다. 왜냐하면 이 규정의 의미는 선박충돌에 관하여 발생한 선박 간의 손해에 관한 것이라 할 것이고, 이 선박충돌로 제3자에게 손해배상 하는 것에 관한 규정이 아니기 때문이다. 만약 이렇게 해석한다면 선박소유자간의 분쟁의 경우에는 제3자는 민법상 연대책임에 의한 보호보다 더 보호받지 못한 결과가 될 수 있기 때문이다.

■ **선박충돌과 손해배상의 관계**

충돌종류	(1)선박소유자 사이의 관계	(2)제3자에 대한 손해배상관계
불가항력 또는 원인불명	상법 제877조 : 배상청구 불가	
일방과실	상법 제878조 : 일방과실의 가해선박소유자는 피해자에게 손해배상책임을 짐	과실 無 선박상의 적하·여객 → 불법행위상의 손해배상책임을 짐 과실 有 선박상의 적하·여객 → 운송계약상 채무불이행에 의한 손해배상책임을 짐
쌍방과실	제879조 제1항 : 쌍방과실 경중 판단 가능 → 경중따른 손해배상책임 분담 불가 → 균분하여 손해배상책임부담	제3자의 사상 → 879 ② : 연대책임 제3자의 물건 → 규정 무

6.4.3.3. 선박충돌채권의 소멸

선박의 충돌로 인하여 생긴 손해배상의 청구권은 그 충돌이 있은 날부터 2년 내에 재판상 청구가 없으면 소멸한다. 그러나 이 기간은 당사자의 합의에 의하여 연장할 수 있다(상881). 2년간의 소멸시효가 적용되는 선박의 충돌로 인하여 생긴 손해배상청구권에는 인적 손해이든 물적 손해이든 불문하고 모두 포함된다.[60]

---

60) 서울고법 1990.09.21. 90나29359

6.4.4.1. 서설

6.4.4.1.1. 해난구조의 의의

해난구조라 함은 항해선 상호 간 또는 항해선과 내수항행선 간에 그 적하 그 밖의 물건이 어떠한 수면에서 위난을 당한 경우에 의무 없이 이를 구조하는 것을 말한다. 항해선 또는 그 적하 그 밖의 물건이 어떠한 수면에서 위난에 조우한 경우에 의무 없이 이를 구조한 자는 그 결과에 대하여 상당한 보수를 청구할 수 있다. 항해선과 내수항행선 간의 구조의 경우에도 또한 같다(상882).

6.4.4.1.2. 해난구조의 법적 성질

해난구조의 법적 성질에 대해 사무관리설, 준계약설, 부당이득설, 해상법상의 특수한 법률요건으로 보는 설(통설)로 나뉘어 있다.

6.4.4.2. 해난구조의 요건

6.4.4.2.1. 해난

해난이라 함은 항해에 관한 위험으로서 선박이 자력만으로는 극복할 수 없는 위험으로 인하여 선박 또는 적하에 관하여 멸실 또는 훼손의 염려가 있는 것을 말한다. 위험은 반드시 급박하여야 하는 것은 아니나 현실로 예견할 수 있어야 한다.

해난의 발생원인이나 발생장소에 제한이 없다.

6.4.4.2.2. 목적물

해난구조의 목적물은 항해선 또는 그 적하 그 밖의 물건이며 그 밖의 물건으로는 속구와 여객의 수하물 등을 말한다. 해난구조의 목적물은 선박 또는 그 적하 그 밖의 물건이어야 하므로 인명만이 구조된 경우에는 해난구조가 아니다. 따라서 재산구조와 함께 인명구조가 있는 경우에는 인명구조에 대한 보수를 청구할 수 있다.

6.4.4.2.3. 의무 없는 구조

의무 없이라 함은 사법상의 의무 없이 구조한 것을 의미한다. 해난구조는 사법상의 의무 없이 구조하는 것이므로 사법상의 의무가 없는 한 공법상의 의무를 부담하는 자, 예컨대 선장이 구조하는 것도 해난구조에 해당한다. 또한 구조행위는 그 결과를 가져와야 하므로 구조의 효과가 없으면 보수가 없다는 원칙이 적용되어 구조의 결과가 없으면 구조료를 청구할 수 없다. 그러나 환경손해 방지 작업에 대한 특별보상은 결과가 없어도 청구할 수 있도록 하고 있다(상 885 ①).

6.4.4.3. 해난구조의 효과

6.4.4.3.1. 구조료청구권(보수청구권)

(1) 구조료청구권자

구조료청구권은 해난구조의 요건을 갖춘 구조자에게 인정된다(상 882). 선박소유자는 스스로 구조에 종사하지 않더라도 선박의 손해액과 구조비용에 관한 청구권을 인정하고 있다(상①). 동일소유자에 속한 선박 상호 간에 있어서도 구조에 종사한 자에 대하여 구조료청구권이 인정된다(상⁸⁹¹). 그러나 ① 구조 받은 선박에 종사하는 자 ② 고의 또는 과실로 인한 해난을 야기한 자 ③ 정당한 거부에도 불구하고 구조를 강행한 자 ④ 구조된 물건을 은닉하거나 정당한 이유 없이 처분한 자는 구조료를 청구하지 못한다(상⁸⁹²). 예선의 본선 또는 그 적하에 대한 구조에 관하여는 예선계약의 이행으로 볼 수 없는 특수한 노력을 제공한 경우가 아니면 구조의 구조료를 청구하지 못한다(상⁸⁹⁰).

(2) 구조자의 우선특권

구조에 종사한 자의 구조료채권은 구조된 적하에 대하여 우선특권이 있다. 그러나 채무자가 그 적하를 제3취득자에게 인도한 후에는 그 적하에 대하여 이 권리를 행사하지 못한다(상①⁸⁹³). 이 우선특권에는 선박채권자의 우선특권에 관한 규정(상⑦⁷⁷)을 준용한다(상②⁸⁹³).

(3) 구조료청구권의 소멸

구조료청구권은 구조가 완료한 날로부터 2년 내에 재판상 청구가 없으면 소멸하는데 이 기간은 당사자의 합의에 의하여 연장할 수 있다(상⁸⁹⁵).

6.4.4.3.2. 구조료액

구조의 보수에 관한 약정이 없는 경우에 그 액에 대하여 당사자 사이에 합의가 성립하지 아니한 때에는 법원은 당사자의 청구에 의하여 구조된 선박·재산의 가액, 위난의 정도, 구조자의 노력과 비용, 구조자나 그 장비가 조우했던 위험의 정도, 구조의 효과, 환경손해방지를 위한 노력 그 밖의 제반사정을 참작하여 그 액을 정한다(상⁸⁸³).

당사자가 미리 구조계약을 하고 그 계약에 따라 구조가 이루어진 경우에도 그 성질에 반하지 아니하는 한 구조계약에서 정하지 아니한 사항은 이 절에서 정한 바에 따른다(상①⁸⁸⁷). 해난구조는 "의무없이" 구조한 소위 임의구조에 관한 것이 구 상법의 규정이었으나 당사자가 미리 구조계약을 하고 그 계약에 따라 구조가 이루어진 계약구조의 경우에도 그 성질에 반하지 않는 한, 해난구조에 관한 규정이 적용된다는 종래의 통설을 2007년 개정상법이 입법화 한 것이다.

해난 당시에 구조료의 금액에 대하여 약정을 한 경우에도 그 금액이 현저하게 부당한 때에는 법원은 구조된 선박·재산의 가액, 위난의 정도, 구조자의 노력과 비용, 구조자나 그 장비가 조우했던 위험의 정도, 구조의 효과, 환경손해방지를 위한 노력 그 밖의 제반사정을 참작하여 그 금액을 증감할 수 있다(상887②). 그러나 구조의 보수액은 다른 약정이 없으면 구조된 목적물의 가액을 초과하지 못한다(상884①). 선순위의 우선특권이 있는 때에는 구조의 보수액은 그 우선특권자의 채권액을 공제한 잔액을 초과하지 못한다(상884②).

6.4.4.3.3. 구조료의 분배

수인이 공동으로 구조에 종사한 경우에 그 구조료의 분배비율에 관하여는 당사자의 합의에 의하고 당사자 간에 합의가 성립하지 아니한 때에는 법원은 당사자의 청구에 의하여 위난의 정도, 구조의 노력, 비용과 구조의 효과, 환경손해방지를 위한 노력 그 밖에 제반사정을 참작하여 그 액을 정한다(상888①). 인명의 구조에 종사한 자도 구조료의 분배를 받을 수 있다(상888②).

선박이 구조에 종사하여 그 구조료를 받은 경우에는 먼저 선박의 손해액과 구조에 요한 비용을 선박소유자에게 지급하고 그 잔액을 절반하여 선장과 해원에게 지급하여야 한다(상889①). 해원에게 지급할 구조료의 분배는 선장이 각 해원의 노력, 그 효과와 사정을 참작하여 그 항해의 종료 전에 분배안을 작성하여 해원에게 고시하여야 한다(상889②).

6.4.4.3.4. 구조료의 지급

구조료 채무자는 구조된 선박·적하 그 밖의 물건의 소유자이다. 해난구조가 있은 경우에 피구조선의 선장은 구조료를 지급할 채무자에 갈음하여 그 지급에 관한 재판상 또는 재판 외의 모든 행위를 할 권한이 있다(상894①). 선장은 그 구조료에 관한 소송의 당사자가 될 수 있고 그 확정판결은 구조료의 채무자에 대하여도 효력이 있다(상894②).

선박소유자와 그 밖에 구조된 재산의 권리자는 그 구조된 선박 또는 재산의 가액에 비례하여 구조에 대한 보수를 지급하고 특별보상을 하는 등 구조료를 지급할 의무가 있다(상886). 2007년 개정상법은 해난구조의 구조료에 기존의 해난구조의 "보수"와 환경손해방지작업에 대한 특별 "보상"이 포함된 개념임을 나타내기 위하여 이 규정을 신설하였다. 이는 구 상법 제852조가 해난구조료는 구조된 목적물의 가액을 초과하지 못하도록 규정하고 있어서, 만약에 유류오염이나 환경손해의 방지를 위해서 구조업자가 큰 비용을 사용하여 구조하더라도 구조된 목적물의 가액이 적을 때에는 손해를 보게 되고 이는 결국 구조자가 구조작업을 포기하고 그 결과 환경손해방지 작업을 하지 못하게 되는 불합리한 상황을 발생시킬 수 있는 문제점이 있어 이를 개선하기 위한 것이다.

6.4.4.3.5. 환경손해방지작업에 대한 특별보상

선박 또는 그 적하로 인하여 환경손해가 발생할 우려가 있는 경우에 손해의 경감 또는 방지의 효과를 수반하는 구조작업에 종사한 구조자는 구조의 성공 여부 및 보수의 한도(상884)와 상관없이 구조에 소요된 비용을 특별보상으로 청구할 수 있다(상885①). "비용"이라 함은 구조작업에 실제로 지출한 합리적인 비용 및 사용된 장비와 인원에 대한 정당한 보수를 말한다(상885②).

일반적으로 해난사고를 당한 선박에 대해 구조작업을 하게 되면 이에 따른 구조료를 지급하게 되는데, 대체로 불성공-무보수(No cure, No pay)의 원칙이나 해난사고로 인하여 환경오염의 위험이 있는 경우에도 불성공·무보수 원칙이 적용된다면 구조작업이 적극적으로 시행되지 아니할 가능성이 크므로, 개정상법은 「해난구조조약」 제14조의 "특별보상제도(Special Compensation)"를 상법에 수용하여 환경손해방지작업을 장려하기 위하여 도입하였다.

구조자는 발생할 환경손해가 구조작업으로 인하여 실제로 감경 또는 방지된 때에는 보상의 증액을 청구할 수 있고, 법원은 당사자의 청구에 의하여 구조된 선박·재산의 가액, 위난의 정도, 구조자의 노력과 비용, 구조자나 그 장비가 조우했던 위험의 정도, 구조의 효과, 환경손해방지를 위한 노력 그 밖의 제반사정을 참작하여(상883) 증액 여부 및 그 금액을 정한다. 이 경우 증액된다 하더라도 구조료는 제1항의 비용의 배액을 초과할 수 없다(상③885).

구조자의 고의 또는 과실로 인하여 손해의 감경 또는 방지에 지장을 가져 온 경우 법원은 위에서 정한 금액을 감액 혹은 부인할 수 있다(상④885). 하나의 구조작업을 시행한 구조자가 환경손해방지작업에 대한 특별보상을 청구하는 것 외에 해난구조에서 정한 보수(상882)도 청구할 수 있는 경우 그 중 큰 금액을 구조료로 청구할 수 있다(상⑤885).

■ **소멸 기간 비교**

	소멸 기간
공동해손채권	제875조 – 그 계산이 종료한 날로부터 1년 내에 재판상 청구가 없으면, 단 제814조 제1항에 의해 기간은 당사자의 합의에 의하여 연장할 수 있다.
선박충돌채권	제881조 – 그 충돌이 있던 날부터 2년 내에 재판상 청구가 없으면, 단 제814조 제1항에 의해 기간은 당사자의 합의에 의하여 연장할 수 있다.
구조료청구권	제895조 – 구조가 완료한 날로부터 2년 내에 재판상 청구가 없으면, 단 제814조 제1항에 의해 기간은 당사자의 합의에 의하여 연장할 수 있다.
선박우선특권	제786조 – 그 채권이 생긴 날로부터 1년 내에 실행하지 않으면, 그리고 이 제척기간은 당사자의 합의에 의하여 연장할 수 없다.

해상기업 금융

해상기업금융은 해상기업의 영업활동과 관련하여 발생한 각종의 채권을 확보하기 위하여 채권자에게 선박이나 그 밖에 해상기업활동으로 얻는 수익 등에 대해 우선특권을 부여함으로써 채권자를 보호하고 해상기업 주체에게도 이러한 자금조달의 방법을 인정하여 줌으로써 해상기업활동을 원활하게 할 수 있다. 현재 상법상 해상기업금융과 관련한 제도로는 선박우선특권과 선박저당권제도가 있다.

6.5.2.1. 선박우선특권의 의의

선박우선특권이란 선박에 관하여 생긴 법정채권($\overset{상}{i}\overset{777①}{iv}$)의 담보를 위하여 채권자가 선박·속구·그 채권이 생긴 항해의 운임, 그 선박과 운임에 부수한 채권으로부터 다른 채권자보다 우선하여 변제를 받을 수 있는 해상법상 특수한 담보물권을 말한다($\overset{상}{①}$777). 우선특권을 가진 선박채권자는 다른 채권자보다 자기 채권의 우선변제를 받을 권리가 있으며 그 성질에 반하지 아니하는 한 「민법」의 저당권에 관한 규정을 준용한다($\overset{상}{②}$777).

선박우선특권 제도는 원래 해상기업에 수반되는 위험성으로 인하여 해사채권자에게 확실한 담보를 제공할 필요성과 선박소유자에게 책임제한을 인정하는 대신 해사채권자를 두텁게 보호해야 한다는 형평상의 요구에 의하여 생긴 제도이다.[61]

6.5.2.2. 선박우선특권을 발생시키는 채권

선박우선특권을 발생시키는 채권(피담보채권)은 다음과 같다($\overset{상}{①}$777).

① 유익비채권 : 채권자의 공동이익을 위한 소송비용, 항해에 관하여 선박에 과한 제세금, 도선료·예선료, 최후 입항 후의 선박과 그 속구의 보존비·검사비[62]

② 임금채권 : 선원 그 밖의 선박사용인의 고용계약으로 인한 채권

③ 위급채권 : 해난구조로 인한 선박에 대한 구조료 채권과 공동해손의 분담

---

61) 大判 2005.10.13, 2004다26799

62) 2007년 개정상법은 선박우선특권이 있는 채권 가운데 "선박과 속구에 관한 경매비용"을 삭제하고 있는데, 이것은 선박과 그 속구에 대한 저당권이나 항해의 운임 등보다도 우선하여 변제받을 수 있는 채권적 권리 중에서 경매비용을 제외하고자 하는 것인데, 경매비용은 절차법에서 당연히 우선적으로 공제될 절차적 비용이기 때문에 선박우선특권이 있는 피담보채권으로 열거할 필요가 없다는 점에서 삭제한 것이다.

에 대한 채권

④ 사고채권 : 선박의 충돌 그 밖의 항해사고로 인한 손해, 항해시설 · 항만시설
및 항로에 대한 손해와 선원이나 여객의 생명 · 신체에 대한 손해의 배상채권

6.5.2.3. 선박우선특권의 목적물

선박우선특권의 목적물은 선박의 이용에 관하여 피담보채권이 발생한 선박과
그 속구, 피담보채권이 생긴 항해의 운임 및 그 선박과 운임에 부수한 부수채권
이다(상777①).

선박과 운임에 부수한 채권은 ① 선박 또는 운임의 손실로 인하여 선박소유
자에게 지급할 손해배상 ② 공동해손으로 인한 선박 또는 운임의 손실에 대하
여 선박소유자에게 지급할 상금 ③ 해난구조로 인하여 선박소유자에게 지급할
구조료 등이다(상778).

운임에 대한 우선특권은 지급을 받지 아니한 운임, 지급을 받은 운임으로 선
박소유자나 그 대리인이 소지한 금액에 한하여 이를 행사할 수 있다(상779). 그러나
선박사용인의 고용계약으로 인한 채권은 고용계약 존속 중의 모든 항해로 인한
운임의 전부에 대하여 우선특권이 있다(상781).

부수채권은 선박 또는 운임의 손실로 인하여 선박소유자가 제3자에 대하여
가지는 손해배상청구권(상778, 846), 공동해손으로 인한 선박 또는 운임의 손실에 대하
여 선박소유자가 가지는 보상청구권(공동해손분담청구권 등), 해난구조로 인하
여 선박소유자가 갖는 보수청구권을 말한다. 그러나 보험계약에 의하여 선박소
유자에게 지급할 보험금과 그 밖의 장려금이나 보조금은 부수채권이 아니다(상780).

6.5.2.4. 선박우선특권의 순위

(1) 동일항해로 인한 채권에 대한 우선특권의 순위

동일항해로 인한 채권의 우선특권이 경합하는 때에는 그 우선의 순위는 다음

의 순서($\frac{제777조 제1항}{각 호의 순서}$)에 의한다($\frac{상}{①}$⁷⁸²).

① 채권자의 공동이익을 위한 소송비용, 항해에 관하여 선박에 과한 제세금, 도선료·예선료, 최후 입항 후의 선박과 그 속구의 보존비·검사비

> ⇒ 최후 입항 후의 선박보존비 등에 대하여 선박우선특권을 부여하는 것은 이러한 채권이 없으면 다른 채권자들도 선박 경매대금으로부터 변제를 받기가 불가능하게 될 것이라는 점에서 이러한 비용은 경매에 관한 비용에 준하는 성질을 가지기 때문이고, 따라서 최후 입항 후라는 의미는 목적하는 항해가 종료되어 돌아온 항뿐만 아니라 선박이 항해 도중에 경매 또는 양도처분으로 항해가 중지되어 경매되는 경우의 선박보존비용도 달리 보아야 할 필요가 없으므로 항해를 폐지한 시기에 있어서 선박이 존재하는 항도 포함하는 것으로 해석함이 상당하다.63)

> ⇒ 선박경매에 있어서 선박을 압류항에 정박시켜 두지 아니하면 경매 절차를 속행할 수 없으므로 선박에 대한 압류의 효력이 발생한 때부터 경락대금 지급 시까지의 기간 동안에 선박의 정박을 위하여 발생한 정박료는 선박경매를 수행하기 위한 것으로서 당해 집행사건의 집행비용에 해당한다고 보아야지 상법 제861조 제1항 제1호 소정의 선박우선특권에 해당한다고 볼 수는 없다.64)

② 선원 그 밖의 선박사용인의 고용계약으로 인한 채권

③ 해난구조로 인한 선박에 대한 구조료 채권과 공동해손의 분담에 대한 채권 → 구조료채권 및 공동해손분담채권의 우선특권이 경합하는 때에는 후에 생긴 채권이 전에 생긴 채권에 우선한다. 동일한 사고로 인한 채권은 동시에 생긴 것으로 본다($\frac{상}{②}$⁷⁸²).

④ 선박의 충돌 그 밖의 항해사고로 인한 손해, 항해시설·항만시설 및 항로에 대한 손해와 선원이나 여객의 생명·신체에 대한 손해의 배상채권

(2) 수회의 항해로 인한 채권

수회의 항해에 관한 채권의 우선특권이 경합하는 때에는 후의 항해에 관한 채권이 전의 항해에 관한 채권에 우선한다($\frac{상}{①}$⁷⁸³). 선박사용인의 고용계약으로 인한 채권은 고용계약존속 중의 모든 항해로 인한 운임의 전부에 대하여 우선특권이 있다($\frac{상}{781}$). 이 고용관계로 인한 채권의 우선특권은 그 최후의 항해에 관한 다른 채권과 동일한 순위로 한다($\frac{상}{②}$⁷⁸³).

---

63) 大判 1996.05.14. 96다3609
64) 大判 1998.02.10. 97다10468

6.5.2.5. 선박우선특권의 효력

선박우선특권이 있는 채권자는 위의 여러 권리에 우선하여 그 목적물에 대한 경매권(민소734)과 우선변제권이 있다(상777②). 또한 선박채권자의 우선특권은 그 선박소유권의 이전으로 인하여 영향을 받지 아니한다(상785). 이를 우선특권의 추급권이라 한다. 따라서 선박우선특권이 있는 채권자는 선박소유자의 변동에 관계없이 그 선박에 대하여 채무명의 없이도 경매청구권을 행사할 수 있으므로 채권자는 채권을 보전하기 위하여 그 선박에 대한 가압류를 하여 둘 필요가 없다.[65]

동일순위의 우선특권이 경합한 경우 즉 선박사용인의 고용계약으로 인한 채권(상781), 동일항해로 인한 채권에 대한 우선특권의 순위(상782), 수회항해에 관한 채권에 대한 우선특권의 순위(상783)의 규정에 의한 동일순위의 우선특권이 경합하는 때에는 각 채권액의 비율에 따라 변제한다(상784).

6.5.2.6 선박우선특권의 소멸

선박채권자의 우선특권은 그 채권이 생긴 날로부터 1년 내에 실행하지 아니하면 소멸하며(상786), 이 제척기간은 당사자의 합의에 의하여 연장할 수 없다. 그리고 선박우선특권에는 그 성질에 반하지 아니하는 한 민법의 저당권에 관한 규정이 준용되므로(상787②) 저당권의 소멸원인에 의해서도 소멸한다.

6.5.2.7. 건조중의 선박에 대한 선박우선특권

선박우선특권에 관한 상법의 규정은 건조중의 선박에도 준용된다(상790).

---

65) 大判 1988.11.22. 87다카1671

6.5.3.1. 선박저당권의 의의

선박저당권이라 함은 등기한 선박을 목적으로 계약에 의하여 설정되는 상법상 특수한 저당권이다(상787①). 따라서 선박저당권에 대하여는 부동산의 저당권에 관한 규정이 준용된다(상787③). 등기선은 저당권의 목적이 될 수 있을 뿐 질권의 목적이 될 수 없다(상789).

6.5.3.2. 선박저당권의 목적물

선박저당권의 목적물은 등기한 선박에 한하며(상787①), 선박저당권은 그 속구에도 미친다(상787②).

6.5.3.3. 선박저당권의 순위

선박채권자의 우선특권은 질권과 저당권에 우선한다(상788). 선박저당권 상호 간의 순위는 등기의 전후에 의하여 결정된다.

6.5.3.4. 선박저당권의 효력

선박저당권자는 담보된 선박과 속구에 대하여 경매권(민_{363})과 우선변제권(민_{356})을 갖는다($\text{상}_{②}$ 777).

6.5.3.5. 건조중의 선박에 대한 선박저당권

건조중의 선박에 대하여도 선박저당권의 설정이 인정된다(상_{790}).

▶ 6.5.4. 선박에 대한 강제집행

6.5.4.1. 선박에 대한 강제집행절차

선박에 대한 강제집행절차에 대하여는 민사집행법이 별도로 규정하고 있다(민집법172-186). 선박은 부동산과 유사하므로 선박에 대한 강제집행은 부동산의 강제집행에 관한 규정에 따라서 한다(민집법172).

6.5.4.2. 선박의 압류 · 가압류

선박에 대한 강제집행은 압류 당시의 정박항을 관할하는 지방법원이 한다(민집법173). 선박은 집행절차 중 압류항에 정박하여야 하지만 법원은 영업상의 필요 그 밖에 상당한 이유가 있다고 인정한 때에는 채무자의 신청에 의하여 선박의 항행을 허가할 수 있다(민집법176). 선박에 대한 가압류도 가압류 당시의 정박항에 정박하게 하여야 한다(민집법295).

항해의 준비를 완료한 선박과 그 속구는 압류 또는 가압류를 하지 못한다. 그러나 항해를 준비하기 위하여 생긴 채무에 대하여는 가압류를 할 수 있다(상744①). 그러나 총톤수 20톤 미만의 선박에는 선박의 압류 · 가압류 규정을 적용하지 아니한다(상744②). 따라서 20톤 미만의 선박의 경우에는 아무런 제한 없이 이러한 선박을 압류 또는 가압류할 수 있다.

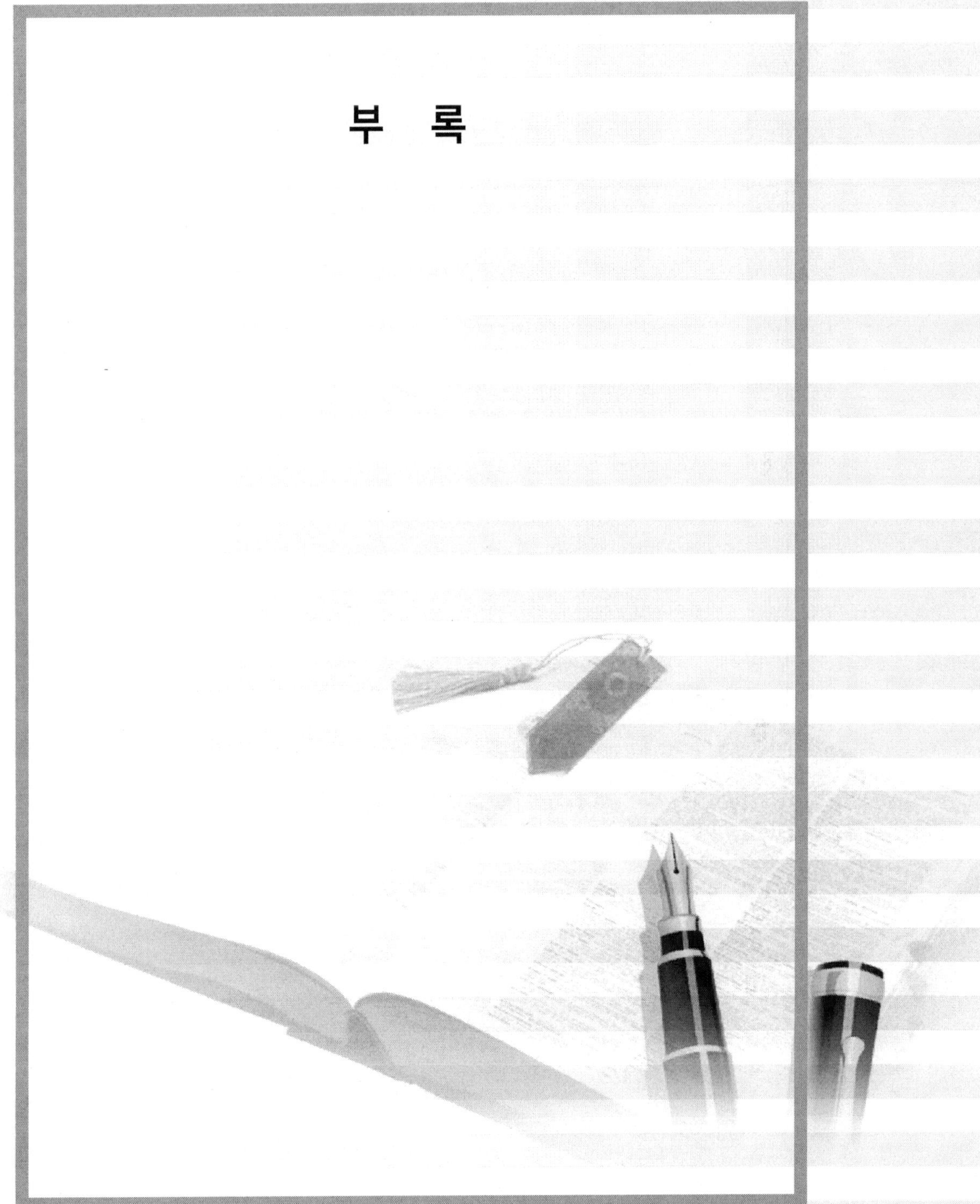

부 록

<h1 style="text-align:center">〈부 록〉</h1>

<부록1> 1991년 개정 상법 해상편의 개정이유 및 주요내용

○ 1924년 선주책임제한조약을 수용한 종전 상법은 책임한도액이 톤당 15,000원에 불과하여 선박사고시 법적절차에 의한 해결보다는 집단행동에 호소하는등 실정법에 대한 불신이 적지 않았으므로, 주요해운국가들이 수용한 1976년 조약의 주요내용을 입법화하여 책임제한주체의 책임한도액을 증액함.

○ 해상기업활동의 다양화에 대응한 합리적인 책임제한제도를 확립하기 위하여 책임제한주체의 범위를 용선자, 이행보조자, 구조자까지 확대함.

○ 종전 상법이 해상물건운송에 관한 1924년 헤이그규칙을 수용함에 있어 해상운송인의 포장당 책임제한제도를 채택하지 아니한 것은 입법의 불비이고, 국제입법동향에도 낙후되었으므로 1924년 헤이그규칙을 개정한 1968년 헤이그·비스비규칙을 수용하여 포장당책임제한을 인정하고, 이를 불법행위책임과 사용인의 책임에까지 확장함.

○ 선박과 운송물의 공동안전을 위하여 위험성이 있는 운송물은 해상운송인이 그 성질을 알고 선적한 경우에도 그 운송물이 선박이나 다른 운송물에 위해를 미칠 위험성이 있는 때에는 선장은 무해조치할 수 있도록 함.

○ 운송인과 적하이해관계인의 권리관계를 신속히 확정하기 위하여 운송인의 적하이해관계인에 대한 채권 및 채무는 운송물을 인도한 날로부터 1년내에 재판상 청구가 없으면 소멸하도록 함.

○ 해운실무상 정기용선이 성행하고 있으므로 정기용선계약의 성립에 관한 규정을 신설하고, 선장등 선박사용인이 정기용선자의 정당한 지시에 위반하여 손해가 발생하면 선박소유자가 이를 배상하도록 함.

○ 정기용선자가 용선료를 지체한 경우 해운실무관행을 반영하여 선박소유자는 최고없이 계약을 해제 또는 해지할 수 있도록 함.

가. 여객손해에 대한 선박소유자의 책임한도 상향조정(안 제770조제1항)

(1) 여객손해에 대한 선박소유자의 책임한도가 지나치게 낮아 여객에 대한 손해배상이 충분하지 못하였음.

(2) 여객손해에 대한 선박소유자의 책임한도를 "여객의 정원에 46,666 계산단위(약 7천만원)을 곱한 금액"에서 "여객의 정원에 175,000 계산단위(약 2억원)을 곱한 금액"으로 상향조정함.

(3) 책임한도에 관한 세계적인 추세와 인권존중사상에 부합하고 여객에 대한 손해배상이 실질적으로 이루어질 수 있을 것으로 기대됨.

나. 해상운송계약 관련 법체계 재정비(안 제791조 내지 제852조)

(1) 오늘날 개품운송계약이 해상운송의 주류를 이루고 있고 용선계약과는 그 성격이 전혀 다른 것임에도 불구하고 현행 해상법은 양자를 하나의 체계에 혼합하여 규정함으로써 현대적 운송실무와 괴리되었을 뿐만 아니라 그 내용을 이해하기에 매우 어려운 점이 있었음.

(2) 개별물품을 컨테이너 선박에 의하여 운송하는 개품운송계약과 선박의 전부나 일부를 물건의 운송에 제공하는 용선계약을 구별하여 각각의 계약에 적용될 조항들을 분리 규정함.

(3) 해상운송계약 관련 법체계가 오늘날의 운송실무에 맞고 그 내용도 쉽게 이해할 수 있을 것으로 기대됨.

다. 운송인의 단위·포장당 책임한도의 상향조정 및 중량당 책임제한제도 도입(안 제797조제1항)

(1) 운송물에 대한 손해배상에 있어서 현행 운송물의 단위·포장당 책임한도는 너무 낮아 화주들에 대한 손해배상이 충분하지 못한 점이 있고, 현행규정에는 운송물의 중량에 따른 배상책임제도가 없어 자동차·기계 등 포장 또는 선적단위는 1개이지만 고가물인 경우에는 불합리한 결과가 발생함.

(2) 세계적으로 널리 통용되는 「헤이그-비스비 규칙」을 참고하여 매 포장당 또는 선적단위당 책임한도 금액을 현행 500 계산단위(약 75만원)에서 666.67 계산단위(약 90만원)로 상향조정하고, 총중량 1 킬로그램당 책임한도 금액을 2 계산단위로 하는 중량당 책임제한제도를 새로이 도입함.

(3) 화주들이 손해배상을 받을 수 있는 범위가 확대되고, 포장 또는 선적단위는 1개이지만 고가물인 경우 발생하였던 불합리한 결과가 해결될 것으로 기대됨.

라. 복합운송인의 책임에 관한 규정 마련(안 제816조 신설)

(1) 오늘날 컨테이너에 의하여 해상운송과 육상운송 등이 결합된 복합운송이 국제운송의 대부분을 이루고 있음에도 불구하고 복합운송인의 책임에 관하여 통합적으로 규율하는 규정이 없었음.

(2) 「1980년 국제복합운송에 관한 국제연합협약」 등을 참조하여 원칙적으로 복합운송인은 손해가 발생한 운송구간에 적용될 법에 따라 책임을 지도록 하되, 손해발생구간이 불분명한 경우에는 주된 운송구간에 적용될 법에 따라 책임을 정하도록 하는 내용의 복합운송인의 책임에 관한 규정을 마련함.

(3) 국제운송의 대부분을 이루는 복합운송과 관련된 분쟁을 효율적으로 해결할 수 있을 것으로 기대됨.

마. 전자선하증권제도의 도입(안 제863조 신설)
(1) 현행 종이선하증권은 위조·변조·분실 위험이 있고 이를 제조·보관·관리 및 유통하는데 상당한 비용이 드는 문제가 있음.
(2) 종이선하증권 대신 법무부장관이 지정하는 관리기관의 정보통신망에서 전자문서로 하여 발행·등록·배서·지급제시 되는 전자선하증권제도를 도입함.
(3) 선하증권의 위조·변조·분실 위험이 원천적으로 방지되고 선하증권의 제조·보관·관리 및 유통비용이 대폭 절감될 것으로 기대됨.

바. 해상화물운송장제도의 도입(안 제864조 및 제865조 신설)
(1) 현행 선하증권은 유가증권으로서 전전유통(轉轉流通)이 가능하기 때문에 화물의 도착보다 최종소지인의 권리행사가 늦어짐으로써 화물인도가 지연되는 경우를 초래하였음.
(2) 그 효력이 선하증권과 유사하나 유통성이 없기 때문에화물인도 지연의 우려가 적어 1970년대 이래 단기 국제운송분야에서 많이 사용되고 있는 해상화물운송장제도를 도입함.
(3) 서류자체의 전전유통으로 인한 화물인도의 지연을 방지함으로써 해상운송의 신속화에 기여할 것으로 기대됨.

사. 환경손해방지작업에 대한 특별보상규정 마련(안 제886조 신설)
(1) 일반 해난구조의 경우에는 구조에 성공한 경우에만 구조자의 보수청구가 가능하므로 환경오염 방지 및 경감작업에 소극적인 면이 있었음.
(2) 환경오염의 방지 또는 경감작업을 장려하기 위하여 환경손해방지작업에 종사한 경우 구조의 성공여부에 관계없이 특별보상을 청구할 수 있도록 함.
(3) 환경오염의 방지 또는 경감작업이 보다 활성화될 것으로 기대됨.

<부록3[66]> 2007년 개정안의 주요 특징

개정안은 현행 해상편의 주요 문제점을 보완하면서 다음과 같은 특징을 가지고 있다.

1. 구성상의 특징

개정안은 해상편의 구성에서 종래의 해상운송계약의 내용을 운송과 용선으로 구분하고, 용선계약은 다시 항해용선, 정기용선 및 나용선(裸傭船)으로 구분하면서 이들을 각 절(節)로 대등하게 편성하고 있다. 이는 현행 해상편이 개품운송계약과 용선계약을 구별하지 않고 이를 혼합하여 규정함으로써 이해하는 데에 어려움을 주고 있고, 오늘날 해상운송에서 주된 내용을 차지하고 있는 개품운송계약보다도 오히려 용선계약에 관하여 더 많은 규정을 두고 있는 등 현실적합성이 부족하다는 그동안의 지적을 개선하기 위한 것이다. 즉, 개정안 제2장 운송과 용선에서 개품운송계약에 관한 규정을 용선계약(특히 항해용선계약)과 구별하여 별도의 절(제1절)로 둠으로써 개품운송계약의 성격이나 기능이 용선계약과 전혀 다름을 분명하게 하였다.[67]

이러한 해운실무를 반영하여 개정안에서는 상법 "제5편 해상"을 총 3장으로 개편하여 제1장 해상기업, 제2장 운송과 용선, 제3장 해상위험으로 분류하였다.[68]

제5편 해상(현행)	제5편 해상(개정안)
제1장 선박 제2장 선박소유자 제3장 선장	제1장 해상기업 제1절 선박 제2절 선장 제3절 선박공유 제4절 선박소유자등의 책임제한 제5절 선박담보
제4장 운송 　제1절 물건운송 　제2절 여객운송	제2장 운송과 용선 제1절 개품운송 제2절 여객운송 제3절 항해용선 제4절 정기용선 제5절 나용선 제6절 운송증서

제5편 해상(현행)	제5편 해상(개정안)
제5장 공동해손 제6장 선박충돌 제7장 해양사고구조 제8장 선박채권	제3장 해상위험 　제1절 공동해손 　제2절 선박충돌 　제3절 해난구조

현행 해상편과 개정안의 체계를 비교하면 다음과 같다.

---

66) 임중호, 국회심사보고서에서 전재
67) 상법(해상편)개정특별분과위원회의 논의 과정에서 최근 상법에서 회사법을 분리해 별도의 법을 제정한 일본의 사례를 참고하여 해상편 자체를 분리하는 문제에 대해서도 논의하였으나, 우리의 경우 회사편이 상법에서 분리되지 않고 있는 사정 등을 감안하여 이번 개정안에서는 체계를 정리하는 수준으로 논의를 정한 바 있다.
68) 이러한 해상법 체제의 변경은 민법과 비교하여 볼 때 제1장은 총칙적인 규정에, 제2장은 법률행위 내지 계약법적 성격의 규정에, 제3장은 비계약적 채권에 관한 규정에 각각 해당한다고 볼 수 있고 이는 장차 해상법이 단행법화 할 수 있는 길을 열어두는 역할을 하게 된다고 하였다(김현, 상법(해상편)개정공청회 발표문, 2005. 9. 26, 4면).

2. 내용상의 특징

개정안은 내용에서도 크게 다음과 같은 변화를 보이고 있다.

① 여객의 인적 사상(死傷)에 대하여는 책임제한을 인정하지 않는 세계적인 추세를 고려하여 여객손해에 대한 선박소유자의 책임한도를 46,666계산단위[69](약 7천만원)에서 175,000계산단위 (약 2억원)로 상향조정하였다.

② 선주와 화주의 이해관계를 조정하여 운송인의 단위·포장당 책임한도를 현행 500계산단위(약 75만원)에서 666.67계산단위 (약 90만원)로 상향조정하고, 총중량 1킬로그램당 책임한도 금액을 2계산단위로 하는 중량당 책임제한제도를 새로 도입하며, 복합운송인의 책임에 관한 규정 등을 신설하고 있다.

③ 변화된 전자적 환경을 반영하여 전자선하증권에 관한 규정을 신설하고 전자적 형식으로 해상화물운송장을 발행할 수 있도록 하였으며, 해운실무의 관행을 수용하여 해상화물운송장 제도를 도입하고 공동해손시 갑판적 화물을 예외로 처리하는 규정을 두었으며, 그 밖에 「선박법」과 관련하여 선박 관련 규정을 정비하였다.

3. 개정방식의 특징(해상편 전부개정형식의 상법 일부개정)

개정안은 해상편 구성의 변경에 따라 기존 조문의 순서를 재배치하는 등 변경할 부분이 많아 해상편 전부를 개정하는 형식(상법 전체 기준으로는 일부개정)을 취하고 있지만, 외형상 신설·개정·삭제되는 조문 수는 개정안 전체 조문 수(조 기준) 157개 중에서 30여 개에 해당한다.

(1) 해상법 분야의 특징

1) 우리의 해상법과 국제해상조약의 관계

우리나라를 비롯한 많은 국가는 정도의 차이는 있지만 국제해상조약 그 자체를 비준하기도 하지만 그 조약의 일부 내용만을 자국의 해상 관련법에 반영하는 방식을 취하고 있다. 그 이유는 해상법이 국제적 통일성을 지향하지만 개별 국가들이 자국의 해상정책과 관련하여 국제해상조약의 개별 규정을 선별적으로 수용하고자 하는 것에서 연유한 것이다. 이로 인하여 해상법의 국제성에도 불구하고 현재 각국의 해상법은 일정한 독자성을 나타내게 되고 이는 국제해상운송에서 발생한 분쟁을 해결하는 데에 많은 어려움을 주고 있다. 또한, 이와 같이 부분적으로 선별하여 수용하는 방식은 수용 내용 간의 부조화 현상을 초래[70]할 수 있고 이해당사자들이 자신의 이해관계에 따라 유리한 규정만을 인용하여 주장하는 등 체계적인 접근을 곤란하게 하기도 한다. 그러나 개별 국가들이 자국의 사정을 고려하여 독자적인 해상정책을 수립할 필요가 있고 이로 인하여 국제해상조약에서 일부 규정만을 수용하는 방식을 취할 수밖에 없는 것도 현실이다.

---

69) "계산단위"라 함은 세계통화기금(IMF)이 1979년에 사용하는 특별인출권(Special Drawing Right, SDR)으로, 특별인출권의 가치는 미국·영국·일본 등 주요국의 통화가치에 바탕하여 결정되어 매일 공표됨(2006. 11. 1. 기준으로 1계산단위는 1.164290유로, 1.485280미달러, 173.734000엔, 0.777678파운드, 1,402.550000원에 해당함. IMF홈페이지 참조). 따라서 계산단위를 우리 화폐로 환산한 금액은 특별인출권의 가치 및 환율에 따라 변경될 수 있는데, 개정안에서 언급된 금액도 개정안 준비 당시를 기준으로 하여 계산단위를 우리 화폐로 환산한 것임.

70) 가령, 선박소유자의 책임한도와 관련하여 운송물의 멸실·훼손에 관해서는 헤이그-비스비규칙을, 화물의 인도 지연에 관해서는 함부르크규칙을, 그리고 책임한도는 미국제도를 받아들이는 것 등에서 알 수 있다.

2) 위험분산을 위한 제도

해상운송과정에서 발생할 수 있는 위험을 분산하기 위하여 통상 해상운송의 양 당사자 중 송하인은 적하보험에 가입하고, 운송인은 선박보험 및 제3자 보험에 가입하고 있다. 이 중에서 송하인과 운송인의 손해는 각각 적하보험과 선박보험을 통하여 보상을 받게 되지만, 해상운송 중에 발생한 사람의 사망과 신체의 상해, 다른 선박 또는 운송물에 발생한 손해 등에 대한 선박소유자 등 운송인의 책임은 선박보험으로 담보되지 않기 때문에 별도로 보험제도를 마련하는 것이 중요하다. 이를 위하여 국제적으로 해운회사들이 주축이 되어 P&I클럽[71]을 결성하여 선박소유자 등의 제3자에 대한 책임을 담보하도록 하고 있고, 우리의 경우에도 선박소유자 등이 제3자에 대한 손해를 배상하기 위해서 「선주상호보험조합법」에 근거하여 한국P&I를 설립하였다.

이상과 같이 해상운송의 당사자는 해상운송 과정에서 발생할 수 있는 위험을 분산하기 위해서 다양한 보험에 가입하고 있는데, 만약 선주의 책임을 강화하는 개정안이 시행되면 그 손해는 P&I보험으로 보상하게 될 것이며 보험금의 인상에 따라 보험료가 상향조정될 것으로 예상된다.

---

71) P&I(Protection and Indemnity Insurance)는 해상운송에서 선주들이 서로의 손해를 상호 간에 보호하기 위한 보험으로, 통상의 해상보험에서 담보하지 않은 인명이나 여객에 관한 선주의 손해, 선원의 과실에 의해서 발생한 선체 또는 적하품의 손해 등을 보상해 주는 보험을 말함. 이는 인명이나 여객에 관한 선주들의 손해 등을 일반 보험회사들이 보상하려 하지 않고 보상하더라도 보험가입시 높은 보험료를 요구하므로 선박소유자들이 공제조합인 P&I클럽을 세우고 만든 일종의 상호보험(mutual insurance)으로서 영국을 위주로 발달하였으며, 국제적으로 런던(London)과 뉴캐슬(New Castle) 등 17개의 대형 P&I클럽이 구성되어 있음. 우리나라에서는 1999년 법률 제5804호로 「선주상호보험조합법」이 제정·공포되어 1999년 8월 5일부터 시행됨에 따라 2000년 1월 26일 결성된 한국선주상호보험조합(Korea P&I Club)에서 업무를 수행하고 있음.

해상법 관련 국제조약[72]

〈 현행 및 개정안의 국제조약 비준 및 수용 주요 내용 〉

조약명	제정일	발효일	가입 여부	현행 해상법의 수용 규정	개정안의 수용 규정	비고
항해선(선박) 가압류에 관한 조약(International Convention for the Unification of Certain Rules relating to Arrest of Sea-going Ships, Brussels)	1952. 05.10	1956. 02.24	×	×		
1976년 국제해사채권에 대한 책임제한조약(Convention on Limitation of Liability for Maritime Claims ; LLMC Convention 1976)	1976. 11.19	1986. 12.01	×	제746조 이하	개정안 제770조	
1976년 해사채권에 대한 책임제한조약을 개정하는 1996년 의정서(Protocol of 1996 to Amend the Convention on Limitation of Liability for Maritime Claims, 1976, London ; LLMC PROT 1996)	1996. 05.03	2004. 5.13	×		개정안 제770조, 제775조	
1924년 선하증권에 관한 규정의 통일조약(헤이그규칙) 및 1968년 선하증권에 관한 규정의 통일을 위한 1924년 국제조약을 개정하는 의정서(헤이그-비스비규칙) (Protocol to Amend the International Convention for the Unification of certain Rules of Law relating to Bills of Lading, signed at Brussels on 25 August 1924 ; Hague-Visby Rules)	1924. 8. 25 1968. 02.23	1931. 6. 2 1977. 6. 23	×	제787조 제789조의2 제789조의3 제790조 제811조 등	개정안 제797조 제817조	함부르크 규칙 제6조
1978년 함부르크 규칙(United Nations Convention on the Carriage of Goods by Sea ; Hamburg Rules)	1978. 3. 31	1992. 11.1	×	제788조제1항 제814조의2	개정안 제854조	
공동해손규칙 1994. York Antwerp Rules (제정 이후 1994년 대폭 개정됨)	1974. 04.04	1995. 01.01	비준 대상 아님	제832조 이하에서 반영	개정안 제873조	
1910년 선박충돌에 관한 조약 (International Convention for the Unification of Certain Rules of Law relating Collision between Vessels and Protocol of Signature, Brussels)	1910. 09.23	1913. 03.01	×	제844조 이하에서 반영	제877조 제2항	
1910년 해상구원구조에 관한 조약(International Convention for the Unification of Certain Rules of Law relating to Assistance and Salvage at Sea and Protocol of Signature) * 불성공・무보수의 원칙	1910. 09.23	1913. 03.01	×	제850조 제855조, 제856조		

조약명	제정일	발효일	가입 여부	현행 해상법의 수용 규정	개정안의 수용 규정	비고
1989년 해난구조에 관한 국제조약(International Convention on Salvage, London ; Salvage 1989) ※ 1910년 해상구원구조에 관한 조약을 대체하는 조약 * 불성공·무보수의 원칙의 수정 　(환경손해관련)	1989. 04.28	1996. 07.14	×	제850조 제855조, 제856조	제884조 제886조	
1926년 선박우선특권과저당권에 관한 규칙의 통일에 관한 국제조약(International Convention for the Unification of certain Rules relating to Maritime Lien and Mortgages, Brussels)	1926. 4. 10	1931. 6. 2	×	제861조 이하	개정안 제777조	

(자료 : 법무부 법무실)

I. 헤이그 규칙(1924년 선하증권에 대한 규정의 통일에 관한 국제협약)[73]

○ 제정 경과
- 19세기, 해상물건운송계약에 있어서 운송인이 경제적 우위를 이용하여 송하인에게 지나친 면책약관(이를 '과실약관'이라 함)을 남용하는 관행이 있었으며 미국 등 여러 국가에서 이에 대해 문제제기를 하게 됨. 한편, 이러한 '과실약관' 등의 유효성에 대해 각국의 해상법상 해석이 달라서 혼란이 야기되어 해상물건운송인의 권리·의무에 관한 국제적인 통일규약의 필요성이 제기됨.
- 이에 국제법협회(ILA)와 세계해법회(CMI)가 중심되어 초안을 작성하여 1921년 헤이그 회의에서 '1921년 헤이그규칙'을 채택하고 이를 바탕으로 1924년 브뤼셀에서 '선하증권에 관한 규정을 통일하기 위한 국제조약' 이른바 '헤이그규칙'을 채택
- 영국·미국·유럽제국·일본 등이 비준하고 각국 국내법에 반영

○ 주요 내용
- 갑판적하물과 生動物을 제외한 운송물이 선적시부터 양륙시까지 멸실·훼손된 경우의 운송인의 책임에 관한 규칙을 통일하기 위한 취지의 규정을 둠
- 본 규칙의 적용을 받는 선하증권에는 운송인의 최소한의 의무가 규정되어 있으며 당사자합의로도 이 의무를 변경할 수 없음
- 운송물의 선적·취급·적부·보관·운송·양륙에 대한 운송인의 과실책임을 면제하는 조항이나 운송인의 감항능력주의의무를 경감하는 조항은 무효
- 운송인은 항해 또는 선박의 관리에 대한 과실책임으로부터 면책됨
- 헤이그규칙은 체약국에서 발행하는 모든 선하증권에 대하여 적용

---

73) 제정개요 및 주요 내용은 商法 일부개정법률안 심사 보고서 참조.

International Convention For the Unification of Certain Rules of Law Relating to Bills of Lading, Signed at Brussels on August 25, 1924. (Hague Rules)

1924年 船荷證券統一條約

Article 1

In this convention the following words are employed with the meanings set out below:

ⓐ "Carrier" includes the owner or the charterer who enters into a contract of carriage with a shipper.

ⓑ "Contract of carriage" applies only to contracts of carriage covered by a bill of lading or any similar document of title, in so far as such document relates to the carriage of goods by sea, including any bill of lading or any similar document as aforesaid issued under or pursuant to a charter party from the moment at which such bill of lading or similar document of title regulates the relations between a carrier and a holder of the same.

ⓒ "Goods" includes goods, wares, merchandise, and articles of every kind whatsoever except live animals and cargo which by the contract of carriage is stated as being carried on deck and is so carried.

ⓓ "Ship" means any vessel used for the carriage of goods by sea.

ⓔ "Carriage of goods" covers the period from the time when the goods are loaded on to the time they are discharged from the ship.

第1條

本 條約에서 인용되는 單語는 아래에서 說明된 意味로 사용된다.

ⓐ 運送人이라 함은 送荷人과의 運送契約의 當事者인 船舶所有者 또는 傭船者이다.

ⓑ 運送契約은 船荷證券 또는 海上物件運送에 관한 權利를 표시하는 비슷한 모든 證券에 의하여 證明되는 運送契約에 한하여

適用된다. 위의 運送契約은 傭船契約에 의하거나 이에 準하여 發行되는 前述의 船荷證券 또는 비슷한 證券은 그 證券이 運送人과 船荷證券 所持人과의 관계를 정한 때로부터 이를 適用한다.

ⓒ 物件이라 함은 生動物과 運送契約에 의하여 甲板에 積置될 것이 표시되고 또 실제로 甲板에 積置되어 運送되는 積貨를 除外한 物件, 財産, 商品과 각종의 物件을 말한다.

ⓓ 船舶이라 함은 海上物件運送에 사용되는 모든 배를 말한다.

ⓔ 物件運送은 物件이 船舶에 船積되는 때로부터 그 船舶에서 揚荷될 때까지의 期間에 걸쳐서 適用된다.

Article 2

Subject to the provisions of Article 6, under every contract of carriage of goods by sea the carrier, in relation to the loading, stowage, carriage, custody, care and discharge of such goods, shall be subject to the responsibilities and liabilities and entitled to the rights and immunities hereinafter set forth.

第2條

第6條에서 정한 경우를 除外하고 運送人은 모든 海上物件 運送契約에 있어 當該 物件의 船積, 處理, 積置, 運送, 保管, 管理와 揚荷에 관하여 以下의 規定에 따라서 責任과 義務를 지고 權利와 免責을 얻는다.

Article 3

(1) The carrier shall be bound before and at the beginning of the voyage to exercises due diligence to —

ⓐ Make the ship seaworthy.

ⓑ Properly man, equip and supply the ship.

ⓒ Make the holds, refrigerating and cool chambers, and all other parts of the ship in which goods are carried, fit and safe for their reception, carriage and preservation.

(2) Subject to the provisions of Article 4, the carrier shall properly and carefully load, handle, stow, carry, keep, care for, and discharge the goods carried.

(3) After receiving the goods into his charge the carrier or the master or agent of the carrier shall, on demand of the shipper, issue to the shipper a bill of lading showing among other things −

ⓐ The leading marks necessary for identification of the goods as the same are furnished in writing by the shipper before the loading of such goods starts, provided such marks are stamped or otherwise shown clearly upon the goods are contained, in such a manner as should ordinarily remain legible until the end of the voyage.

ⓑ Either the number of packages or pieces or the quantity, or weight, as the case may be, as furnished in writing by the shipper.

ⓒ The apparent order and condition of the goods. Provided that no carrier, master or agent of the carrier shall be bound to state or show in the bill of lading any marks, number, quantity, or weight which he has reasonable ground for suspecting not accurately to represent the goods actually received, or which he has no reasonable means of checking.

(4) Such a bill of lading shall be prima facie evidence of the receipt by the carrier of the goods as therein described in accordance with paragraph (3) ⓐ ⓑ and ⓒ.

(5) The shipper shall be deemed to have guaranteed to the carrier the accuracy at the time of shipment of the marks, number, quantity and weight, as furnished by him, and the shipper shall indemnify the carrier against all loss, damages and expenses arising or resulting from inaccuracies in such particulars. The right of the carrier to such indemnity shall in no way limit his responsibility and liability under the contract of carriage to and person other than the shipper.

(6) Unless notice of loss or damage and the general nature of such loss or damage be given in writing to the carrier or his agent at the port of discharge before or at the time of the removal of the goods into the custody of the person entitled to delivery thereof under contract of carriage, or, if the loss or damage be not apparent, within three days, such removal shall be prima facie evidence of the delivery by the carrier of the goods as described in the bill of lading.

If the loss or damage is not apparent, the notice must be given within three days of the delivery of the goods. The notice in writing need not be givn if the state of the goods has, at the time of their receipt, been the subject of joint survey or inspection.

In any event the carrier and the ship shall be discharged from all liability in respect of loss or damage unless suit is brought within one year after delivery of the goods or the date when the goods should have been delivered.

In the case of any actual or apprehended loss or damage the carrier and the receiver shall give all reasonable facilities to each other for inspecting and tallying the goods.

(7) After the goods are loaded the bill of lading to be issued by the carrier, master, or agent of the carrier, to the shipper shall, if the shipper so demands, be a "shipped" bill of lading, provided that if the shipper shall have previously taken up any document of title to such goods, he shall surrender the same as against the issue of the "shipped" bill of lading, but at the option of the carrier such document of title may be noted at the port of shipment by the carrier, master, or agent with the name or names of the ship or ships upon which the goods have

been shipped and the date or dates of shipment, and when so noted, if it shows the particulars mentioned in paragraph 3 of Article 3, shall for the purpose of this article be deemed to constitute a "shipped" bill of lading.

(8) Any clause, covenant, on agreement in a contract of carriage relieving the carrier or the ship from liability for loss or damage to, or in connexion with, goods arising from negligence, fault, or failure in the duties and obligations provided in this article or lessening such liability otherwise than as provided in this convention, shall be null and void and of no effect. A benefit of insurance in favour of the carrier or similar clause shall be deemed to be a clause relieving the carrier from liability.

第3條

(1) 運送人은 發航 前과 發航 當時에 다음의 사항에 대하여 상당한 注意義務를 하여야 한다.
ⓐ 船舶이 堪航能力이 있도록 할 것
ⓑ 船舶에 대하여 적당한 船員의 乘船, 儀裝과 必需品을 보급할 것
ⓒ 船艙, 冷藏室과 冷氣室 그리고 그 밖에 貨物이 적재되는 船舶의 다른 모든 부분을 物件의 受領, 運送과 保存을 위하여 적당하고 안전하게 할 것
(2) 第4條의 規定의 경우를 除外하고 運送人은 運送되는 物件의 船積, 處理, 積置, 運送, 保管, 管理와 揚荷를 적당하고 신중하게 하여야 한다.
(3) 物件을 受領한 후 運送人, 船長 또는 運送人의 代理人은 送荷人의 請求에 의하여 특히 다음의 사항을 記載한 船荷證券을 送荷人에게 교부하여야 한다.
ⓐ 送荷人에 의하여 書面으로 通告된 것과 貨物의 동일성을 표시함에 필요한 주요 記號는 貨物船積 개시 전에 包裝없는 貨物에는 그 위에, 貨物이 상자 또는 包裝 안에 있을 때에는 그 상자 또는 包裝 위에 航海의 종료 시까지 통상 判讀할 수 있도록 押捺되거나 그 밖에 모든 방법으로 명료하게

표시되어야 한다.
ⓑ 包裝 또는 개품의 個數, 容積 또는 重量으로 送荷人에 의하여 書面으로 通告된 것
ⓒ 物件의 외관, 그러나 運送人, 船長 또는 運送人의 代理人은 위의 記號, 個數 容積 또는 重量이 실제로 受領한 物件을 정확히 표시하지 아니한다는 것을 의심할 만한 이유가 있을 때 또는 檢査할 상당한 方法이 없을 때에는 이를 船荷證券에 記載 또는 표시하지 않아도 된다.
(4) 전항의 船荷證券은 반증이 없는 한 전항 ⓐⓑ와 ⓒ호에 따라 記載된 物件을 運送人이 受領한 것으로 推定한다.
(5) 送荷人은 그가 通告한 記號, 個數, 容積과 重量이 정확하다는 것을 船積 시에 運送人에 대하여 담보한 것으로 보며, 또한 이 점에 관한 부정확에서 생기는 모든 滅失, 損害와 費用에 관하여 運送人에 대하여 賠償하여야 한다. 이 賠償에 대한 運送人의 權利는 어떠한 경우에도 運送人이 運送契約에 의하여 送荷人 외의 모든 자에 대하여 責任과 義務를 制限하지 않는다.
(6) 物件이 運送契約에 의하여 引渡를 받을 權利있는 자에게 引渡되기 전 또는 그 당시에 있어 滅失損害와 그 滅失損害의 일반적 性質에 관한 通告가 運送人 또는 揚荷港에 있는 그 代理人에게 書面으로 행하여지지 않을 때에는 그 引渡는 반증이 없는 한 運送人이 船荷證券에 記載한 物件을 引渡한 것으로 推定한다. 滅失損害가 외부에 나타나지 않은 때에는 그의 通告는 物件引渡日로부터 3일 이내에 이루어져야 한다. 그 物件의 상태가 受領當時 合同檢證에 의하여 확인되는 書面에 의한 통지는 아니 하여도 된다. 物件을 引渡한 날 또는 그 引渡를 하였을 날로부터 1년 내에 訴訟의 제기가 없을 때에는 運送人과 船舶은 어떠한 경우에도 滅失損害에 관한 모든 責任이 면제된다.
현실상의 滅失損害가 있던가 이를 추측할 수 있을 경우에는 運送人과 受荷人은 物件의 檢査와 數量檢査를 위하여 상당한 모든 편의를 제공하여야 한다.
(7) 物件의 船積후에 運送人, 船長 또는 運送人의 代理人에 의하여 送荷人에게 교부

될 船荷證券은 送荷人의 請求가 있을 때에
는 船積船荷證券이어야 한다. 그러나 送荷
人이 이미 그 物件에 관한 權利를 표시하
는 증서를 受領한 경우에는 送荷人은 船積
船荷證券의 교부와 상환하여 그 증서를 반
환하여야 한다. 運送人, 船長 또는 代理人
은 먼저 교부된 증서 위에 物件을 船積한
한 쌍 또는 수 쌍의 船舶의 名稱과 1개 또
는 수 개의 船積의 日字를 船積港에서 기
입할 수 있으며 이상의 기입이 있는 證書로
서 本條 제3항의 사항을 記載한 때에는 本
條의 목적에 관하여는 이를 船積船荷證券
으로 본다.

(8) 運送契約의 모든 約款, 規約 또는 協定
으로서 運送人 또는 船舶을 해태, 過失 또
는 本條에 規定한 責任과 義務의 違反으로
인한 貨物의 滅失損害에 대한 責任을 면하
게 하거나 본 協約의 規定하는 바와 달리
하여 그 責任을 감경하는 것은 無效로 한
다. 보험의 利益을 運送人에게 讓渡하는
約款 또는 이에 비슷한 모든 約款은 運送
人으로 하여금 그 責任을 면하게 하는 것으
로 본다.

Article 4

(1) Neither the carrier nor the ship shall be liable for loss or damage arising or resulting from unseaworthiness unless caused by want of due diligence on the part of the carrier to make the ship seaworthy, and to secure that the ship is properly manned, equipped and supplied, and to make the holds, refrigerating and cool chambers and all other parts of the ship in which goods are carried fit and safe for their reception, carriage and preservation in accordance with the provisions of paragraph 1 of Article 3. Whenever loss or damage has resulted from unseaworthiness the burden of proving the exercise of due diligence shall be on the carrier or other person claiming exemption under this article.

(2) Neither the carrier nor the ship shall be responsible for loss or damage arising or resulting from

ⓐ act, neglect, or default of the master, pilot, or the servants of the carrier in the navigation or in the management of the ship.

ⓑ Fire, unless caused by the actual fault or privity of the carrier.

ⓒ Perils, dangers and accidents of the sea or other navigable waters.

ⓓ Act of God.

ⓔ Act of war.

ⓕ Act of public enemies.

ⓖ Arrest or restraint of princes, rulers or people, or seizure under legal process.

ⓗ Quarantine restrictions.

ⓘ Act of omission of the shipper or owner of the goods, his agent or representative.

ⓙ Strikes or lockouts or stoppage or restraint of labour from whatever cause, whether partial or general.

ⓚ Riots and civil commotions.

ⓛ Saving or attempting to save life or property at sea.

ⓜ Wastage in bulk or weight or any other loss or damage arising from inherent defect, quality or vice of the goods.

ⓝ Insufficiency of packing.

ⓞ Insufficiency or inadequacy of marks.

ⓟ Latent defects not discoverable by due diligence.

ⓠ Any other cause arising without the actual fault or privity of the carrier, or without the fault or neglect of the agents or servants of the carrier, but the burden of proof shall be on the person claiming the benefit of this exception to show that neither the actual fault or privity of the carrier nor the fault or neglect of the agents or servants or the carrier contributed to the loss or damage.

(3) The shipper shall not be responsible for loss or damage sustained by the carrier or the ship arising or resulting form any cause without the act, fault or neglect of the shipper, his agents or his servants.

(4) Any deviation in saving or attempting to save life or property at sea or any reasonable deviation shall not be deemed to be an

infringement or breach of this convention or of the contract of carriage, and the carrier shall not be liable for any loss or damage resulting therefrom.

(5) Neither the carrier nor the ship shall in any event be or become liable for any loss or damage to or in connexion with goods in an amount exceeding & 100 per package or unit, or the equivalent of that sum in other currency unless the nature and value or such goods have been declared by the shipper before shipment and inserted in the bill of lading.

This declaration if embodied in the bill of lading shall be prima facie evidence, but shall not be binding or conclusive on the carrier.

By agreement between the carrier, master or agent of the carrier and the shipper another maximum amount than that mentioned in this paragraph may be fixed, provided that such maximum shall not be less than the figure above named.

Neither the carrier nor the ship shall be responsible in any event for loss or damage to, or in connexion with, goods if the nature or value thereof has been knowingly misstated by the shipper in the bill of lading.

(6) Goods of an inflammable, explosive or dangerous nature to the shipment whereof the carrier, master or agent of the carrier has not consented with knowledge of their nature and character, may at any time before discharge be landed at any place, or destroyed or rendered innocuous by the carrier without compensation and the shipper of such goods shall be liable for all damages and expenses directly or indirectly arising out of or resulting from such shipment. In any such goods shipped with such knowledge and consent shall become a danger to the shipper cargo, they may in like manner be landed at any place, or destroyed or rendered innocuous by the carrier without liability on the part of the carrier except to general average, if any.

第4條

(1) 運送人 또는 船舶은 第3條 第1項의 規定에 따라 船舶으로 하여금 航海를 감당할 수 있도록 하며 또는 航海에 대하여 적당한 乘務員, 儀裝 또는 必需品을 보급하며 또는 船艙, 冷臟室과 冷氣室 그 밖에 貨物이 船積되는 船舶의 모든 부분을 貨物의 受領, 運送과 保存을 위하여 적당하고 안전하게 하는 데 대한 運送人 측의 상당한 注意의 缺如가 아니면 不堪航에서 생기는 滅失損害에 대하여 責任을 지지 아니한다. 滅失損害가 不堪航에서 생길 때에는 상당한 注意를 하였다는 擧證責任은 항상 本條에 規定하는 免責을 主張하는 運送人 또는 그 밖의 자가 부담한다.

(2) 運送人 또는 船舶은 다음의 事由에서 생기는 滅失損害에 대하여는 그 責任을 지지 아니한다.

ⓐ 航海 또는 航海의 管理에 관한 船長, 船員, 導船士 또는 運送人의 使用人의 行爲, 해태 또는 過失.

ⓑ 火災 그러나 運送人의 故意 또는 過失로 인한 것은 除外한다.

ⓒ 海上 그 밖에 항행할 수 있는 수면에서의 위난, 危險 또는 사고.

ⓓ 不可抗力.

ⓔ 戰爭行爲.

ⓕ 公賊의 行爲

ⓖ 君主, 官憲 또는 人民에 의한 抑留, 入出港禁止(監禁) 또는 裁判上의 押留.

ⓗ 檢疫上의 制限.

ⓘ 送荷人 또는 物件所有者, 그 代理人 또는 그 대표자의 不作爲.

ⓙ 同盟罷業, 船舶閉鎖 또는 勞務에 대한 停止나 妨害, 그러나 원인의 여하를 불문하고 또는 그 일부이거나 전부인 것을 불문한다.

ⓚ 暴動이나 內亂.

ⓛ 海上에서의 人命 또는 財産의 救助 또는 救助의 企圖.

ⓜ 物件의 숨은 瑕疵, 특수한 性質 또는 고유한 瑕疵에서 생기는 容積이나 重量의 감소 또는 그 밖의 滅失損害.

ⓝ 包裝의 不充分.

ⓞ 기호의 不充分 또는 不完全.

ⓟ 상당한 注意로써도 발견할 수 없는 숨은 瑕疵.

ⓠ 運送人의 故意나 過失 또는 運送人의 代理人 또는 使用人의 故意나 過失 없이 생기는 그 밖에 모든 원인, 그러나 이 예외의 利益을 主張하는 자가 擧證責任을 지며, 運送人 자신의 故意나 過失이나 또는 運送人의 代理人, 使用人의 故意 또는 過失이 滅失이나 損害에 기여하지 않았음을 證明하여야 한다.

(3) 運送人은 運送人 또는 船舶이 입은 滅失 또는 損害로서 送荷人, 그 代理人 또는 使用人의 故意過失 또는 해태로 인하지 않는 모든 원인으로 생긴 것에 대하여 그 責任을 지지 아니한다.

(4) 海上에서의 人命이나 財産의 救助 또는 救助의 기도를 위하여 한 離路 또는 상당한 이유 있는 離路는 本 條約이나 運送契約에 대한 違反으로 보지 아니하며 運送人은 그 결과로 생기는 滅失 또는 損害에 대하여 그 責任을 지지 아니한다.

(5) 運送人과 船舶은 物件의 性質과 價額이 그 船積 전에 送荷人에 의하여 통고되고 또 그 통고가 船荷證券에 記載되지 아니하면 物件에 생기거나 物件에 관한 滅失 또는 損害에 대하여 1包裝 또는 1單位當 英貨 100파운드 또는 다른 通貨로 이와 동등한 액을 초과하여 責任을 지지 아니한다. 船荷證券에 記載된 그 통고는 반증이 없는 한 推定證據가 된다. 그러나 그 통고는 이를 다툴 수 있는 運送人을 구속하지 아니한다.

運送人, 船長 또는 運送人의 代理人과 送荷人 間의 協定에 의하여 本項에 規定한 액과 다른 最高額을 정할 수 있다. 그러나 協定에 의한 最高額은 위의 價額 이상이어야 한다.

送荷人이 船荷證券에서 物件의 性質 또는 價額에 관하여 故意로 허위통고를 한 때에는 運送人 또는 船舶은 物件에 생기거나 物件에 관하여 생긴 滅失 또는 損害에 대하여 어떠한 경우에도 그 責任을 지지 아니한다.

(6) 연소성, 폭발성 또는 危險性이 있는 物

件은 運送人, 船長 또는 運送人의 代理人이 그 種類 또는 性質을 알았으면 船積을 승낙하지 않았을 運送人이 送荷人에게 賠償하지 아니하고 揚荷 전 언제든지 이를 임의의 場所에 揚荷하거나 파손 또는 무해하게 할 수 있으며 그 物件의 送荷人은 그 船積에서 直接 또는 間接으로 생기는 모든 損害와 費用에 대하여 責任을 진다. 運送人의 양해와 승낙을 얻어 船積한 貨物 중에 船舶 또는 積荷에 대하여 危險하게 된 것이 있으면 運送人은 共同海損으로 인한 責任 외에 그 責任을 지지 아니하고 위와 같이 揚荷, 파손 또는 무해하게 할 수 있다.

Article 5

A carrier shall be at liberty to surrender in whole or in part all or any of his rights and immunities or to increase any of his responsibilities and obligations under this convention, provided such surrender or increase shall be embodied in the bill of lading issued to the shipper. The provisions of this convention shall not be applicable to charter parties, but if bills of lading are issued in the case of a ship under a charter parties, but if bills of lading are issued in the case of a ship under a charter party they shall comply with the terms of this convention. Nothing in these rules shall be held to prevent the insertion in a bill of lading of any lawful provision regarding general average.

第5條

運送人은 本 條約에 規定된 그 權利와 免責의 全部나 一部를 抛棄하가나 그 責任과 義務를 증가시킬 수 있다. 그러나 그 抛棄 또는 증가는 運送人에게 교부되는 船荷證券에 이를 記載하여야 한다.

本 協約의 規定은 이를 傭船契約에 適用하지 아니한다. 그러나 船舶이 傭船된 경우에 船荷證券이 발부된 때에는 그 船荷證券은 본 協約의 規定에 따른다. 본 協約의 規定은 共同海損에 관한 적법한 規定을 船荷證券에 記載하여도 무방하다.

Article 6

Notwithstanding the provisions of the preceding articles, a carrier, master or agent of the carrier and a shipper shall in regard to any particular goods be at liberty to enter pity any agreement in any terms as to the responsibility and liability of the carrier for such goods, and as to the rights and immunities of the carrier in respect of such goods, or his obligation as to seaworthiness, so far as this stipulation is not contrary to public policy, or the care or diligence or his servants or agents in regard to the loading, handling, stowage, carriage, custody, care and discharge of the goods carried by sea, provided that in this case no bill of lading has been or shall be issued and that the terms agreed shall be embodied in a receipt which shall be a nonnegotiable document and shall be marked as such.

Any agreement so entered into shall have full legal effect.

Provided that this article shall not apply to ordinary commercial shipments made in the ordinary course of trade, but only to other shipments where the character or condition of the property to be carried or the circumstances, terms and conditions under which the carriage is to be performed are such as reasonably to justify a special agreement.

第6條

前 數條의 規定에도 불구하고 運送人, 船長 또는 運送人의 代理人과 送荷人은 特定貨物에 대하여 어떤 것이든지 이에 대한 運送人의 責任과 義務 및 그 物件에 관한 運送人의 權利와 免責, 공공질서에 반하지 않는 한 船舶의 堪航能力에 관한 運送人의 義務 또는 海上에서 運送되는 物件의 船積, 處理, 積置, 運送, 保管, 管理 및 揚荷에 관한 使用人 또는 代理人의 注意에 관하여 條件을 붙인 契約을 할 수 있다. 그러나 이 경우에는 船荷證券을 發行하지 아니하였거나 이를 發行하지 아니함을 요하며

또한 성립한 협정의 條件은 이를 受領證에 記載하여야 한다. 그 受領證은 非流通證券이어야 하며 또한 船荷證券에 그 뜻을 記載하여야 한다.

前項의 規定에 의하여 締結된 모든 特約은 완전한 法律상 效力이 있다.

그러나 本條는 통상의 商去來에서 행하여지는 通常의 商業上의 積荷에는 이를 適用하지 않는다. 그 밖의 積荷로서 그 특징 또는 상태와 運送을 행할 사정, 條項과 條件이 特約의 締結을 정당한 것으로 하는 경우에 한하여 이를 適用한다.

Article 7

Nothing herein contained shall prevent a carrier or a shipper from entering into any agreement, stipulation, condition, reservation or exemption as to the responsibility and liability of the carrier or the ship for the loss or damage to, or in connexion with, the custody and care and handling of goods prior to the loading on, and subsequent to, the discharge from the ship on which the goods are carried by sea.

第7條

本 條約의 規定은 物件을 海上運送하는 船舶에의 船積 前과 揚陸 後에 있어서 그 物件의 滅失·損害 또는 그 物件의 保管, 管理와 處理에 관한 運送人 또는 船舶의 義務와 責任에 대하여 運送人 또는 送荷人이 契約 중에 特約, 條件, 留保 또는 免責을 삽입하는 것을 방해하지 아니한다.

Article 8

The provisions of this convention shall not affect the rights and obligations of the carrier under any statute for the time being in force relating to the limitation of the liability of owners of seagoingvessels.

第8條

本 協約의 規定은 航海船舶所有者의 責任制限에 관한 모든 現行法令에 의한 運送人의 權利와 義務를 變更하지 아니한다.

Article 9

The monetary units mentioned in this convention are to be taken to be gold value. Those contracting States in which the pound sterling is not a monetary unit reserve to themselves the right of translating the sums indicated in this convention in terms of pound sterling into terms of their own monetary system in round figures.

The national laws may reserve to the debtor the right of discharging his debt in national currency according to the rate of exchange prevailing on the day of the arrival of the ship at the port of discharge of the goods concerned.

第9條

協約에서의 貨幣單位는 金價値로 한다.

貨幣單位로서 英貨 파운드를 사용하지 않는 締約國은 본 協約에서 英貨 파운드로 표시되는 그 金額을 그 貨幣制度에 따라 個數로 환산할 權利를 유보한다.

國內法은 當該 物件이 揚荷港에 船舶이 到着한 날의 換時勢에 따라 內國通貨로 支給할 권능을 債務者에 유보할 수 있다.

Article 10

The provisions of this convention shall apply to all bills of lading issued in any of the contracting States.

第10條

本 協約의 規定은 締約國에서 發行되는 모든 船荷證券에 適用된다.

Article 11

After an interval of not more than two years from the day on which the convention is signed the Belgian Government shall place itself in communication with the Governments of the high contracting parties which have declared themselves prepared to ratify the convention, with a view to deciding whether it shall be put into force. The ratifications shall be deposited at Brussels at a date to be fixed by agreement among the said Governments. The first deposit of ratifications shall be recorded in a procesverbal signed by the representatives of the Powers which take part therein and by the Belgian Minister for Foreign Affairs.

The subsequent deposit of ratifications shall be made by means of a written notification, addressed to the Belgian Government and accompanied by the instrument of ratification. A duly certified copy of the procesverbal relating to the first deposit of ratifications, of the notifications referred to in the previous paragraph, and also of the instruments of ratification accompanying them, shall be immediately sent by the Belgian Government through the diplomatic channel to the Powers who have signed this convention or who have acceded to it. In the cases contemplated in the preceding paragraph, the said Government shall inform them at the same time of the of the date on which it received the notification.

第11條

本 協約 署名日로부터 늦어도 2년의 期間의 期間을 경과한 후 벨기에국 政府는 本 條約의 실시 여부를 決定하기 위하여 본 協約 批准의 준비완료를 선언한 締約國 政府와 協議를 개시하여야 한다. 批准書는 위의 政府 간의 合意에 의하여 정하여질 날에 브뤼셀에 寄託하여야 한다. 批准書의 第1의 寄託은 이를 참여하는 國家의 代表者와 벨기에국 外務部長官에 의하여 署名되는 調書로써 기록돼야 한다.

이후의 批准書寄託은 벨기에국 政府앞으로 批准書를 첨부한 通知書에 의하여 행하여야 한다. 批准書의 第1의 寄託調書, 前項에 揭記한 通知書와 이에 첨부한 批准書의 認證謄本은 벨기에국 政府에 의하여 또한 외교상의 節次에 의하여 本 協約의 署名國 또는 加入國에 즉시 送付하여야 한다. 前項에 정한 경우에는 벨기에국 政府는 동시에 通知書 受領日字를 通知하여야 한다.

Article 12

Non-signatory States may accede to the present convention whether or not they have been represented at the International Conference at Brussels.

A State which desires to accede shall notify its intention in writing to the Belgian Government, forwarding to it the document of accession. which shall be deposited in the archives of the said Government.

The Belgian Government shall immediately forward to all the States which have signed or acceded to the convention a duly certified copy of the notification and of the act of accession, mentioning the date on which it received the notification.

第12條

非署名國은 브뤼셀의 國際會議에 대한 代表者의 出席與否에 관계없이 본 協約에 加入할 수 있다.

加入을 희망하는 國家는 加入書를 벨기에국 政府에 送付하고 書面으로 그 意思를 通知하여야 한다. 이 加入書는 동 政府의 記錄局에 寄託되어야 한다.

벨기에국 政府는 즉시 通知書와 그 通知書를 受領한 日字가 언급된 加入書의 認證膽本을 모든 署名國 또는 加入國에 送付하여야 한다.

Article 13

The high contracting parties may at the time of signature, ratification or accession declare that their acceptance of the present convention does not include any or all of the self-governing dominions, or of the colonies, overseas possession, protectorates or territories under their sovereignty or authority, and they may subsequently accede separately on behalf of any self-governing dominion, colony, overseas possession, protectorate or territory excluded in their declaration. They may also denounce the convention separately in accordance with its provisions in respect of any self-governing dominion, or any colony, overseas possession, protectorate or territory under their sovereignty or authority.

第13條

締約國은 批准 時에 또는 加入 時에 締約國이 本 協約에 대하여 부여한 受諾은 그 主權 또는 權力하에 있는 自治領, 植民地, 屬國, 保護領 또는 海外 領土의 一部 또는 全部에 適用하지 않음을 宣言할 수 있다. 그리고 이후 締約國은 이상과 같이 그 당초의 宣言에서 除外된 自治領, 植民地, 屬國, 保護領 또는 海外領土의 어느 것의 이름으로나 개별적으로 加入할 수 있다.

締約國은 또한 그 主權 또는 權力하에 있는 自治領, 植民地, 保護領 또는 海外領土의 각각의 規定에 따라 개별적으로 본 協約을 廢棄할 수 있다.

Article 14

The present convention shall take effect, in the case of the States which have taken part in the first deposit of ratifications, one year after the date of the protocol recording such deposit. As respects the States which ratify subsequently or which accede, and also in cases in which the convention is subsequently put not effect in accordance with Article 13, it shall take effect six months after the notifications specified in paragraph 2 of Article 11 and paragraph 2 of Article 12 have been received by the Belgian Government.

第14條

第1회의 批准書 寄託에 參加한 國家의 경우에 本 協約은 이 寄託調書의 日字보다 1년 후에 效力이 발생한다. 이후 本 協約을 批准하거나 이에 加入하는 國家에 관하여서는 또한 실시가 이후 第13條에 따라 이루어지는 경우에는 本 協約은 第11條 第2項과 第12條 第2項에 規定한 通知書가 벨기에국 政府에 의하여 受領된 때로부터 6월 후에 그 效力이 발생된다.

Article 15

In the event of one of the contracting States wishing to denounce the present convention, the denunciation shall be notified in writing to the Belgian Government, which shall immediately communicate a duly certified copy of the notification to all the other States, informing them of the date on which it was received.

The denunciation shall only operate in respect of State which made the notification, and on the expiry of one year after the notification has reached the Belgian Government.

第15條

締約國 중의 1國家가 本 協約을 廢棄하고자 할 때에는 書面으로 벨기에국 政府에 대하여 廢棄를 通知하여야 하며 벨기에국 政府는 즉시 모든 他國에 대하여 通知를 受領한 日字를 通知하는 通知書의 認證膽本을 送付하여야 한다.

廢棄는 이 通知를 한 國家에 한하여 또 通知書가 벨기에국 政府에 도달한 때로부터 1년 후에 그 效力이 발생된다.

Article 16

Any one of the contracting States shall have the right to call for a fresh conference with a view to considering possible amendments.

A State which would exercise this right should notify its intention to the other States through the Belgian Government, which would make arrangements for convening the Conference.

Done at Brussels, in a single copy, August 25, 1924.

第16條

각 締約國은 본 協約에 가할 수 있는 수정을 위하여 새로운 會議의 開催를 提議할 權能이 있다.

이 權能을 행사하고자 하는 國家는 벨기에국 政府를 통하여 他國에 대하여 그 意思를 通知하여야 하며 벨기에국 政府는 會議召集의 責任을 진다.

1924년 8월 25일 브뤼셀에서 本書 1통을 作成한다.

At the time of signing the International Convention for the Unification of certain Rules of Law relating to Bills of Lading the Plenipotentiaries whose signatures appear below have adopted this Protocol, which will have the same force and the same value as if its provisions were inserted in the text of the convention to which it relates.

The High Contracting Parties may give effect to this convention either by giving it the force of law or by including in their national legislation in a form appropriate to that legislation the rules adopted under this convention.

They may reserve the right 1. To prescribe that in the cases referred to in paragraph 2(c)to (p)of Article 4 the holder of a bill of lading shall be entitled to establish responsibility for loss or damage arising from the personal fault of the carrier or the fault of his servants which are not covered by paragraph (a). 2. To apply Article 6 in so far as the national coasting trade is concerned to all classes of goods without taking account of the restriction set out in the last paragraph of that article.

Done at Brussels, in a single copy, August 25, 1924.

Signatories: Germany, Belgium, Chile, Spain, Estonia, United States of America, France, Great Britain, Hungary, Italy Poland and the Free City of Danzig, Roumania, Kingdom of the Serbs, Croats and Slovenes.

RATIFICATION

Belgium	June 2, 1930
France	January 4, 1937
German Democratic Republic	
Germany, Federal Republic of	July 1, 1939
Great Britain and Northern Ireland	June 2, 1930
Hungary	June 2, 1930
Italy	October 7, 1938
Japan	July 1, 1957
Poland	October 26, 1936
Rumania	August 4, 1937
Spain	June 2, 1930
United States of America	June 29, 1937
Yugoslavia	April 17, 1959

ACCESSION:

Algeria	April 13, 1964
Angola	February 2, 1952
Argentina	April 19, 1961
Australia	July 4, 1955
Papua and Norfolk	July 4, 1955
Nauru and New Guinea	July 4, 1955

---

74) William Tetly, Marine Cargo Claims, 3rd., International Shipping Publications, 1988, 1129－1132面 에서 인용.

Barbados	December 2, 1930
Cameroons	December 2, 1930
Cape Verde Isles	February 2, 1952
Cuba	July 25, 1977
Cyprus	December 2, 1930
Denmark	July 1, 1938
Ecuador	March 23, 1977
Egypt	November 29, 1943
Fiji	October 10, 1970
Finland	July 1, 1939
Gambia	December 2, 1930
Goa	February 2, 1952
Great Britain and Northern Ireland Antigua, Bahamas, Belize, Bermuda, Caicos & Turks Islands, Caymans, Dominica, Falkland Islands, Gibraltar, Grenada, Hong Kong, Montserrat, St. Christopher Nevis, Anguila, Virgin Islands, Seychelles, Solomon Islands, St. Lucia, St. Vincent, Ascension, St. Helena	December 2, 1930
Guiana	November 3, 1931
Guinee — Bissau	December 2, 1930
Iran	February 2, 1952
Ireland	April 26, 1966
Israel	January 30, 1962
Ivory Coast	September 5, 1959
Jamaica	December 15, 1961
Kenya	December 2, 1930
Kiribati	December 2, 1930
Kuwait	December 2, 1930
Lebanon	July 25, 1969
Macao	July 19, 1975
Federated Malay States	February 2, 1952
Unfederated Malay States	December 2, 1930
Malaysia	December 2, 1930
Malgache Republic	December 2, 1930
Mauritius	July 13, 1965
Monaco	August 24, 1970
Mozambique	May 15, 1931
Netherlands	February 2, 1952
Nigeria	August 18, 1956
Norway	December 2, 1930
Palestine	July 1, 1938
Paraguay	December 2, 1930
	November 22, 1967

Peru	October 29, 1964
Portugal	December 24, 1931
Sabeh (Southern Borneo)	December 2, 1930
Sao Tome e Principe (Iles)	February 2, 1952
Sarawak	November 3, 1931
Senegal	February 14, 1978
Sierra − Leone	December 2, 1930
Singapore	December 2, 1930
Somaliland	December 2, 1930
Sri − Lanka	December 2, 1930
Sweden	July 1, 1938
Switzerland	May 28, 1954
Syrian Arab Republic	August 1, 1974
Tanzania	December 3, 1962
Timor	February 2, 1952
Tonga	December 2, 1930
Trinidad & Tobago	December 2, 1930
Turkey	July 4, 1955
Tuvalu	December 2, 1930
Zaire Republic	July 17, 1967
Antigua & Barbuda	1930
Bahamas	1930
Belize	1930
Bolivia	1982
Côte d'Ivoire	1961
Dominican Republic	1930
France	1937
Ghana	1930
Guyana	1930
Grenada	1930
Guyana	1930
Hungary	1930
Madagascar	1965
Nauru	1955
Papur New Guinea	1955
Poland	1937
Romania	1937
Solomon Islands	1930
Spain	1930
St. Kitts and Nevis	1930
St. Lucia	1930
St. Vincent and the Grenadines	1930

DENUNCIATION

Denmark	March 1, 1984

Finland   March 1, 1984
Italy   November 22, 1984
Netherlands   April 26, 1982
Norway   March 1, 1984
Sweden   March 1, 1984
United Kingdom of Great Britain
and Northern Ireland   June 13, 1977
Gibraltar   September 22, 1977
Hong Kong   October 20, 1983

II. 헤이그 · 비스비規則

○ 제정 경과
- 헤이그규칙이 많은 국가에서 비준되었으나, 각국이 동 규칙의 일부내용만을 국내법에 받아들인 결과, 여전히 운송인의 책임과 선하증권상의 과실약관의 효력에 대하여 각국 법원의 해석에 있어서 견해차가 발생하였고, 특히 헤이그규칙 제정 이후 많은 세월이 경과함에 따라 헤이그규칙상 포장당 100파운드인 운송인의 책임제한조항 및 다른 조항들을 보다 현실성있게 개정할 필요성이 대두됨. 이에 1968년 세계해법회의 요청에 따라 '헤이그규칙에 대한 브뤼셀 개정의정서'가 채택되어 1977년 6월에 발효
- 영국 등 다수 해운국이 수용

○ 주요 내용
- 운송인의 책임제한액을 운송물의 총중량 1킬로그램당 30포왕카레 프랑[75](약 2 SDR) 또는 운송물 1포장당 10,000 포왕카레 프랑(약 666.67 SDR)로 대폭 인상
- 체약국에서 발행된 선하증권, 체약국에 소재한 항구로부터의 해상운송 및 선박 · 운송인 · 송하인 · 수하인 그 밖에 이해관계자의 국적을 불문하고 동 규칙을 원용하는 선하증권에 적용됨

---

[75] 1포왕카레 프랑은 '표준순도 1,000분의 900인 금 65.6밀리그램에 상당하는 화폐단위이며, 이 계산단위는 1971년 금본위제도가 폐지되어 국제통화기금(IMF)가 사용하는 특별인출권(SDR)으로 변경됨

Protocol to Amend the International Convention for the Unification of Certain Rules of Law Relating to Bills of Lading, Brussels, February 23, 1968. (Hague–Visby Rules)

1968年 船荷證券改正議定書(헤이그 비스비 규칙)

The contracting parties, Considering that it is desirable to amend the International Convention for the Unification of certain rules of law relating to bills of lading, signed at Brussels on August 25, 1924, have agreed as follows:

締約國은 1924년 8월 25일에 브뤼셀에서 署名된 船荷證券에 관한 規則의 統一을 위한 國際協約을 改正하는 것이 바람직하다고 생각하여 다음과 같이 合意하였다.

Article Ⅰ

1. In Article 3, paragraph 4 shall be added:
"However, proof to the contrary shall not be admissible when the Bill of Lading has been transferred to a third party acting in good faith."

2. In Article 3, paragraph 6, sub - paragraph 4 shall be replaced by:
"Subject to paragraph 6 bis the carrier and the ship shall in any event be discharged from all liability whatsoever in respect of the goods, unless suit is brought within one year of their delivery or of the date when they should have been delivered. This period may, however, be extended if the parties so agree after the cause of action has arisen"

3. In Article 3, after paragraph 6 shall be added the following paragraph 6 bis:
"An action for indemnity against a third person may be brought even after the expiration of the year provided for in the preceding paragraph if brought within the time allowed by the law of the Court seized of the case. However, the time allowed shall be not less than three months, commencing from the day when the person bringing such action for indemnity has settled the claim or has been served with process in the action against himself."

第1條

第1항 第3條 중 第4항에 다음을 追加한다
다만 반대의 證明은 船荷證券이 善意로 行爲하는 第3者에게 이전된 때에는 許容되지 아니한다.
第2항 第3條6항 중 第4문은 다음에 의하여 代置된다.
第6條의 2를 條件으로 하여 運送人 또는 船舶은 어떠한 경우에도 物件의 引渡 시 또는 引渡되어야 할 때로부터 1년 이내에 訴가 提起되지 아니하는 한 物件에 관한 일체의 責任이 免除된다. 다만 이 期間은 當事者가 訴訟原因 발생 후에 合意하였을 때에는 延長될 수 있다.
第3항 第3條 중 第6항 다음에, 다음의 第6條의 2가 追加된다.
第3者에 대한 補償은 사안이 계속되어 있는 法廷地의 法에 의하여 許容되어 있는 期間 내에 提起되었을 때에는 前項이 規定하는 期間滿了後에도 提起할 수 있다. 다만 許容되는 期間은 그와 같은 補償訴訟을 提起하는 자가 損害賠償額을 支給한 날 또는 그자에 대한 訴訟을 위한 訴狀의 送達을 받은 날로부터 起算하여 3개월 미만이어서는 아니 된다.

Article Ⅱ

Article 4, paragraph 5 shall be deleted and replaced by the following:
(a) Unless the nature and value of such goods have been declared by the shipper

before shipment and inserted in the Bill of Lading, neither the carrier nor the ship shall in any event be or become liable for any loss or damage to or in connection with the goods in an amount exceeding the equivalent of Frcs.

10.000 per package or unit of Frcs. 30 per kilo of gross weight of the goods lost or damaged, whichever is the higher.

(b) The total amount recoverable shall be calculated by reference to the value of such goods at the place and time at which the goods are discharged from the ship in accordance with the contract or should have been so discharged.

The value of the goods shall be fixed according to the commodity exchange price, or, if there be no such price, according to the current market price, or, if there be no commodity exchange price or current market price, by reference to the normal value of goods of the same kind and quality.

(c) Where a container, pallet or similar article of transport is used to consolidate goods, the number of packages or units enumerated in the Bill of Lading as packed in such article of transport shall be deemed the number of packages or units for the purpose of this package or units are concerned. Except as aforesaid such article or transport shall be considered the package or unit.

(d) A franc means a unit consisting of 65.5 milligrammes of gold of millesimal fineness 900. The date of conversion of the sum awarded into national currencies shall be governed by the law of the Court seized of the case.

(e) Neither the carrier nor the ship shall be entitled to the benefit of the limitation of liability provided for in this paragraph if it is proved that the damage resulted from an act or omission of the carrier done with intent to cause damage, or recklessly and with knowledge that damage would probably result.

(f) The declaration mentioned in sub-paragraph (a)of this paragraph, if embodied in the bill of lading, shall be prima facie evidence, but shall not be binding or conclusive on the carrier.

(g) By agreement between the carrier, master or agent of the carrier and the shipper other maximum amounts than those mentioned in sub-paragraph (a)of this paragraph may be fixed, provided that no maximum amount so fixed shall be less than the appropriate maximum mentioned in that sub-paragraph.

(h) Neither the carrier nor the ship shall be responsible in any event for loss or damage to, or in connection with, goods if the nature or value thereof has been knowingly misstated by the shipper in the bill of lading.

第2條

第4조 第5항은 削除되고 다음에 의하여 代替된다.

(a) 物件의 性質 및 價額을 船積 전에 送荷人이 신고하고 또한 船荷證券에 記載되어 있지 않는 한, 運送人 또는 船舶은 어떠한 경우에도 1包裝 또는 1單位當 10,000프랑(포앙카레) 또는 滅失 혹은 毀損된 物件의 1킬로그램당 30프랑 중의 高額에 상당하는 액을 초과하여 物件의 또는 物件에 관한 滅失 또는 毀損에 대하여 責任을 지지 아니한다.

(b) 賠償되어야 할 總額은 物件이 契約에 따라 揚下된 또는 揚下되었어야 할 場所와 때에 있어서의 物件의 價額을 참작하여 算定하여야 한다.

物件의 價額은 商品去來所 市勢 혹은 그와 같은 市勢가 없는 경우에는 그때의 市場價格에 따라서 결정되고 또는 商品去來所 市勢도 없는 경우에는 同種과 同品質의 物件에 通常 價格을 참작하여 결정한다.

(c) 콘테이너, 짐깔개(pallet) 또는 이에 유사한 運送用具가 物件의 統合을 위하여 사용되는 경우에 그와 같은 運送用具에 包裝되었다고 船荷證券에 記載된 包裝 또는 單位

의 個數는 이들 包裝 또는 單位에 관한 한, 이 항의 해석상 包裝 또는 單位의 個數로 본다. 이와 같은 경우를 除外하고는 그러한 運送用具를 包裝 또는 單位로 본다.

(d) 프랑이란 순도 1,000분의 900의 금 65.5 밀리그램으로 된 單位를 말한다. 總額을 國內通貨로 환산하는 본안이 계속된 法廷地의 법에 따라 규제된다.

(e) 損害가 損害를 발생시킬 의도로 행하여지거나 무모하게, 또한 損害가 發生할 것임을 알면서 행한 運送人의 作爲 또는 不作爲에 의하여 발생한 사실이 立證되었을 때에는 運送人 또는 船舶은 本項에 규정하는 責任制限의 利益을 主張하지 못한다.

(f) 本項 (a)호에 規定하는 신고는 船荷證券 중에 記載되어 있을 때에는 推定的 證據로 되나 運送人에게 구속력을 가지거나 또는 결정적인 것이 되는 것은 아니다.

(g) 運送人, 船長 또는 運送人의 代理人과 送荷人 사이의 합의에 의하여 (a)호에 규정하는 金額 외의 最高限度額을 정할 수 있다. 다만 그와 같이 정한 最高限度額은 同條에 規定되어 있는 最高限度額보다 적은 것이어서는 아니 된다.

(h) 送荷人이 故意로 貨物의 性質이나 價格을 船荷證券에 잘못 記載한 경우에는 그 貨物과 관련된 滅失 또는 毀損에 대해 運送人이나 船舶은 어떠한 경우에도 責任이 없다.

Article Ⅲ

Between Articles 4 and 5 of the Convention shall be inserted the following Article 4 bis:

"1. The defences and limits of liability provided for in this Convention shall apply in any action against the carrier in respect of loss or damage to goods covered by a contract of carriage whether the action be founded in contract or in tort.

2. if such an action is brought against a servant or agent of the carrier (such servant or agent not being an independent contractor),

such servant or agent shall be entitled to avail himself of the defences and limits of liability which the carrier is entitled to

invoke under this Convention.

3. The aggregate of the amounts recoverable from the carrier, and such servants and agents, shall in no case exceed the limit provided for in this Convention.

4. Nevertheless, a servant or agent of the carrier shall not be entitled to avail himself of the provisions of this Article, if it is proved that the damage resulted from an act or omission of the servant or agent done with intent to cause damage or recklessly and with knowledge that damage would probably result."

第3條

條約 第4條와 第5條 사이에 다음과 같은 第4條의 2가 삽입된다.

1. 이 條約에 規定되어 있는 抗辯事由 및 責任制限은 그 訴訟이 契約에 근거하건 不法行爲에 근거하건 불문하고 運送契約에 포함되는 物件의 滅失 또는 毀損에 관한 運送人에 대한 일체의 訴訟에 適用된다.

2. 그와 같은 訴訟이 運送人의 使用人 또는 代理人(그와 같은 使用人 또는 代理人은 獨立된 契約者가 아닐 것)에 대해서 提起되었을 경우에는 그와 같은 使用人 또는 代理人은 運送人이 이 條約에 근거하여 主張할 수 있는 抗辯事由 및 責任制限을 援用할 權利가 있다.

3. 運送人 및 그의 使用人 또는 代理人으로부터 賠償받을 수 있는 金額의 總額은 어떠한 경우에도 이 條約에서 정한 限度를 초과할 수 없다.

4. 다만 損害가 損害를 발생시킬 意圖로서 행하여지거나 무모하게 그리고 損害가 발생할 것이라는 것을 알면서 행한 使用人, 代理人의 作爲 또는 不作爲로 인하여 발생한 것이 立證되었을 때에는 運送人의 그 使用人 또는 代理人은 本條의 規定을 援用하지 못한다.

Article Ⅳ

Article 9 of the Convention shall be replaced by the following:

"This Convention shall not affect the provisions

of any international Convention or national law governing liability for nuclear damage."

第4條

條約 第9條는 削除되고 다음에 의하여 代置된다.

이 條約은 原子力損害에 대한 責任을 규제하는 일체의 國際 또는 國內法의 規定에 영향을 미치지 아니한다.

Article V

Article 10 of the Convention shall be replaced by the following:

"The provisions of the Convention shall apply to every Bill of Lading relating to the carriage of goods between ports in two different States if:

(a) the Bill of Lading is issued in a contracting State, or

(b) the carriage is from a port in a contracting State, or

(c) the Contract contained in or evidenced by the Bill of Lading

provides that the rules of this Convention or legislation of

any State giving effect to them are to govern the contract

whatever may be the nationality of the ship, the carrier, the shipper, the consignee, or any other interested person.

Each contracting State shall apply the provisions of this Convention to the Bills of Lading mentioned above.

This Article shall not prevent a Contracting State from applying the Rules of this Convention to Bills of Lading not included in the preceding paragraphs."

第5條

條約 第10條는 削除되고 다음에 의하여 代置된다.

이 條約의 規定은 船舶, 運送人, 送荷人, 受荷人, 그 밖의 利害關係人의 國籍여하를 불문하고 다음과 같은 경우의 상이한 이국에 있는 항간의 物件運送에 관한 모든 船荷證券에 適用한다.

(a) 船荷證券이 締約國에서 發行되었을 때

(b) 運送이 締約國의 港으로부터의 것일 때

(c) 船荷證券 중의 契約 또는 船荷證券에 證明되는 契約이 이 條約의 規則 또는 條約의 規則에 效力을 주고 있는 國內立法이 適用될 것을 規定하고 있을 때 각 締約國은 上記의 船荷證券에 本 條約의 規定을 適用하여야 한다.

本條는 締約國이 第2항에 포함되지 않는 船荷證券에 대하여 本 條約의 原則을 適用하는 것을 방해하지 않는다.

Article VI

As between the Parties to this Protocol the Convention and the Protocol shall be read and interpreted together as one single instrument. A Party to this Protocol shall have no duty to apply the provisions of this Protocol to Bills of Lading issued in a State which is a Party to the Convention but which is not a party to this Protocol

第6條

이 議定書의 當事者 間에 있어서는 條約과 議定書는 單一文書로서 일체로서 읽고 해석되는 것으로 한다.

이 議定書의 當事國은 條約의 當事國이나 議定書의 當事國이 아닌 나라 사이에서 發行된 船荷證券에 대해 이 議定書의 規定을 適用할 義務가 없다.

Article VII

As between the Parties to this Protocol, denunciation by any of them of the Convention in accordance with article 15 thereof, shall not be construed in any way as a denunciation of the Convention as amended by this Protocol.

第7條

이 議定書의 當事者 間에 있어서는 그들 當事國 중의 一國에 의한 條約 第15條에 따르는 條約의 廢棄가, 어떠한 형태로라도 이 議定書에 의하여 改正된 條約의 廢棄로 해석되어서는 아니 된다.

Article VIII

Any dispute between two or more contracting parties concerning the interpretation or application of the Convention which cannot be settled through negotiation, shall, at the request of one of them, be submitted to arbitration. If within six months from the date of the request for arbitration the Parties are unable to agree on the organization of the arbitration, any one of those Parties may refer the dispute to the International Court of Justice by request in conformity with the Statute of the Court.

第8條

協議에 의하여 해결되지 아니하는 條約의 해석 또는 適用에 관한 둘 이상의 當事國 間의 紛爭은 그들의 請求에 의하여 仲裁에 回附하는 것으로 한다. 仲裁請求일로부터 6개월 MR 當事國이 仲裁組織에 대해서 合意할 수 없을 때에는 어느 當事國도 國際司法裁判所에 그 法廷節次에 따라 紛爭을 回附할 수 있다.

Article IX

1. Each contracting party may at the time of signature or ratification of this Protocol or accession thereto, declare that is does not consider itself bound by Article VII of this Protocol. The other contracting parties shall not be bound by this Article with respect to any contracting party having made such a reservation.
2. Any contracting party having made a reservation in accordance with paragraph 1 may at any time withdraw this reservation by notification to the Belgian Government.

第9條

1. 각 當事國은 議定書의 署名 혹은 批准할 때 또는 議定書에 加入할 때 자국은 이 議定書 第8條에 의하여 구속되지 않는다는 趣旨를 宣言할 수 있다. 다른 當事國은 그와 같은 留保를 한 當事國과의 關係에 있어서는 同條에 의하여 구속을 받지 않는 것으로 한다.

2. 제1항에 따라 留保를 한 當事國은 언제나 벨기에국 政府에 대하여 通告함으로써 그 留保를 撤回할 수 있다.

Article X

This Protocol shall be open for signature by the States which have ratified the Convention or which have adhered thereto before February 23, 1968, and by any State represented at the twelfth session(1967 - 1968) of the Diplomatic Conference on Maritime Law.

第10條

이 議定書는 1968년 2월 23일 이전에 條約을 批准한 나라 또는 條約에 加入한 나라 및 第12回 海事法外交會議(1967 - 1968)에 代表가 參加한 모든 나라에 의한 署名을 위하여 開放된다.

Article XI

1. This Protocol shall be ratified.
2. Ratification of this Protocol by any state which is not a Party to the Convention shall have the effect of accession to the Convention.
3. The instruments of ratification shall be deposited with the Belgian Government.

第11條

1. 이 議定書는 批准되는 것으로 한다.
2. 條約의 當事國 外의 나라에 의한 이 議定書의 批准은 條約에의 加入으로서의 效力이 있다.
3. 批准書는 벨기에政府에 寄託되어야 한다.

Article XII

1. States, Members of the United Nations or Members of the specialized agencies of the United Nations, not represented at the twelfth session of the Diplomatic Conference on Maritime Law, may accede to this Protocol.
2. Accession to this Protocol shall have the effect of accession to the Convention.
3. The instruments of accession shall be deposited with the Belgian Government.

第12條

1. 第12회 海事法外交會議에 代表가 참가하지 아니한 國際聯合의 加盟國 또는 國際聯合 專門機關의 加盟國은 이 議定書에 加入할 수 있다.

2. 이 議定書에의 加入은 條約에 加入으로서 效力이 있다.

3. 加入書는 벨기에국 政府에 寄託되어야 한다.

Article XIII

1. This Protocol shall come into force three months after the date of the deposit of ten instruments of ratification or accession, of which at least five shall have been deposited by States that have each a tonnage equal or superior to one million gross tons of tonnage.

2. For each State which ratifies this Protocol or accedes thereto after the date of deposit of the instrument of ratification or accession determining the coming into force such as is stipulated in

1 of this Article, this Protocol shall come into force three months after the deposit of its instrument of ratification or accession.

第13條

1. 이 議定書는 총톤수 백만 톤 이상의 船腹을 보유하는 최소 5개국의 寄託을 포함한, 10개국에 의한 批准書 또는 加入書의 寄託이 있은 날로부터 3개월 후에 效力이 발생한다.

2. 本條 第1항에 規定하는 것과 같이 效力을 확정하는 批准書 또는 加入書의 寄託일 후에 있어서 이 議定書를 批准하고 또는 그것에 加入하는 각국에 대해서는 이 議定書는 그 나라에 의한 批准書 또는 加入書 寄託일의 3개월 후에 效力이 발생하는 것으로 한다.

Article XIV

1. Any contracting state may denounce this Protocol by notification to the Belgian Government.

2. This denunciation shall have the effect of denunciation of the Convention.

3. The denunciation shall take effect one year after the date on which the notification has been received by the Belgian Government.

第14條

1. 각 當事國은 벨기에국 政府에 대하여 通告함으로써 이 議定書를 廢棄할 수 있다.

2. 이 廢棄는 條約의 廢棄의 效力이 있다.

3. 이 廢棄通告는 벨기에국 政府에 의하여 受領된 날로부터 1년 후에 效力을 발생한다.

Article XV

1. Any contracting state may at the time of signature, ratification or accession, or at any time thereafter declare by written notification to the Belgian Government which among the territories under its sovereignty or for whose international relations it is responsible, are those to which the present Protocol applies.

The Protocol shall three months after the date of the receipt of such notification by the Belgian Government extend to the territories named therein, but not before the date of the coming into force of the Protocol in respect of such State.

2. This extension also shall apply to the Convention if the latter is not yet applicable to those territories.

3. Any contracting state which has made a declaration under 1 of this Article may at any time thereafter declare by notification given to the Belgian Government that the Protocol shall cease to extend to such territory. This denunciation shall take effect one year after the date on which notification thereof has been received by the Belgian Government; it also shall apply to the Convention.

第15條

1. 각 當事國은 이 條約(議定書)에의 署名, 批准 혹은 加入할 때에 또는 그 후의 어느 때라도 벨기에국 政府에 대한 書面의 通告

로서 그 主權하에 있는 領土 간에 대하여,
혹은 自國이 國際關係에 대해서 責任을 지
는 特定국을 위하여 이 議定書를 通告할
것을 宣言할 수 있다.
議定書는 벨기에국 政府에 의한 이와 같은
通告의 受領日 3개월 후에 그곳에 표시된
領土에 대하여 適用가능하게 된다. 다만 그
나라에 대해서 議定書가 效力을 발생하는
날 이전에는 效力을 발생하지 아니한다.
2. 이 확장은 條約이 아직 이들 領土에 適
用될 수 없는 때에는 條約에 관하여서도 適
用한다.
3. 本條 第1항에 근거한 宣言을 한 當事國
은 그 후 어느 때라도 벨기에국 政府에 대
한 通告에 의하여 議定書가 그 領土에 확
장되는 것을 종료시킨다는 趣旨를 宣言할
수 있다. 이 廢棄는 그 趣旨의 通告가 벨기
에국 政府에 의하여 受領된 날로부터 1년
후에 效力을 발생한다. 이것은 條約에 관하
여도 適用된다.

Article XVI

This Contracting Parties may give effect to
this Protocol either by giving it the force of
law by including in their national legislation
in a form appropriate to that legislation the
rules adopted under this Protocol.

第16條

當事國은 이 議定書에 법으로서의 效力을
부여함으로써 또는 이 議定書에 採擇된 規
則을 적절한 형식으로서 국내 입법 중에 채
용함으로써 이 議定書에 效力을 부여할 수
있다.

Article XVII

The Belgian Government shall notify the States
represented at the twelfth session(1967 – 1968)
of the Diplomatic Conference on Maritime Law,
the acceding States to this Protocol, and the
States Parties to the Convention, of the
following:

1. The signatures, ratifications and accessions
received in accordance with Articles X, XI
and XII.
2. The date on which the present Protocol
will come into force in accordance with
Article XIII.
3. The notifications with regard to the
territorial application in accordance with
Article XV.
4. The denunciations received in accordance
with Article XIV.
In witness whereof the undersigned
Plenipotentiaries, duly authorized, have signed
this Protocol.
Done at Brussels, this 23rd day of February
1968, in the French and English languages,
both texts being equally authentic, in a
single copy, which shall remain deposited in
the archives of the Belgian Government,
which shall issue certified copies.

第17條

벨기에국 政府는 第12回 海事法外交會議
(1967 – 1968)에 代表를 참가시킨 나라, 이 議
定書에 加入한 나라 및 條約의 當事國에 대하
여 다음과 같은 事項을 通告하여야 한다.
1. 第10條, 第11條 및 第12條에 따라 受領
한 署名, 批准 및 加入
2. 이 議定書가 第13條에 따라서 效力이
발생하게 될 날
3. 第15條에 따른 領土에의 適用에 관한
通告
4. 第14條에 다라서 受領한 廢棄通告
이상의 證據로서 정당하게 授權받은 다음
記載의 全權代表는 이 議定書에 署名함.
1968년 2월 23일, 부뤼셀에 있어서 兩 原文
이 동일한 正式의 佛文 및 英文으로 作成
되었고 保證謄本이 發行될 수 있도록 單一
文書를 벨기에국 政府의 記錄保管所에 寄
託保管된다.

RATIFICATION

Belgium	September 6, 1978
Denmark	November 20, 1975
Egypt Arab Republic	January 31, 1983
Finland	December 1, 1984
France	March 10, 1977
Great Britain	October 1, 1976
Italy	August 22, 1985
Netherlands	April 26, 1982
Norway	March 19, 1974
Poland	February 12, 1980
Sweden	December 9, 1974
Switzerland	December 11, 1975

ACCESSION

Bermuda	November 1, 1980
Ecuador	March 23, 1977
German Dem. Rep.	February 14, 1979
Gibraltar	September 22, 1977
Hong Kong	November 1, 1980
Isle of Man	October 1, 1976
Lebanon	July 19, 1975
Singapore	April 25, 1972
Sri Lanka	October 21, 1981
Syrian Arab Republic	August 1, 1974
Tonga	June 13, 1978
Aruba	1986

III. 함부르크規則

○ 제정 경과
- 1970년대 후반, 국제사회에서 개발도상국들의 발언권이 강화되기 시작하면서 세계해법회(CMI) 등 전통적인 국제 해사관련 기구들이 자신들의 이익을 충분히 보호해주지 못한다는 목소리가 생겨나고, 특히 기존 해상법체계는 선진해운국에 의하여 주도되어 선박소유자 및 운송인에게 부당한 특혜를 부여한다는 비판이 제기됨.
- 이에 개발도상국들이 다수 참여하고 있는 유엔에서는 '유엔무역개발위원회(UNCTAD) 및 유엔국제거래법위원회(UNCITRAL)'를 중심으로 해상운송에 관한 모든 국제조약을 재검토하기 위한 '상설해운위원회(Permanent Committee on Shipping)'을 설립하고, 해상운송인의 책임에 관하여 종래의 헤이그-비스비규칙을 대체하기 위한 1978년 함부르크규칙을 제정하여, 1992년 11월에 발효됨
- 비준국가로는 칠레·이집트·기니·헝가리·케냐, 서인도제도의 바베이도스 등 다수의 개발도상국이 참여

○ 주요 내용
- 헤이그-비스비규칙이 운송인과 화주간에 복잡한 위험배분방식을 취하고 있는 것에 반하여 주로 운송인에게 보다 무거운 책임을 부과하는 규정이 특징
- 예컨대, 운송인에게 운송물의 멸실 또는 훼손에 대한 책임이 있는 것으로 추정한 다음 운송인의 반증에 의하여 이 같은 추정을 번복할 수 있도록 함. 또한 감항능력주의의무를 명문화하지 않고 있는데 이는 운송인에게 발항당시 뿐만 아니라 항해 중에도 이 의무를 부담시키려는 취지임
- 주요 해운국들은 아직 동 규칙을 수용하지 않고 있음

United Nations Convention on the Carriage of Goods by Sea, 1978.

1978년 國際聯合海上物件運送條約(Hamburg Rules)

preamble

THE STATES PARTIES TO THIS CONVENTION,

HAVING RECOGNIZED the desirability of determining by agreement certain rules relating to the carriage of goods by sea,

HAVE DECIDED to conclude a Convention for this purpose and have there to agreed as follows:

前文

이 協約에 관한 宣言

海上物件運送에 관한 어떤 規則을 協議에 의해 決定하는 것이 바람직하다는 데 이해를 같이하고 이러한 目的을 위하여 이 協約을 締結키로 決定하고 다음과 같이 同意하였다.

Part 1. General provisions

第1장 總則

Article 1. Definitions

In this Convention:

1. "Carrier" means any person by whom or in whose name a contract of carriage of goods by sea has been concluded with a shipper.

2. "Actual carrier" means any person to whom the performance of the carriage of the goods, or of part of the carriage, has been entrusted by the carrier, and includes any other person to whom such performance has been entrusted.

3. "Shipper" manes any person by whom or in whose name or on whose behalf a contract of carriage of goods by sea has been concluded with a carrier, or any person by whom or in whose name or whose behalf the goods are actually delivered to the carrier in relation to the contract of carriage by sea.

4. "Consignee" means the person entitled to take delivery of the goods.

5. "Goods" includes live animals; where the goods are consolidated in a container, pallet or similar article of transport or where they are packed, "goods" includes such article of transport or packaging if supplied by the shipper.

6. "Contract of carriage by sea" means any contract whereby the carrier undertakes against payment of freight to carry goods by sea from one port to another; however a contract which involves carriage by sea and also carriage by some other means is deemed to be a contract of carriage by sea for the purposes of this Convention only in so far as it relates to the carriage by sea.

7. "Bill of lading" means a document which evidences a contract of carriage by sea and the taking over or loading of the goods by the carrier and by which the carrier undertakes to deliver the goods against surrender of the document. A provision in the document that the goods are to be delivered to the order of a named person, or to order, or to bearer, constitutes such an undertaking.

8. "Writing" includes, inter alia telegram and telex.

第1條 定義

이 協約에서

1. 運送人이라 함은 스스로 또는 自己名義
로 送荷人과 海上物件運送契約을 締結한
자를 말한다.

2. 實際運送人이라 함은 運送人으로부터
物件運送의 全部 또는 一部의 이행을 위탁
받은 자를 말하며 그러한 이행의 위탁을 받
은 그 밖의 자를 포함한다.

3. 送荷人이라 함은 스스로 또는 自己名義
로 또는 代理人에 의하여 運送人과 海上物
件運送契約을 締結한 者 및 스스로 또는
自己名義로 또는 代理人에 의하여 海上物
件運送契約과 관련하여 物件을 運送人에게
실제로 引渡하는 者를 말한다.

4. 受荷人이라 함은 物件을 引渡받을 權利
를 가지는 者를 말한다.

5. 物件이라 함은 生動物을 포함한다. 物件
이 콘테이너, 짐깔개 또는 이와 비슷한 運
送用具에 統合되어 있는 경우 또는 物件이
包裝되어 있는 경우, 그러한 運送用具 또는
包裝이 送荷人으로부터 供給된 것인 때에
는 物件은 그 運送用具 또는 包裝을 포함
한다.

6. 海上運送契約이라 함은 運送人이 運賃
의 支給에 대한 對價로 어느 항에서 다른
항으로 物件을 海上으로 運送할 것을 引受
하는 契約을 말한다. 그러나 海上運送과 함
께 약간의 다른 手段에 의한 運送도 包含
하는 契約은 오로지 海上運送과 관련된 範
圍 內에서만 이 協約을 위한 海上運送契約
으로 본다.

7. 船荷證券이라 함은 海上運送契約 및 運
送人에 의한 物件의 受領 또는 船積을 證
明하는 證券으로서 運送人이 그 證券과 相
換으로 物件을 引渡할 것을 約定하는 證券
을 말한다. 物件을 지명된 자의 指示人 또
는 所持人에게 引渡하여야 한다는 뜻의 證
券상의 規定은 그러한 約定에 해당한다.

8. 文書라 함은 특히 電報 및 텔렉스를 포
함한다.

Article 2. Scope of Application

1. The provisions of this Convention are
applicable to all contracts of carriage by sea
between two different States, if:

(a) the port of loading as provided for in the
contract of carriage by sea is located in
Contracting States, or

(b) the port of discharge as provided for in
the contract of carriage by sea is located in
a Contracting State, or

(c) one of the optional ports of discharge
provided for in the contract of carriage by
sea is the actual port of discharge and such
port is located in a Contracting State, or

(d) the bill of lading or other document
evidencing the contract of carriage by sea is
issued in a Contracting State, or

(e) the bill of lading or other document
evidencing the contract of carriage by sea
provides that the provisions of this
Convention or the legislation of any State
giving effect to them are to govern the
contract.

2. The provisions of this Convention are
applicable without regard to the nationality
of the ship, the carrier, the actual carrier,
the shipper, the consignee or any other
interested person.

3. The provisions of this Convention are not
applicable to charter－parties. However, where
a bill of lading is issued pursuant to a charter
－party, the provisions of the Convention
apply to such a bill of lading if it governs the
relation between the carrier and the holder of
the bill of lading, not being the charterer.

4. if a contract provides for future carriage
of goods in a series of shipments during an
agreed period, the provisions of this
Convention apply to each shipment.
However, where a shipment is made under a
charterparty, the provisions of paragraph 3 of
this article apply.

第2條 適用範圍

1. 이 協約의 規定은 다음 경우의 2國 間
의 모든 海上運送契約에 適用한다.

(a) 海上運送契約에서 정한 船積港이 締約
國에 있는 때

(b) 海上運送契約에서 정한 揚荷港이 締約
國에 있는 때
(c) 海上運送契約에서 정한 선택적 揚荷港
의 하나가 실제의 揚荷港이고 또 그 港이
締約國에 있는 때
(d) 船荷證券 그 밖의 海上運送契約을 證
明하는 證券이 締約國에서 發行된 때
(e) 船荷證券 그 밖의 海上運送契約을 證
明하는 證券이 이 協約의 規定 또는 이 協
約의 規定을 실시하고 있는 國家의 法을
當該 海上運送契約에 適用한다는 뜻을 規
定하고 있는 때
2. 이 協約의 規定은 船舶, 運送人, 實際運
送人, 送荷人, 受荷人 그 밖의 모든 利害
關係人의 國籍如何를 묻지 아니하고 適用
된다.
3. 이 協約의 規定은 傭船契約에는 適用하
지 아니한다. 그러나 船荷證券이 傭船契約
에 따라서 發行된 경우에는 이 協約의 規
定은 船荷證券이 運送人과 傭船者 외의
船荷證券 所持人과의 關係를 規律하는 때
에 適用된다.
4. 約定期間 중의 일련의 장래의 物件運送
에 관하여 정하는 契約이 있는 때에는 이
協約의 規定은 각 船積마다 適用된다. 그
러나 船積이 傭船契約 아래 이루어지는 경
우에는 本條 第3항의 規定을 適用한다.

Article 3. Interpretation of the Convention
In the interpretation and application of the
provisions of this convention regard shall be
had to its international character and to the
need to promote uniformity.

第3條 條約의 解釋
이 協約의 規定의 解釋 및 適用에 있어서
는 이 協約의 國際的 性格 및 統一을 촉진
할 必要性에 유의하여야 한다.

Part 2. Liability of the Carrier

Article 4. Period of Responsibility
1. The responsibility of the carrier for the
goods under this Convention covers the
period during which the carrier is in charge
of the goods at the port of loading, during
the carriage and at the port of discharge.
2. For the purpose of paragraph 1 of this
article, the carrier is deemed to be in charge
of the goods
(a) from the time be has taken over the
goods from:
(i) the shipper, or a person acting on his
behalf; or
(ii) an authority or other third party to
whom, pursuant to law or regulations
applicable at the port of loading, the goods
must be handed over for shipment;
(b) until the time he has delivered the goods:
(i) by handing over the goods to the
consignee; or
(ii) in cases where the consignee does not
receive the goods from the carrier, by
placing them at the disposal of the consignee
in accordance with the contract or with the
law or with the usage of the particular
trade, applicable at the port of discharge; or
(iii) by handing over the goods to an
authority or other third party to whom,
pursuant to law or regulations applicable at
the port of discharge, the goods must be
handed over.
3. In paragraphs 1 and 2 of this article,
reference to the carrier or to the consignee
means, in addition to the carrier or the
consignee, the servants or agents, respectively of
the carrier to consignee.

第2장 運送人의 責任

第4條 責任期間
1. 이 協約에 의한 物件에 관한 運送人의
責任은 物件이 船積港에서, 運送 중 및 揚
荷港에서 運送人의 管理하에 있는 期間에
미친다.
2. 本條 第1항에 관하여, 아래의 期間은 物件
이 運送人의 管理 아래 있는 것으로 본다.
(a) 運送人이 物件을 (i) 送荷人 또는 送荷人
에 갈음하여 行爲를 하는 자 또는 (ii) 船積港

에서 適用되는 法令이나 規定에 따라서 船積을 위하여 物件을 受領하여야 할 當局, 그 밖에 第3자로부터 受領한 때로부터
(b) 運送人이 物件을 (i) 受荷人에게 교부함으로써, (ii) 受荷人이 運送人으로부터 物件을 受領하지 아니하는 경우에는 契約 또는 法律이나 당해 거래의 慣習에 따라서 物件을 受荷人의 처분에 맡김으로써 또는 (iii) 揚陸港에서 適用되는 법이나 規定에 따라서 物件을 교부하여야 할 當局, 그 밖에 第3자에게 物件을 교부함으로써 引渡할 때까지.
3. 本條 第1항 및 第2항에서 말하는 運送人 또는 受荷人에는 運送人 또는 受荷人의 使用人 또는 代理人을 포함한다.

Article 5. Basis of Liability

1. The carrier is liable for loss resulting from loss of or damage to the goods, as well as from delay in delivery, if the occurrence which caused the loss, damage or delay took place while the goods were in his charge as defined in article 4, unless the carrier proves that he, his servants or agents took all measures that could reasonably be required to avoid the occurrence and it consequences.

2. Delay in delivery occurs when the goods have not been delivered at the port of discharge provided for in the contract of carriage by sea within the time expressly agreed upon or, in the absence of such agreement, within the time which it would be reasonable to require of a diligent carrier, having regard to the circumstances of the case.

3. The person entitled to make a claim for the loss of goods may treat the goods as lost if they have not been delivered as required by article 4 within 60 consecutive days following the expiry of the time for delivery according to paragraph 2 of this article.

4. (a) The carrier is liable
(i) for loss of or damage to the goods or delay in delivery caused by fire, if the claimant proves that the fire arose from fault or neglect on the part of the carrier, his servants or agents;
(ii) for such loss, damage or delay in delivery which is proved by the claimant to have resulted from the faulty or neglect of the carrier,his servants or agents, in talking all measures that could reasonably be required to put out the fire and avoid or mitigate its consequences.
(b) In case of fire on board the ship affecting the goods, if the claimant or the carrier so desires, a survey in accordance with shipping practices must be held into the cause and circumstances of the fire, and a copy of the surveyor's report shall be made available on demand to the carrier and the claimant.

5. With respect to live animals, the carrier is not liable for loss, damage or delay in delivery resulting from any special risks inherent in that kind of carriage. If the carrier proves that he has complied with any special instructions given to him by the shipper respecting the animals and that, in the circumstances of the case, the loss, damage or delay in delivery could be attributed to such risks, it is presumed that the loss, damage or delay in delivery was so caused, unless there is proof that all or a part of the loss, damage or delay in delivery resulted from fault or neglect on the part of the carrier.
his servants or agents.

6. The carrier is not liable, except in general average, where loss, damage or delay in delivery resulted from measures to save life or from reasonable measures to save property at sea.

7. Where faulty or neglect on the part of the carrier, his servants or agents combines with another cause to produce loss, damage or delay in delivery the carrier is liable only to the extent that the loss, damage or delay in delivery is attributable to such fault or

neglect, provided that the carrier proves the amount of the loss, damage or delay in delivery not attributable thereto.

第5條 責任의 原則

1. 運送人은 運送人, 그 使用人 및 代理人이 事故 및 그 결과를 배제하기 위하여 합리적으로 요구되는 모든 措置를 취하였다는 것을 證明하지 못하면 物件의 滅失, 毁損 또는 引渡遲延의 原因으로 된 事故가 第4條에 정의된 運送人의 管理 아래 있는 동안에 일어난 때에는 그 滅失 또는 毁損 또는 引渡遲延으로 생긴 손실에 대하여 責任을 진다.

2. 引渡遲延이라 함은 物件이 海上運送契約에서 정하여진 揚荷港에서 명시적으로 合意된 期間 내에, 그러한 合意가 없는 경우에는 당해 사안의 정황을 고려하여 성실한 運送人에게 요구되는 합리적인 期間 내에 引渡되지 아니한 것을 말한다.

3. 物件이 本條 第2항에 의한 引渡期間을 경과한 후 60일 이내에 第4條에 의하여 요구되는 대로 引渡되지 아니한 때에는 物件의 滅失에 대하여 賠償請求를 할 수 있는 자는 物件을 滅失한 것으로 취급할 수 있다.

4. (a) 運送人은, (ⅰ)火災가 運送人, 그 使用人 또는 代理人 측의 過失 또는 不注意로 인하여 일어났다는 것을 請求權者가 證明한 때에는 그 火災로 인하여 생긴 物件의 滅失이나 毁損 또는 引渡遲延에 대하여, 그리고 (ⅱ) 진화하고 火災의 결과를 방지하거나 경감시키기 위하여 합리적으로 요구되는 모든 措置를 취함에 있어서 運送人 또는 그 使用人이나 代理人의 過失 또는 不注意로 인하여 생긴 것이라고 請求權者가 證明한 物件의 滅失, 毁損 또는 引渡遲延에 대하여 責任을 진다.

(b) 物件에 영향을 미치는 船舶상의 火災의 경우, 請求權者 또는 運送人이 희망하는 때에는 火災의 原因과 상황을 밝히기 위하여 海運慣習에 따라서 檢査를 실시하여야 하며 運送人과 請求權者 의 請求가 있는 때에는 그 檢査의 보고서의 사본을 이용할 수 있도록 하여야 한다.

5. 生動物에 관하여는, 運送人은 그러한 種類의 運送에 고유한 특별한 危險으로 인하여 생긴 滅失, 毁損 또는 引渡遲延에 대하여 責任을 지지 아니한다. 運送人이 生動物에 관하여 送荷人으로부터 받은 특별한 지시에 따랐다는 것, 및 당해 사안의 정황에서 그 滅失, 毁損 또는 引渡遲延을 그러한 危險의 탓으로 돌릴 수 있다는 것을 證明한 때에는 그 滅失, 毁損 또는 引渡遲延의 全部 또는 一部가 運送人 또는 그 使用人이나 代理人 측의 過失 또는 不注意로 인하여 생긴 것이라는 證據가 없는 한 그 滅失, 毁損 또는 引渡遲延은 그러한 危險으로 인하여 생긴 것으로 推定한다.

6. 運送人은 共同毁損의 경우를 除外하고 海上에서 人命救助를 위한 措置 또는 海上에서 財物의 救助를 위한 합리적인 措置로 인하여 생긴 滅失, 毁損 또는 引渡遲延에 대해 責任을 지지 않는다.

7. 運送人 또는 그 使用人이나 代理人 측의 過失 또는 不注意가 다른 原因과 경합하여 滅失, 毁損 또는 引渡遲延을 일으킨 경우에는 運送人은 그러한 過失 또는 不注意 탓으로 돌릴 수 있는 滅失, 毁損 또는 引渡遲延의 範圍 내에서만 責任을 진다. 이 경우 運送人은 그러한 過失 또는 不注意 탓으로 돌릴 수 없는 滅失, 毁損 또는 引渡遲延의 損害額을 證明하여야 한다.

Article 6. Limits of Liability

1. (a) The liability of the carrier for loss resulting from loss of or damage to goods according to the provisions of article 5 is limited to an amount equivalent to 835 units of account per package or other shipping unit or 2.5 units of account per kilogramme of gross weight of the goods lost or damaged, whichever is the higher.

(b) The liability of the carrier for delay in delivery according to the provisions of article 5 is limited to an amount equivalent to two and a half times the freight payable for the goods delayed, but not exceeding the total freight payable under the contract of carriage of goods by sea.

(c) In no case shall the aggregate liability of

the carrier, under both subparagraphs (a) and (b) of this paragraph, exceed the limitation which would be established under subparagraph (a) of this paragraph for total loss of the goods with respect to which such liability was incurred.

2. For the purpose of calculating which amount is the higher in accordance with paragraph 1 (a) of this article, the following rules apply;

(a) Where a container, pallet or similar article of transport is used to consolidate goods, the package or other shipping units enumerated in the bill of lading, if issued, or otherwise in any other document evidencing the contract of carriage by sea, as packed in such article of transport are deemed packages or shipping units. Except as aforesaid the goods in such article of transport are deemed one shipping unit.

(b) in cases where the article of transport itself has been lost or damaged, the article of transport, if not owned or otherwise supplied by the carrier, is considered one separate shipping unit.

3. Unit of account means the unit of account mentioned in article 26

4. By agreement between the carrier and the shipper, limits of liability exceeding those provided for in paragraph 1 may be fixed.

第6條 責任의 限度

1. (a) 第5條의 規定에 의한 物件의 減失 또는 毁損으로 인하여 생긴 損失에 대한 運送人의 責任은 1 包裝 또는 1 船積單位 에 대한 835 計算單位 또는 減失 또는 毁損된 物件의 總重量 1킬로그램에 대한 2.5 計算單位에 상당하는 金額 中 높은 金額으로 制限된다.

(b) 第5條의 規定에 의한 引渡遲延에 대한 運送人의 責任은 遲延된 物件에 관하여 支給되는 運賃의 2배반에 상당하는 金額으로 制限된다. 그러나 이는 海上物件運送契約에 의하여 支給되는 運賃額을 초과하지 아니한다.

(c) 어떠한 경우에도 本項 (a) 및 (b)에 의한 運送人의 責任의 總額은 物件의 全部減失에 대한 責任이 생긴 경우 그 全部減失에 대하여 本項(a)에 의하여 확정되는 限度額을 초과하지 못한다.

2. 第1항(a)에 의한 金額의 算定을 위하여 다음 原則을 適用한다.

(a) 콘테이너, 펠리트 그 밖에 이와 비슷한 運送用具가 物件을 통합하기 위하여 사용되는 경우 이러한 運送用具에 包裝된 것으로 船荷證券 그 밖에 海上運送契約을 證明하는 證券이 발행된 때에는 그 證券에 표시되어 있는 包裝 또는 船積單位를 包裝 또는 船積單位로 본다. 이 경우를 除外하고 이러한 運送用具 內의 物件을 하나의 船積單位로 본다.

(b) 運送用具 自體가 減失 또는 毁損된 경우 그 運送用具를 運送人이 所有하거나 供給한 것이 아닌 때에는 이를 하나의 別個의 船積單位로 본다.

3. 計算單位란 第26條에서 말하는 計算單位를 말한다.

4. 運送人과 送荷人 間의 合意에 의하여 第1항에 規定된 責任의 限度를 초과하는 限度를 정할 수 있다.

Article 7. Application to Non – contractual Claims

1. The defences and limits of liability provided for in this Convention apply in any action against the carrier in respect of loss or damage to the goods covered by the contract of carriage by sea, as well as of delay in delivery whether the action is founded in contract, in tort or otherwise.

2. If such an action is brought against a servant or agent of the carrier, such servant or agent, if he proves that he acted within the scope of his employment, is entitled to avail himself of the defences and limits of liability which the carrier is entitled to invoke under this Convention.

3. Except as provided in article 8, the aggregate of the amounts recoverable from the carrier and from any persons referred to

in paragraph 2 of this article shall not exceed the limits of lability provided for in this Convention.

第7條 非契約的 請求에 대한 適用

1. 이 協約에서 정하는 責任에 관한 抗辯 및 限度는 訴訟이 契約에 의거한 것이든 不法行爲, 기타에 의거한 것이든 묻지 아니하고 海上運送契約이 適用되는 物件의 減失 또는 毀損 또는 引渡遲延에 관한 運送人에 대한 모든 訴訟에 適用된다.

2. 이러한 訴訟이 運送人의 使用人 또는 代理人에 대하여 제기된 경우에, 그러한 使用人이나 代理人이 그 職務의 範圍 內에서 行爲를 하였다는 것을 證明한 때에는, 그 使用人 또는 代理人은 이 協約 아래서 運送人이 援用할 수 있는 責任에 관한 抗辯 및 限度를 이용할 權利가 있다.

3. 第8條에 規定된 경우를 除外하고 運送人 및 本條 第2항에서 정하는 모든 자로부터 賠償을 받아야 할 總額은 이 協約에 規定된 責任의 限度를 초과하지 못한다.

Article 8. Loss of Right to limit Responsibility

1. The carrier is not entitled to the benefit of the limitation of liability provided for in article 6 if it is proved that the loss, damage or delay in delivery resulted from an act or omission of the carrier done with the intent to cause such loss, damage or delay, or recklessly and with knowledge that such loss, damage or delay would probably result.

2. Notwithstanding the provisions of paragraph 2 of article 7, a servant or agent of the carrier is not entitled to the benefit of the limitation of liability provided for in article 6 if it is proved that the loss, damage or delay in delivery resulted from an act or omission of such servant or agent, done with the intent to cause such loss, damage or delay would probably result.

第8條 責任制限 權利의 喪失

1. 運送人은 滅失, 毀損 또는 引渡遲延이 그러한 滅失, 毀損 또는 遲延을 일으킬 의도로써 또는 무모하게 또한 그러한 滅失, 毀損 또는 遲延이 일어나리라는 것을 알면서 한 運送人의 作爲 또는 不作爲로 인하여 생긴 것이 證明된 때에는 第6條에 規定된 責任制限의 利益에 대한 權利를 主張하지 못한다.

2. 第7條 第2항의 規定에도 불구하고 運送人의 使用人 또는 代理人은 滅失, 毀損 또는 引渡遲延이 그러한 滅失, 毀損 또는 遲延을 일으킬 의도로써 또는 무모하게 또한 그러한 滅失, 毀損 또는 遲延이 일어나리라는 것을 알면서 한 그러한 使用人 또는 代理人의 作爲 또는 不作爲로 인하여 생긴 것이 證明된 때에는 第6條에 規定된 責任制限의 利益에 대한 權利를 主張하지 못한다.

Article 9 Deck Cargo

1. The carrier is entitled to carry the good on deck only if such carriage is in accordance with an agreement with the shipper or with the usage of the particular trade or is required by statutory rules or regulations.

2. If the carrier and the shipper have agreed that the goods shall or may be carried on deck, the carrier must insert in the bill of lading or other document evidencing the contract of carriage by sea a statement to that effect. In the absence of such a statement the carrier has the burden of proving that an agreement for carriage on deck has been entered into; however, the carrier is not entitled to invoke such an agreement against a third party, including a consignee, who has acquired the bill of lading in good faith.

3. Where the goods have been carried on deck contrary to the provisions of paragraph 1 of this article or where the carrier may not under paragraph 2 of this article invoke an agreement for carriage on deck, the carrier, notwithstanding the provisions of paragraph 1 of article 5, is liable for loss of or damage to the goods, as well as for delay in delivery,

resulting solely from the carriage on deck, and the extent of his liability is to be determined in accordance with the provisions of article 6 or article 8 of this Convention, as the case may be.

4. Carriage of goods on deck contrary to express agreement for carriage under deck is deemed to be an act or omission of the carrier within the meaning of article 8.

第9조 甲板積

1. 運送人은 甲板積 運送이 送荷人과의 合意, 特定 商去來의 慣習 또는 法令에 의하여 하는 경우에 한하여 甲板積으로 物件을 運送할 權利를 갖는다.

2. 運送人과 送荷人이 物件을 甲板積으로 運送하여야 한다는 것 또는 甲板積으로 運送할 수 있다는 것을 合意한 경우에는 運送人은 船荷證券 그 밖의 海上運送契約을 證明하는 證券에 그 뜻을 記載하여야 한다. 그러한 記載가 없는 때에는 運送人은 甲板積 運送에 관한 合意가 되어 있다는 것을 證明할 責任이 있다. 그러한 運送人은 送荷人을 포함하여 善意로 船荷證券을 取得한 第3자에 대하여는 그러한 合意를 援用할 權利가 없다.

3. 本條 第1항의 規定에 違反하여 物件을 甲板積으로 運送한 때 또는 運送人이 本條 第2항에 의한 甲板積 運送에 관한 合意를 援用할 수 없는 경우에는 運送人은 第5조 第1항의 規定에도 불구하고 오로지 甲板積運送으로부터 생기는 物件의 滅失 또는 毀損 또한, 引渡遲延에 대하여 責任을 지며 이 경우 運送人의 責任의 範圍는 이 條約 第6조 또는 第8조의 規定에 의하여 決定된다.

4. 艙內的 運送에 관한 明示的 合意에 違反된 物件의 甲板積 運送은 第8조의 意味에 해당되는 作爲 또는 不作爲로 본다.

Article 10. Liability of the Carrier and Actual Carrier

1. Where the performance of the carriage or part thereof has been entrusted to an actual carrier, whether or not in pursuance of a liberty under the contract of carriage by sea to do so, the carrier nevertheless remains responsible for the entire carriage according to the provisions of this Convention. The carrier is responsible, in relation to the carriage performed by the actual carrier, for the acts and omissions of the actual carrier and of his servants and agents acting within the scope of their employment.

2. All the provisions of this Convention governing the responsibility of the carrier also apply to the responsibility of the actual carrier for the carriage performed by him. The provisions of paragraphs 2 and 3 of article 7 and of paragraph 2 of article 8 apply if an action is brought against a servant or agent of the actual carrier.

3. Any special agreement under which the carrier assumes obligations not imposed by this Convention or waives rights conferred by this Convention affects the actual carrier only if agreed to by him expressly and in writing. Whether or not the actual carrier has so agreed, the carrier nevertheless remains bound by the obligations or waivers resulting from such special agreement.

4. Where and to the extent that both the carrier and the actual carrier are liable, their liability is joint and several.

5. The aggregate of the amounts recoverable from the carrier, the actual carrier and their servants and agents shall not exceed the limits of liability provided for in this Convention.

6. Nothing in this article shall prejudice any right of recourse as between the carrier and the actual carrier.

第10條 運送人과 實際運送人의 責任

1. 運送의 全部 또는 一部의 실행이 實際運送人에게 委託된 때에는 그것이 海上運送契約에 의한 權利行事에 의거한 것인가 아닌가를 묻지 아니하고 運送人은 이 條約의 規定에 따라서 全運送에 대하여 역시 責任을 진다. 運送人은 實際運送人에 의하여 履行된 運送에 관하여 實際運送人 및 職務의 範圍 內에서 行爲를 하는 實際運送

人의 使用人 또는 代理人의 作爲 및 不作
爲에 대하여 責任을 진다.
2. 運送人의 責任을 규율하는 이 協約의
모든 規定은 實際運送人이 履行한 運送에
대한 實際運送人의 責任에 관하여도 역시
適用한다. 第7條 第2항과 第3항 및 第8條
第2항의 規定은 實際運送人의 使用人 또
는 代理人에 대하여 訴訟이 提起된 경우에
適用한다.
3. 運送人이 이 協約에 의하여 지지 아니하
는 義務를 인수하거나 이 協約에 의하여
부여된 權利를 抛棄한다는 特約은 實際運
送人이 명시적으로 또한 文書로 合意한 때
에 한하여 實際運送人에 대하여도 그 效力
이 미친다. 實際運送人이 그러한 合意를
하였는가 하지 아니하였는가를 묻지 아니하
고 實際運送人은 그러한 特約으로부터 생
기는 義務 또는 權利의 抛棄에 拘束된다.
4. 運送人과 實際運送人이 함께 責任을 지
는 경우 또한 그 限度에서, 양자의 責任은
連帶責任으로 한다.
5. 運送人, 實際運送人 및 그 使用人이나
代理人으로부터 賠償받을 수 있는 總額은
이 協約에 規定된 責任 限度額을 초과하지
못한다.
6. 本條의 어떠한 規定도 運送人과 實際運
送人 간의 求償權을 방해하지 아니한다.

Article 11. Through Carriage

1. Notwithstanding the provisions of
paragraph 1 of article 10, where a contract of
carriage by sea provides explicitly that a
specified part of the carriage covered by the
said contract is to be performed by a named
person other than the carrier, the contract
may also that the carrier is not liable for loss,
damage or delay in delivery caused by an
occurrence which takes place while the goods
are in the charge of the actual carrier during
such part of the carriage.
Nevertheless, any stipulation limiting or
excluding such liability is without effect if no
judicial proceedings can be instituted against
the actual carrier in a court competent under

paragraph 1 or 2 or article 21. The burden of
proving that any loss, damage or delay in
delivery has been caused by such an occurrence
rests upon the carrier.
2. The actual carrier is responsible in accordance
with the provisions of paragraph 2 of article 10
for loss, damage or delay in delivery caused by
an occurrence which takes place while the goods
are in his charge.

第11條 通運送

1. 第10條 第1항의 規定에도 불구하고 海
上運送契約에서 그 契約이 適用되는 運送
의 特定部分이 運送人 외의 指名된 자에
의하여 履行된다는 것이 명시적으로 規定
되어 있는 경우에는 物件이 그러한 運送部
分에서 實際運送人의 管理 아래 있는 동안
에 일어난 事故로 인하여 생긴 滅失, 毁損
또는 引渡遲延에 대하여 運送人이 責任을
지지 않는다는 것을 그 契約에 規定할 수
있다. 그러나 第21條 第1항 또는 第2항에
의하여 정당한 管轄權을 가지는 法院에 實
際運送人에 대하여 訴訟을 提起할 수 없는
경우에는 그러한 責任을 制限하거나 免除
하는 條項은 效力이 없다. 滅失, 毁損 또는
引渡遲延이 그러한 事故로 인하여 일어났
다는 것을 證明할 責任은 運送人이 진다.
2. 實際運送人은 第10條 第2항의 規定에
따라서 物件이 자기의 管理 아래 있는 동안
에 일어난 事故로 인하여 생긴 滅失, 毁損 또
는 引渡遲延에 대하여 責任을 진다.

Part 3. Liability of the shipper

第3장 送荷人의 責任

Article 12. General Rule

The shipper is not liable for loss sustained
by the carrier or the actual carrier, or for
damage sustained by the snip, unless such
loss or damage was caused by the fault or
neglect of the shipper, his servants or
agents.Nor is any servant or agent of the
shipper liable for such loss or damage unless
the loss or damage was caused by fault or

neglect on his part.

第12條 一般原則

送荷人은 運送人 또는 實際運送人이 입은 損失 또는 船舶이 입은 損傷이 送荷人 또는 그 使用人이나 代理人의 過失 또는 不注意로 인하여 생긴 것이 아닌 한 그러한 損失 또는 損傷에 대하여 責任을 지지 아니한다. 送荷人의 使用人이나 代理人도 그러한 損失 또는 損傷이 그 使用人 또는 代理人 측의 過失 또는 不注意로 인하여 생긴 것이 아닌 한 그 損失 또는 損傷에 대하여 責任을 지지 아니한다.

Article 13. Special Rules on Dangerous Goods

1. The shipper must mark or label in a suitable manner dangerous goods as dangerous.

2. Where the shipper hands over dangerous goods to the carrier or an actual carrier, as the case may be, the shipper must inform him of the dangerous character of the goods and, if necessary, of the precautions to be taken. If the shipper fails to do so and such carrier or actual carrier does not otherwise have knowledge of their dangerous character:

(a) the shipper is liable to the – carrier and actual carrier for the loss resulting from the shipment of such goods, and

(b) the goods may at any time be unloaded, destroyed or rendered innocuous, as the circumstances may require, without payment of compensation.

3. The provisions of paragraph 2 of this article may not be invoked by any person if during the carriage he has taken the goods in his charge with knowledge of their dangerous character.

4. If, in cases where the provisions of paragraph 2, subparagraph (b), of this article do not apply or may not be invoked, dangerous goods become an actual danger to life or property, they may be unloaded, destroyed or rendered innocuous, as the circumstances may require, without payment

of compensation except where there is an obligation to contribute in general average or where the carrier is liable in accordance with the provisions of article 5.

第13條 危險物에 대한 特則

1. 送荷人은 危險物에 관하여 적절한 方法으로 危險性이 있다는 마아크(標識) 또는 라아벨(附箋)을 붙여야 한다.

2. 送荷人이 運送人 또는 實際運送人에게 危險物을 引渡한 때에는 送荷人은 각 경우에 따라서 物件의 危險性 및 필요하면 취하여야 할 豫防措置에 관하여 運送人 또는 實際運送人에게 通知를 하여야 한다. 送荷人이 그 通知를 게을리 하고 그러한 運送人 또는 實際運送人이 物件의 危險性에 관하여 달리 인식하지 아니한 때에는

(a) 送荷人은 그러한 物件의 船積으로부터 생기는 損失에 대하여 運送人 및 實際運送人에게 責任을 지고, 또

(b) 필요한 상황에서는 賠償金을 支給하지 아니하고도 언제든지 그 物件을 揚荷하고 破壞하고 또는 無害措置를 할 수 있다.

3. 運送 중 物件의 危險性을 인식하고 그 物件을 자기의 管理 아래 受領한 자는 本條 第2항의 規定을 援用할 수 없다.

4. 本條 第2항의 規定이 適用되지 아니하고 또는 이를 援用할 수 없는 경우에 危險物이 人命 또는 財物에 실제의 危險을 미치게 된 때에는 그 危險物은 필요한 상황에서는 共同海損分擔金을 부담할 義務를 지는 경우 또는 運送人이 第5條의 規定에 따라서 責任을 지는 경우를 除外하고 賠償金을 支給하지 아니하고 이를 揚荷하고 破壞하고 또는 無害措置를 할 수 있다.

Part 4. Transport Documents

第4장 運送證券

Article 14. Issue of Bill of Lading

1. When the carrier or the actual carrier takes the goods in his charge, the carrier must, on demand of the shipper, issue to shipper a bill of lading.

2. The bill of lading may be signed by a person having authority from the carrier. A bill of lading signed by the master of the ship carrying the goods is deemed to have been signed on behalf of the carrier.

3. The signature on the bill of lading may be in handwriting, printed in facsimile, perforated, stamped, in symbols, or made by any other mechanical or electronic means, if not inconsistent with the law of the country where the bill of lading is issued.

第14條 船荷證券의 履行

1. 運送人 또는 實際運送人이 物件을 자기의 管理 아래 受領한 때에는 運送人은 送荷人의 請求에 따라서 船荷證券을 發行하여야 한다.

2. 船荷證券은 運送人으로부터 授權을 받은 자가 이를 署名할 수 있다. 物件을 運送하는 船舶의 船長이 署名한 船荷證券은 運送人에 갈음하여 署名된 것으로 본다.

3. 船荷證券이 履行되는 國家의 法律에 抵觸되지 않는 한, 船荷證券의 署名은 自筆, 複寫印刷, 貫穴, 押印, 符號 그 밖의 機械的 또는 電子的 方法으로 할 수 있다.

Article 15. Contents of Bill of Lading

1. The bill of lading must include, inter alia, the following particulars:

(a) the general nature of the goods, the leading marks necessary for identification of the goods, an express statement, if applicable, as to the dangerous character of the goods, the number of packages or pieces, and the weight of the goods or their quantity otherwise expressed, all such particulars as furnished by the shipper;

(b) the apparent condition of the goods;

(c) the name and principal place of business of the carrier;

(d) the name of the shipper;

(e) the consignee if named by the shipper;

(f) the port of loading under the contract of carriage by sea and the date on which the goods were taken over by the carrier at the port of loading;

(g) the port of discharge under the contract of carriage by sea;

(h) the number of originals of the bill of lading, if more than one;

(i) the place of issuance of the bill of lading;

(k) the freight to the extent payable by the consignee or other indication that freight is payable by him;

(l) the statement referred to in paragraph 3 article 23;

(m) the statement, if applicable, that the goods shall or may be carried on deck;

(n) the date or the period of delivery of the goods at the port of discharge if expressly agreed upon between the parties; and

(o) any increased limit or limits of liability where agreed in accordance with paragraph 4 of article 6.

2. After the goods have been loaded on board, if the shipper so demands, the carrier must issue to the shipper a "shipped" bill of lading which, in addition to the particulars required under paragraph 1 of this article, must state that the goods are on board a named ship or ships, and the date or dates of loading. If the carrier has previously issued to the shipper a bill of lading or other document of title with respect to any of any of such goods, on request of the carrier, the shipper must surrender such document in exchange for a "shipped" bill of lading. The carrier may amend any previously issued document in order to meet the shipper's demand for a "shipped" bill of lading if, as amended, such document includes all the information required to be contained in a "shipped" bill of lading.

3. The absence in the bill of lading of one or more particulars referred to in this article does not affect the legal character of the document as a bill of lading provided that it nevertheless meets the requirements set out in paragraph 7 of article 1.

第15條 船荷證券의 內容

1. 船荷證券에는 무엇보다도 다음 事項을 記載하여야 한다.

(a) 物件의 一般的인 性質, 物件의 識別에 필요한 主要 記號, 適用이 있는 경우 物件의 危險性에 관한 명시적 記載, 包裝 또는 個品의 數 및 物件의 重量 또는 그 밖의 表示에 의한 數量, 이러한 모든 事項은 送荷人이 提出한 것에 한한다.

(b) 物件의 外觀狀態

(c) 運送人의 名稱 및 주된 營業所의 所在地

(d) 送荷人의 名稱

(e) 送荷人이 指名한 때에는 受荷人

(f) 海上運送契約상의 船積港 및 運送人이 船積港에서 物件을 交付받은 날

(g) 海上運送契約상의 揚荷港

(h) 1통 이상이 發行된 때에는 船荷證券의 原本의 수

(i) 船荷證券의 發行地

(j) 運送人 또는 運送人에 갈음하여 行爲를 하는 자의 署名

(k) 受荷人이 支給할 範圍의 運賃 또는 運賃을 受荷人이 支給한다는 뜻의 表示

(l) 第22條 第3항과 관련된 文言

(m) 適用이 있는 경우 物件을 甲板積으로 運送하여야 한다는 뜻의 表示

(n) 當事者 間에 명시적으로 合意된 때에는 揚荷港에서 物件을 引渡할 날 또는 期間

(o) 第6條 第4항에 따라서 合意된 경우에는 증가시킨 責任限度

2. 物件이 船積된 후 送荷人의 請求가 있는 때에는 運送人은 送荷人에 대하여 本條 第1항에 의하여 필요로 하는 事項에 追加하여 物件이 지정된 船舶에 積載되었다는 것 및 船積의 日字를 記載한 船積船荷證券을 發行하여야 한다. 運送人이 受荷人에게 그 物件에 관하여 船荷證券 그 밖에 權原證券을 發行한 때에는 送荷人은 運送人의 요구에 의하여 船積船荷證券과 相換으로 그러한 證券을 返還하여야 한다. 運送人은 이미 發行된 證券을 수정함으로써 船積船荷證券에 記載할 것을 要하는 모든 정보를 포함하는 경우에는 送荷人의 船積船荷證券의 請求에 응하기 위하여 이미 發行된 證券을 수정할 수 있다.

3. 船荷證券에 本條에서 정하는 事項의 하나 이상의 결함이 있더라도 第1條 第7항에 規定된 요건을 충족하는 한 船荷證券으로서의 證券의 法律的 性質에 영향을 미치지 아니한다.

Article 16. Bills of Lading: Reservations and Evidentiary Effect

1. If the bill of lading contains particulars concerning the general nature, leading marks, number of packages or pieces, weight or quantity of the goods which the carrier or other issuing the bill of lading on his behalf knows or has reasonable grounds to suspect do not accurately represent the goods actually taken over or, where a "shipped" bill of lading is issued, loaded, or if he had no reasonable means of checking such particulars, the carrier or such other person must insert in the bill of lading a reservation specifying these inaccuracies, grounds of suspicion or the absence of reasonable means of checking.

2. If the carrier or other person issuing the bill of lading on his behalf fails to note on the bill of lading the apparent condition of the goods, he is deemed to have noted on the bill of lading that the goods were in apparent good condition.

3. Except for particulars in respect of which and to the extent to which a reservation permitted under paragraph 1 of this article has been entered:

(a) the bill of lading is prima facie evidence of the taking over or, where a "shipped" bill of lading is issued, loading, by the carried of the goods as described in the bill of lading; and

(b) proof to the contrary by the carrier is not admissible if the bill of lading has been transferred to a their party, including a consignee, who in good faith has acted in reliance on the description of the goods therein.

4. A bill of lading which does not, as

provided in paragraph 1, subparagraph (k) of article 15, set forth the freight or otherwise indicate that freight is payable by the consignee or does not set forth the freight or otherwise indicate that freight is payable by the consignee or does not set forth demurrage incurred at the port of loading payable by the consignee, is prima facia evidence that no freight or such demurrage is payable by him.However, proof to the contrary by the carrier is not admissible when the bill of lading has been transferred to a third party, including a consignee, who in good faith has acted in reliance on the absence in the bill of lading of any such indication.

의 記載를 신뢰하고 善意로 取得한 第3者에게 讓渡되어 있는 때에는 運送人에 의한 反證이 許容되지 않는다.
4. 第15條 第1항 (K)호에 規定된 바에 따라서 運賃을 記載하지 아니하거나, 그 밖의 方法으로 運賃을 受荷人이 支給한다는 뜻을 表示하거나 또는 受荷人이 船積港에서 생긴 滯船料를 支給한다는 뜻을 記載하지 아니한 船荷證券은 受荷人이 運賃 또는 그러한 滯船料를 支給하지 아니한다는 推定證據로 된다. 그러나 船荷證券에 그러한 表示가 없는 데 대하여 신뢰하고 善意로 行爲를 한 受荷人을 포함한 第3者에게 船荷證券이 讓渡된 때에는 運送人에 의한 반증은 許容되지 않는다.

第16條 船荷證券: 留保 및 證據力

1. 船荷證券에 記載된 物件의 一般的 性質, 주요 記號, 包裝 또는 個品의 數, 重量 또는 數量에 관한 事項이 실제의 物件 또는 船積船荷證券이 發行되어 있는 때에는 실제로 船積된 物件을 정확하게 표시하고 있지 않다는 것을 運送人 또는 運送人에 갈음하여 船荷證券을 發行하는 자가 알고 있거나, 그렇게 의심할 만한 정당한 이유가 있는 때 또는 그러한 事項을 確認할 적당한 方法이 없는 때에는 運送人 또는 運送人에 갈음하여 船荷證券을 發行하는 자는 이러한 부정확성, 의심할 이유 또는 적당한 確認方法의 결여에 관하여 特記하는 留保를 船荷證券에 挿入하여야 한다.

2. 運送人 또는 運送人에 갈음하여 船荷證券을 發行하는 자가 船荷證券에 物件의 外觀狀態를 記載하지 아니한 때에는 物件이 외관상 양호한 상태에 있었다는 것을 船荷證券에 記載한 것으로 본다.

3. 本條 第1항에 의하여 許容되는 留保에 관한 事項 및 그 留保의範圍를 除外하고 다음이 삽입될 수 있다.

(a) 船荷證券은 運送人이 船荷證券에 記載된 대로 物件을 交付받았다는 것 또는 船積船荷證券이 發行된 때에는 船積하였다는 것에 대한 推定證據로 된다.

(b) 船荷證券이 受荷人을 포함하여 그 物件

Article 17. Guarantees by the Shipper

1. The shipper is deemed to have guaranteed to the carrier the accuracy of particulars relating to the general nature of the goods, their marks, number, weight and quantity as furnished by him for insertion in the bill of lading. The shipper must indemnify the carrier against the loss resulting from inaccuracies in such particulars. The shipper remains liable even if the bill of lading has been transferred by him. The right of the carrier to such indemnity in no way limits his liability under the contract of carriage by sea to any person other than the shipper.

2. Any letter of guarantee or agreement by which the shipper undertakes to indemnify the carrier against loss resulting from the issuance of the bill of lading by the carrier, or by a person acting on his behalf, without entering a reservation relating to particulars furnished by the shipper for insertion in the bill of lading, or to the apparent condition of the goods, is void and of no effect as against any third party, including a consignee, to whom the bill of lading has been transferred.

3. Such letter of guarantee or agreement is valid as against the shipper unless the carrier or the person acting on his behalf, by

omitting the reservation referred to in paragraph 2 of this article, intends to defraud a third party. including a consignee, who acts in reliance on the description of the goods in the bill of lading. In the latter case, if the reservation omitted relates to particulars furnished by the shipper for insertion in the bill of lading, the carrier has no right of indemnity from the shipper pursuant to paragraph 1 of this article.

4. In the case of intended fraud referred to in paragraph 3 of this article the carrier is liable, without the benefit of the limitation of liability provided for in this Convention, for the loss incurred by a third party, including a consignee, because he has acted in reliance on the description of the goods in the bill of lading.

第17條 送荷人에 의한 保證

1. 送荷人은 船荷證券의 記載를 위하여 자기가 提出한 物件의 一般的 性質, 그 記號, 數, 重量 및 數量에 관한 事項이 정확하다는 것을 運送人에게 保證한 것으로 본다. 送荷人은 그러한 事項의 부정확으로 인하여 생긴 損失에 대하여 運送人에게 補償하여야 한다. 送荷人이 船荷證券을 讓渡한 경우에도 그 責任을 면하지 못한다. 그러한 補償에 관한 運送人의 權利는 海上運送契約에 의하여 送荷人 외의 모든 자에 대한 運送人의 責任을 결코 制限하지 못한다.

2. 船荷證券에 記載하기 위하여 送荷人이 提出한 事項 또는 物件의 外觀狀態에 관하여 運送人 또는 運送人에 갈음하여 行爲를 하는 자가 留保를 삽입하지 아니하고 船荷證券을 發行함으로써 생긴 損失에 대하여 送荷人이 運送人에게 補償할 義務를 진다는 것을 約定하는 保證書 또는 合意書는 그 어떠한 것도 受荷人을 포함한 船荷證券의 讓渡를 받은 第3者에 대한 관계에서는 無效로 한다.

3. 運送人 또는 運送人에 갈음하여 行爲하는 자가 本條 第2항에 規定된 留保를 생략함으로써 受荷人을 포함하여 船荷證券上의 物件의 記載를 신뢰하고 行爲하는 第3者를

欺瞞할 것을 意圖한 경우를 除外하고 그러한 保證帳 또는 合意書는 送荷人과의 관계에서는 效力이 있다. 후자의 경우 그 생략된 留保가 船荷證券에 記載하기 위하여 送荷人이 提出한 事項에 관한 것인 때에는 運送人은 本條 第1항에 의하여 送荷人으로부터 補償을 받을 權利를 가지지 못한다.

4. 本條 第3항에 規定된 欺瞞의 意圖가 있는 때에는 運送人은 受荷人을 포함하여 船荷證券上의 物件의 記載를 신뢰하고 行爲한 第3者가 입은 損失에 대하여 責任을 지며 이 條約에 規定된 責任制限의 利益을 主張할 수 없다.

Article 18. Documents other than Bills of Lading

Where a carrier issues a document other than a bill of lading to evidence the receipt of the goods to be carried, such a document is prima facie evidence of the conclusion of the contract of carriage by sea and the taking over by the carrier of the goods as therein described.

第18條 船荷證券 외의 證券

運送人이 運送될 物件의 受領을 證明하기 위한 船荷證券 외의 證券을 發行한 때에는 그러한 證券은 海上運送契約의 성립과 運送人이 物件을 그 證券에 記載된 대로 交付받았다는 것의 推定證據로 된다.

Part 5. claims and actions

第5장 請求 및 提訴

Article 19. Notice of Loss, Damage or Delay

1. Unless notice of loss or damage, specifying the general nature of such loss or damage, is given in writing by the consignee to the carrier not later than the working day after the day when the goods were handed over to the consignee, such handing over is prima facie evidence of the delivery by the carrier of the goods as described in the document of transport or, if no such

document has been issued, in good condition.
2. Where the loss or damage is not apparent, the provisions of paragraph 1 of this article apply correspondingly if notice in writing is not given within 15 consecutive days after the day when the goods were handed over to the consignee.
3. If the state of the goods at time they were handed over to the consignee has been the subject of a joint survey or inspection by the parties, notice in writing need not be given of loss or damage ascertained during such survey or inspection.
4. In the case of any actual or apprehended loss or damage the carrier and the consignee must give all reasonable facilities to each other for inspecting and tallying the goods.
5. No compensation shall be payable for loss resulting from delay in delivery unless a notice has been given in writing to the carrier within 60 consecutive days after the day when the goods were handed over to the consignee.
6. If the goods have been delivered by an actual carrier, any notice given under this article to him shall have the same effect as if it had been given to the carrier, and any notice given to the carrier shall have effect as it given to such actual carrier.
7. Unless notice of loss or damage, specifying the general nature of the loss or damage, is given in writing by the carrier or actual carrier to the shipper not later than 90 consecutive days after the occurrence of such loss or damage or after the delivery of the goods in accordance with paragraph 2 of article 4 Whichever is later, the failure to give such notice is prima facie evidence that the carrier or the actual carrier has sustained no loss or damage due to the fault or neglect of the shipper, his servants or agents.
8. For the purpose of this article.notice given to a person acting on the carrier's or the actual carrier's behalf, including the master or the officer in charge of the ship, or to a person acting on the shipper's behalf is deemed to have been given to the carrier, to the actual carrier or to the shipper, respectively.

第19條 滅失·損害 또는 遲延의 通知
1. 物件이 受荷人에게 交付된 날의 다음 去來日 중에 受荷人이 運送人에 대하여 文書로 滅失 또는 毀損의 槪況을 明記하여 通知를 하지 아니한 때에는 그러한 引渡는 運送人이 物件을 運送證券에 記載된 대로 또는 그러한 證券이 發行되지 아니한 때에는 양호한 상태로 引渡하였다는 推定證據로 된다.
2. 滅失 또는 毀損이 외부에서 確認되지 아니한 경우, 物件이 受荷人에게 交付된 날로부터 15일 이내에 文書에 의한 通知가 되지 아니한 때에는 本條 第1항의 規定이 그대로 適用된다.
3. 物件이 送荷人에게 交付될 때에 그 상태가 兩當事者의 共同의 調査 또는 檢査의 대상이 된 때에는 그 調査 또는 檢査 중에 確認된 滅失 또는 毀損에 관하여 文書에 의한 通知를 요하지 아니한다.
4. 滅失 또는 毀損이 실제로 일어났거나 또는 일어났을 것이라는 의심이 있는 때에는 運送人 및 送荷人은 物件의 檢査 및 個數의 점검을 위하여 서로 상당한 편의를 제공하여야 한다.
5. 引渡遲延에 관하여는, 物件이 受荷人에게 交付된 날로부터 60연속일 이내에 運送人에 대하여 文書로 通知를 하지 아니한 때에는 引渡遲延으로부터 생긴 損失에 대한 賠償金은 支給하지 아니하는 것으로 한다.
6. 物件을 實際運送人이 引渡한 때에는 本條에 의하여 實際運送人에 대하여 한 어떠한 通知도 運送人에 대하여 한 경우와 동일한 效力이 있고, 또 運送人에 대하여 한 어떠한 通知도 實際運送人에게 대하여 한 경우와 동일한 效力이 있다.
7. 滅失 또는 毀損이 생긴 날 또는 物件을 第4條 第2항에 따라서 引渡한 날 중 늦은 날로부터 60연속일 이내에 運送人 또는 實際運送人이 送荷人에 대하여 文書로 滅失

또는 毁損의 槪況을 明記하여 通知를 하지 아니한 때에는 그러한 通知를 게을리 한 것은 運送人 또는 實際運送人이 送荷人 또는 그 使用人이나 代理人의 過失 또는 不注意로 인하여 滅失 또는 毁損을 입지 아니하였다는 推定證據로 된다.

8. 本條의 適用에 있어서 船長 및 船舶의 管理를 하는 船舶士官을 포함한 運送人, 實際運送人에 갈음하여 行爲를 하는 사람 또는 送荷人에 갈음하여 行爲를 하는 사람에 대한 通知는 각각 運送人이나 實際運送人 또는 送荷人에 대하여 한 것으로 본다.

Article 20. Limitation of Actions

1. Any action relating to carriage of goods under this Convention is time-barred if judicial or arbitral proceedings have not been instituted within a period of two years.

2. The limitation period commences on the day on which the carrier has delivered the goods or part thereof or, in cases where no goods have been delivered, on the last day on which the goods should have been delivered.

3. The day on which the limitation period commences is not included in the period.

4. The person against whom a claim is made may at any time during the running of the limitation period extend that period by a declaration in writing to the claimant. This period may be further extended by another declaration or declarations.

5. An action for indemnity by a person held liable may be instituted even after the expiration of the limitation period provided for in the preceding paragraphs if instituted within the time allowed by the law of the State where proceedings are instituted. However, the time allowed shall not be less than 90 days commencing from the day when the person instituting such action for indemnity has settled the claim or has been served with process in the action against himself.

第20條 提訴의 制限

1. 法的節次 또는 仲裁節次가 2년의 期間 내에 개시되지 아니한 때에는 이 條約에 의한 物件運送에 관한 어떠한 訴訟도 無效로 한다.

2. 制限期間은 運送人이 物件의 全部 또는 一部를 引渡한 날 또는 物件의 引渡가 없었던 경우에는 物件을 引渡하여야 할 最終日에 개시한다.

3. 制限期間이 개시되는 날은 그 期間에 算入하지 아니한다.

4. 請求를 받은 사람은 制限期間의 진행 중에 언제라도 請求者에 대한 文書에 의한 通告로 그 期間을 延長할 수 있다. 이 期間은 그 후의 다른 通告에 의하여 다시 延長할 수 있다.

5. 責任을 질 사람에 대한 求償請求의 訴는 前 諸 項에 規定된 制限期間의 滿了 後에도 訴訟節次를 개시하는 國家의 法律에 의하여 許容되는 期間 내에는 이를 提起할 수 있다. 그러나 그 許容期間은 그러한 求償請求의 訴를 提起하는 사람이 자기에 대한 請求를 해결한 날 또는 자기에 대한 訴에서 訴狀의 送達을 받은 날로부터 起算하여 90일 미만이 아니어야 한다.

Article 21. Jurisdiction

1. In judicial proceedings relating to carriage of goods under this Convention the plaintiff, at his option, may institute an action in a court which, according to the law of the State where the court is situated, is competent and within the jurisdiction of which is situated one of the following places:

(a) the principal place of business or, in the absence thereof, the habitual residence of the defendant; or

(b) the place where the contract was made provided that the defendant has there a place of business, branch or agency through which the contract was made; or

(c) the port of loading or the port of discharge; or

(d) any additional place designated for that purpose in the contract of carriage by sea.

2. (a) Notwithstanding the preceding provisions of this article, an action may be instituted in the courts of any port or place in a Contracting State at which the carrying vessel or any other vessel of the same ownership may have been arrested in accordance with applicable rules of the law of that State and of international law.

However, in such a case, at his choice, to one of the jurisdictions referred to in paragraph 1 of this article for the determination of the claim, but before such removal the defendant must furnish security sufficient to ensure payment of any judgement that may subsequently be awarded to the claimant in the action.

(b) All questions relating to the sufficiency or otherwise of the security shall be determined by the court of the port or place of the arrest.

3. No judicial proceedings relating to carriage of goods under this Convention may be instituted in a place not specified in paragraph 1 or 2 of this article. The provisions of this paragraph do not constitute an obstacle to the jurisdiction of the Contracting States for provisional or protective measures.

4. (a) Where an action has been instituted in a court competent under paragraph 1 or 2 of this article or where judgement has been delivered by such a court, no new action may be started between the same parties on the same grounds unless the judgement of the court before which the first action was instituted is not enforceable in the country in which the new proceedings are instituted;

(b) for the purpose of this article the institution of measures with a view to obtaining enforcement of a judgement is not to be considered as the starting of a new action;

(c) for the purpose of this article, the removal of an action to a different court within the same country, or to a court in another country, in accordance with paragraph 2 (a) of this article, is not to be considered as the starting of a new action.

5. Notwithstanding the provisions of the preceding paragraphs, an agreement made by the parties, after a claim under the contract of carriage by sea has arise, which designates the place where the claimant may institute an action, is effective.

第21條 裁判管轄權

1. 이 條約에 의한 物件運送에 관한 法的 節次에 있어서는 原告는 자기의 선택에 의하여 그 所在國의 法律에 의하여 정당한 裁判管轄權을 가지고 또 다음 場所의 하나가 그 管轄權 內에 所在하는 法院에 訴訟을 提起할 수 있다.

(a) 被告의 주된 營業所의 所在地 또는 그것이 없는 때에는 被告의 평소의 居所

(b) 契約締結地. 이 경우에는 被告가 그곳에 事務所, 支店 또는 契約을 締結한 代理店을 가지는 곳이어야 한다.

(c) 船積港 또는 揚陸港

(d) 海上運送契約에서 그 目的을 위하여 지정하고 있는 追加場所

2 (a) 本條 前項의 規定에도 불구하고 運送船舶 또는 이와 같은 所有아래 있는 다른 船舶을 締約國의 法律 및 國際法의 適用可能한 規則에 따라서 押留할 수 있는 締約國에 있는 어떠한 港口 또는 그곳의 法院에도 訴訟을 提起할 수 있다. 그러나 이 경우에는 被告의 申請이 있으면 請求者는 자기의 선택에 의하여 당해 請求의 決定을 위하여 本條 第1항에 規定된 管轄法院의 하나에 訴를 移送하여야 하며 그러한 移送 전에 被告는 당해 訴에서 후에 請求權者가 宣告될 判決에 대한 支給을 確保하기 위하여 충분한 擔保를 제공하여야 한다.

(b) 擔保의 충분 그 밖의 擔保에 관한 문제는 押留가 된 港口 또는 곳의 法院이 決定한다.

3. 이 條約에 의한 物件運送에 관한 法的 節次는 本條 第1항 및 第2항에 特定되어 있지 아니한 곳에서는 이를 提起할 수 없

다. 本項의 規定은 豫備的 措置 또는 保全的 措置를 위한 締約國의 裁判管轄에 대한 장애로 解釋되지 아니한다.

4. (a) 訴가 本條 第1항 및 第2항에 의하여 정당한 裁判管轄權을 가지는 法院에 提起되어 있는 경우 또는 그러한 法院이 判決을 宣告한 경우에는 처음에는 訴가 提起된 法院의 判決이 새로운 節次가 提起된 國家에서 執行할 수 없는 경우가 아닌 한 同一 當事者 間에 同一 事由로 새로운 訴訟을 개시할 수 없다.

(b) 本條의 適用에 있어서 判決의 執行을 얻기 위한 手段의 提起는 새로운 訴의 개시로 인정되지 아니한다.

(c) 本條의 適用에 있어서 동일 國家 內의 다른 法院으로의 訴의 移送 또는 本條 第2항 (a)에 의한 他國의 法院으로의 移送은 새로운 訴의 개시로 인정하지 아니한다.

5. 前 諸 項의 規定에도 불구하고 海上運送契約에 의한 請求가 발생한 후에 請求權者가 訴를 提起할 수 있는 곳을 지정하는 當事者에 의하여 성립하는 合意는 效力이 있다.

Article 22 Arbitration

1. Subject to the provisions of this article, parties may provide by agreement evidenced in writing that any dispute that may arise relating to carriage of goods under this Convention shall be referred to arbitration.

2. Where a charter-party contains a provision that disputes arising thereunder shall be referred to arbitration and a bill of lading issued pursuant to the charter-party does not contain a special annotation providing that such provision shall be binding upon the holder of the bill of lading, the carrier may not invoke such provision as against a holder having acquired the bill of lading in good faith.

3. The arbitration proceedings shall, at the option of the claimant, be instituted at one of the following places:

(a) a place in a State within whose territory is situated:

(i) the principal place of business of the defendant or, in the absence thereof, the habitual residence of the defendant; or

(ii) the place where the contract was made, provided that the defendant has there a place of business, branch or agency through which the contract was made; or

(iii) the port of loading or the port of discharge; or

(b) any place designated for that purpose in the arbitration clause or agreement.

4. The arbitrator or arbitration tribunal shall apply the rules of this Convention.

5. The provisions of paragraphs 3 and 4 of this article are deemed to be part of every arbitration clause or agreement, and any term of such clause or agreement which is inconsistent therewith is null and void.

6. Nothing in this article affects the validity of an agreement relating to arbitration made by the parties after the claim under the contract of carriage by sea has arisen.

第22條 仲裁

1. 本條의 規定에 따라서 當事者는 이 條約에 의한 物件運送에 관하여 생기는 어떠한 紛爭도 仲裁에 부탁하여야 한다는 것을 文書에 의한 合意로 規定할 수 없다.

2. 傭船契約書에 그 아래 생기는 紛爭을 仲裁에 부탁하여야 한다는 規定이 포함되어 있고 그 傭船契約書에 따라 發行되는 船荷證券에 그러한 規定이 船荷證券所持人을 구속한다는 뜻의 특별한 註記가 포함되어 있지 아니한 경우에는, 運送人은 善意로 船荷證券을 取得한 所持人에 대한 관계에서는 그러한 規定을 援用할 수 없다.

3. 仲裁節次는 申請人의 선택에 의하여 다음 場所의 하나에서 이를 提起하여야 한다.

(a) 一國의 領土 內에 所在하는 다음의 場所

(i) 被申請人의 주된 營業所의 所在地 또는 그것이 없는 때에는 被申請人의 평소의 居所

(ii) 契約締結地,. 이 경우에는 被申請人이 그곳에 事務所, 支店 또는 契約을 締結한 代理店을 가지는 곳이어야 한다.

(iii) 船積港 또는 揚陸港
(b) 仲裁條項 또는 仲裁契約에 의하여 그 目的을 위하여 지정된 곳
4. 仲裁인 또는 仲裁法廷은 이 條約의 規則을 適用하여야 한다.
5. 本條 第3항 및 第4항의 規定은 모든 仲裁條項 또는 仲裁契約의 一部인 것으로 보며 그러한 規定에 저촉되는 仲裁條項 또는 仲裁契約의 規定은 無效로 한다.
6. 本條의 어떠한 規定도 海上運送契約에 의한 請求가 생긴 후에 當事者에 의하여 성립된 仲裁에 관한 合意에 영향을 미치지 않는다.

part 6. supplementary provisions
第6장 보칙

Article 23. Contractual Stipulations

1. Any stipulation in a contract of carriage by sea, in a bill of lading, or in any other document evidencing the contract of carriage by sea is null and void to the extent that it derogates, directly or indirectly, from the provisions of this Convention. The nullity of such a stipulation does not affect the validity of the other provisions of the contact or document of which it forms a part.A clause assigning benefit of insurance of the goods in favour of the carrier, or any similar clause, is null and void.

2. Notwithstanding the provisions of paragraph 1 of this article, a carrier may increase his responsibilities and obligations under this Convention.

3. Where a bill of lading or any other document evidencing the contract of carriage by sea is issued, it must contain a statement that the carriage is subject to the provisions of this Convention which nullify any stipulation derogating therefrom to the detriment of the shipper or the consignee.

4. Where the claimant in respect of the goods has incurred loss as a result of a stipulation which is null and void by virtue of the present article, or as a result of the omission of the statement referred to in paragraph 3 of this article, the carrier must pay compensation to the extent required in order to give the claimant compensation in accordance with the provisions of this Convention for any loss of or damage to the goods as well as for delay in delivery. The carrier must, in addition, pay compensation for costs incurred by the claimant for the purpose of exercising his right, provided that costs incurred in the action where the foregoing provisions is invoked are to be determined in accordance with the law of the State where proceedings are instituted.

第23條 契約規定

1. 海上運送契約 중의 條項 또는 船荷證券 그 밖에 海上運送契約을 證明하는 證券에 포함되어 있는 條項은 이 條約의 規定을 직접 또는 간접으로 害하는 範圍에서 이를 無效로 한다. 이러한 條項의 無效는 그것이 一部를 이루고 있는 契約 또는 證券의 다른 規定의 效力에 영향을 미치지 아니한다. 物件에 관한 保險의 利益을 運送人을 위하여 讓渡한다는 條項 그 밖에 이와 비슷한 條項은 無效로 한다.
2. 本條 第1항의 規定에도 불구하고 運送人은 이 條約상의 자기의 責任 및 義務를 가중할 수 있다.
3. 船荷證券 그 밖의 海上運送契約을 證明하는 證券이 발행되는 경우에는 當該 運送이 送荷人 또는 受荷人의 不利益으로 이 條約을 해하는 條項을 無效로 한다는 條約의 規定의 규율을 받는다는 뜻의 記載를 포함하여야 한다.
4. 物件에 관한 請求者가 本條에 의한 無效條項으로 인하여 또는 本條 第3항에서 정하는 記載의 흠결로 인하여 損失을 입는 경우에는 運送人은 請求者에게 物件의 滅失 또는 毁損 또한 引渡遲延에 대하여 이 條約의 規定에 따라서 賠償을 하기 위하여 요구되는 範圍 內에서 損害賠償을 하여야 한다. 또한 運送人은 請求者가 그 權利의 實現을 위하여 부담한 費用에 대하여도 賠償을 하여야 한다. 그러나 그 規定이 援用

되는 소에서 부담한 費用은 사안이 계속된
法廷地의 法에 따라서 이를 결정한다.

Article 24. General Average

1. Nothing in this Convention shall prevent
the application of provisions in the contract of
carriage by sea or national law regarding the
adjustment of general average.

2. With the exception of article 20, the
provisions of this Convention relating to the
liability of the carrier for loss of damage to
the good also determine whether the
consignee may refuse contribution in general
average and the liability of the carrier to
indemnify the consignee in respect of any
such contribution made or any salvage paid.

第24條 共同海損

1. 이 條約의 어떠한 規定도 共同海損의
精算에 관한 海上運送契約 또는 國內法의
規定의 適用을 방해하지 아니한다.

2. 第20條의 適用이 없이 物件의 滅失 또
는 毀損에 관한 運送人의 責任에 관한 이
條約의 諸 規定은, 受荷人이 共同海損分擔
金을 거절할 수 있는가의 여부를 決定하고
부담한 그러한 分擔金 또는 支給한 救助料
에 관하여 受荷人에게 補償할 運送人의 責
任을 決定한다.

Article 25. Other Conventions

1. This Convention does not modify the
rights or duties of the carrier, the actual
carrier and their servants and agents,
provided for in international conventions or
national law relating to the limitation of
liability of owners of seagoing ships.

2. The provisions of articles 21 and 22 of this
Convention do not prevent the application of
the mandatory provisions of any other
multilateral convention already in force at the
date of this Convention relating to matters
dealt with in the said articles, provided that
the dispute arises exclusively between parties
having their principal place of business in
States members of such other convention.

However, this paragraph does not affect the
application of paragraph 4 of article 22 of this
Convention.

3. No liability shall arise under the provisions
of this Convention for damage caused by a
nuclear incident if the operator of a nuclear
installation is liable for such damage:

(a) under either the Paris Convention of 29
July 1960 on Third Party Liability in the
Field of Nuclear Energy as amended by the
Additional Protocol of 28 January 1964 or
the Vienna Convention of 21 May 1963 on
Civil Liability for Nuclear Damage, or

(b) by virtue of national law governing the
liability for such damage, provided that such
law is in all respects as favourable to persons
who may suffer damage as either the Paris
or Vienna Conventions.

4. No liability shall arise under the
provisions of this Convention for any loss of
or damage to or delay in delivery of luggage
for which the carrier is responsible under any
international convention or national law
relating to the carriage of passengers and
their luggage by sea.

5. Nothing contained in this Convention
prevents a Contracting State from applying
any other international convention which is
already in force at the date of this Convention
and which applies mandatorily to contracts of
carriage of goods primarily by a mode of
transport other than transport by sea. This
provision also applies to any subsequent
revision or amendment of such international
convention.

第25條 他條約

1. 이 條約은 航海船舶의 所有者의 責任制
限에 관한 國際條約 또는 國內法에 規定된
運送人, 實際運送人 및 運送人과 實際運
送人의 使用人과 代理人의 權利 또는 義
務를 變更하지 아니한다.

2. 이 條約 第21條 및 第22條의 規定은 同
條에서 取扱되는 문제에 관하여 이 條約의
成立日에 이미 실시되고 있는 모든 다른 多

變條約의 強行規定의 適用을 방해하지 아니한다. 이 경우에는 紛爭이 오로지 그러한 다른 條約의 會員國에 주된 營業所를 가진 當事者 間에서만 생긴 것이어야 한다. 그러나 本項은 이 條約 第22條 第4항의 適用에 영향을 미치지 아니한다.

3. 原子力事故로 인하여 생긴 損害에 대하여 原子力施設의 運營者가 다음 條約 또는 國內法에 의하여 責任을 지는 때에는 이 條約의 規定에 의한 責任은 일체 생기지 아니한다.

(a) 1964년 1월 28일의 追加議定書에 의하여 改正된 原子力分野의 第3者에 대한 責任에 관한 1960년 7월 29일의 파리條約 또는 原子力損害에 대한 民事責任에 관한 1963년 5월 21일의 비엔나條約 또는

(b) 그러한 損害에 대한 責任을 規律하는 國內法, 이 경우에는 그러한 國內法이 모든 점에서 파리條約 또는 비엔나條約처럼 損害를 입은 사람에게 유리한 것이어야 한다.

4. 運送人이 海上旅客 및 그 手荷物을 運送에 관한 國際條約 또는 國內法에 의하여 責任을 지는 手荷物의 滅失, 毀損 또는 引渡遲延에 대하여는 이 條約의 規定에 의한 責任은 일체 생기지 아니한다.

5. 이 條約에 포함된 어떠한 規定도 締約國이 이 條約의 成立日에 이미 실시되고 있고 또 주로 海上運送 외의 運送手段에 의하여 이루어지는 物件運送契約에 대하여 강행적으로 適用되는 모든 國際條約을 適用하는 것을 방해하지 않는다. 이 規定은 그러한 國際條約의 앞으로의 모든 수정 또는 改正에 관하여도 이를 適用하지 않는다.

Article 26. Unit of Account

1. The unit of account referred to in article 6 of this Convention is the Special Drawing Rights as defined by the International Monetary Fund. The amounts mentioned in article 6 are to be converted into the national currency of a State according to the value of such currency at the date of judgement or the date agreed upon by the parties. The value of a national currency, in terms of the Special Drawing Right, of a Contracting State which is a member of the International Monetary Fund is to be calculated in accordance with the method of valuation applied by the International Monetary Fund in effect at the date in question for its operations and transactions. The value of a national currency in terms of the Special Drawing Right of a Contracting State which is not a member of the International Monetary Fund is to be calculated in a manner determined by that State.

2. Nevertheless, those States which are not members of the International Monetary Fund and whose law does not permit the application of the provisions of paragraph 1 of this article may, at the time of signature, or at the time of ratification, acceptance, approval or accession or at any time thereafter, declare that the limits of liability provided for in this Convention to be applied in their territories shall be fixed as: 12,500 monetary units per package or other shipping unit or 37.5 monetary units per kilogramme of gross weight of the goods.

3. The monetary unit referred to in paragraph 2 of this article corresponds to sixty-five and a half milligrammes of gold of millesimal fineness nine hundred. The conversion of the amounts referred to in paragraph 2 into the national currency is to be made according to the law of the State concerned.

4. The calculation mentioned in the last sentence of paragraph 1 and the conversion mentioned in paragraph 3 of this article is to be made in such a manner as to express in the national currency of the Contracting State as far as possible the same real value for the amounts in article 6 as is expressed there in units of account. Contracting States must communicate to the depositary the manner of calculating to paragraph 1 of this article, or the result of the conversion mentioned in paragraph 3 of this article, as the case may be, at the time of signature or

when depositing their instruments of ratification, acceptance, approval or accession, or when availing themselves of the option provided for in paragraph 2 of this article and whenever there is a change in the manner of such calculation or in the result of such conversion.

第26條 計算單位

1. 이 條約 第6條에 規定된 計算單位는 國際通貨基金(IMF)에서 定義하는 特別引出權(S.D.R)으로 한다. 第6條에 의한 金額은 判決의 宣告日 또는 當事者가 合意한 날의 國際通貨價値에 따라서 그 國家의 國內通貨로 이를 換算한다. 國際通貨基金의 會員인 締約國의 特別引出權에 의한 國內通貨價値는 그 取扱과 去來에 관하여 당해 日字에 실시되고 있는 國內通貨基金이 適用하는 評價方法에 따라서 이를 算出한다. 國際通貨基金의 회원이 아닌 締約國의 特別引出權에 의한 國內通貨價値는 그 國家에서 決定하는 方法에 따라서 이를 算出한다.
2. 그러나 國際通貨基金의 회원이 아닌 國家로서 그 法律에 의하여 本條 第1항의 規定의 適用을 許容하지 아니하는 國家는 署名 時나 批准·受諾·承認또는 加入 時 또는 그 후 어느 때라도 自國의 領土 內에서 이 條約에 規定된 責任限度를 다음과 같이 決定한다는 것을 宣告할 수 있다: 1包裝 그 밖의 船積單位에 대해 12,5000貨幣單位 또는 物件의 總重量 1킬로그램에 대해 37.5貨幣單位.
3. 本條 第2항에 規定된 貨幣單位는 순도 1,000분의 900의 금 65.5밀리그램에 상당한다. 第2항에 의한 金額의 國內通貨의 換算은 關係國의 法律에 따라서 이를 행한다.
4. 本條 第1항 末文에 規定된 算出 및 第3항에 規定된 換算은 가능한 한第6條에 計算單位로 表示되어 있는 金額과 동일한 實質價値를 締約國의 國內通貨로 表示할 수 있는 方法으로 이를 행하여야 한다. 締約國은 署名 時, 批准 時, 受諾 時, 承認 時 또는 加入書를 寄託할 때 또는 本條 第2항에 規定된 선택권을 이용할 때 및 그러한 算出方法 또는 그러한 換算의 결과에 變更이 있는 때에는 언제든지 本條 第1항에 의한 算出方法 또는 本條 第3항에 規定된 換算의 결과를 受託者에게 通知하여야 한다.

Part 7. Final Clauses

Article 27. Depositary

The Secretary General of the United Nations is hereby designated as the depositary of this Convention.

第7장 最終條項

第27條 受託者

國際聯合의 事務總長을 이에 이 條約의 受託者로 지정한다.

Article 28. Signature, Ratification, Acceptance, Approval, Accession

1. This Convention is open for signature by all States until 30 April 1979 at the Headquarters of the United Nations, New York.
2. This Convention is subject to ratification, acceptance or approval by the signatory States.
3. After 30 April 1979, this Convention will be open for accession by all States which are not signatory States.
4. Instruments of ratification, acceptance, approval and accession are to be deposited with the Secretary-General of the United Nations.

第28條

1. 이 條約은 1979년 4월 30일까지 모든 國家에 의한 署名을 위하여 國際聯合本部에 이를 開放한다.
2. 이 條約은 署名國에 의한 批准, 受諾 또는 承認이 있어야 한다.
3. 1979년 4월 30일 후에는 이 條約은 署名國이 아닌 모든 國家에 의한 加入을 위하여 이를 개방한다.
4. 批准, 受諾, 承認, 및 加入의 文書는 國際聯合의 事務總長에게 이를 寄託하여야 한다.

Article 29. Reservations

No reservations may be made to this Convention.

第29條 留保

이 條約에는 어떠한 留保도 붙일 수 없다.

Article 30. Entry into Force

1. This Convention enters into force on the first day of the month following the expiration of one year from the date of deposit of the 20th instrument of ratification, acceptance, approval or accession.

2. For each State which becomes a Contracting State to this Convention after the date of the deposit of the 20th instrument of ratification, acceptance, approval or accession, this Convention enters into force on the first day of the month following the expiration of one year after the deposit of the appropriate instrument on behalf of that State.

3. Each Contracting State shall apply the provisions of this Convention to contracts of carriage by sea concluded on or after the date of the entry into force of this Convention in respect of that State.

第30條 發效

1. 이 條約은 第20번째의 批准, 受諾, 承認 또는 加入의 文書의 寄託日로부터 1년이 경과된 다음 月의 初日에 效力이 發效한다.

2. 第20번째의 批准, 受諾, 承認 또는 加入의 文書의 寄託日後에 이 條約의 締約國이 된 國家에 대하여는 이 條約은 그 國家를 위하여 적절한 文書가 寄託된 後 1년이 경과된 다음 月의 初日에 效力이 생긴다.

3. 각 締約國은 自國에 관하여 이 條約의 發效日 이후에 締結되는 海上運送契約 대하여 이 條約의 規定을 適用하여야 한다.

Article 31. Denunciation of other Conventions

1. Upon becoming a Contracting State to this Convention, any State party to the International Convention for the Unification of Certain Rules relating to Bills of Lading signed at Brussels on 25 August 1924 (1924 Convention) must notify the Government of Belgium as the depositary of the 1924 Convention of its denunciation of the said Convention with a declaration that the denunciation is to take effect as from the date when this Convention enters into force in respect of that State.

2. Upon the entry into force of this Convention under paragraph 1 of article 30, the depositary of this Convention must notify the Government of Belgium as the depositary of the 1924 Convention of the date of such entry into force, and of the names of the Contracting States in respect of which the Convention has entered into force.

3. The provisions of paras 1 and 2 of this Article apply correspondingly in respect of States parties to the Protocol signed on 23 February 1968, to amend the International Convention for the Unification of Certain Rules relating to Bills of Lading signed at Brussels on 25 August 1924.

4. Notwithstanding article 2 of this Convention, for the purposes of paragraph 1 of this article, a Contracting State may, if it deems it desirable, defer the denunciation of the 1924 Convention and of the 1924 Convention as modified by the 1968 Protocol for a maximum period of five years from the entry into force of this Convention. it will then notify the Government of Belgium of its intention. During this transitory period, it must apply to the Contracting States this Convention to the exclusion of any other one.

第31條 他條約의 廢棄

1. 1924년 8월 25일 브뤼셀에서 署名된 船荷證券에 관한 약간의 規則의 統一을 위한 國際條約(1924년條約)의 當事國은 이 條約의 締約國이 됨과 동시에, 1924년 條約의 受託國인 벨기에政府에 대하여 이 條約이 自國에 대하여 效力이 생기는 날로부터 廢棄의 效力이 생긴다는 것을 宣言함으로써

1924년 條約의 廢棄를 通告하여야 한다.

2. 第30條 第1항에 의하여 이 條約이 廢棄된 때에는 이 條約의 受託者는 1924년 條約의 受託國인 벨기에 政府에 대하여 그 發效日 및 條約이 發效하게 된 締約國名을 通告하여야 한다.

3. 本條 第1항 및 第2항의 規定은 1924년 8월 25일 브뤼셀에서 署名된 船荷證券에 관한 약간의 統一을 위한 國際條約을 改正하기 위하여 1968년 2월 23일에 署名된 議定書의 當事國에 대하여도 마찬가지로 適用된다.

4. 이 條約 第2條의 規定에도 불구하고 本條 第1항의 適用에 관한 한, 締約國은 그것이 바람직하다고 볼 때에는 1924년 條約 및 1968년 議定書에 의하여 改正된 1924년 條約의 廢棄를 이 條約의 發效日로부터 5년을 最長期間으로 하여 延期할 수 있다. 이 경우 그 締約國은 벨기에 政府에 그 뜻을 通告하여야 한다. 이 暫定期間에는 締約國에 대하여는 다른 條約을 除外하고 이 條約을 適用하여야 한다.

Article 32. Revision and Amendment

1. At the request of not less than one-third of the Contracting States to this Convention, the depositary shall convene a conference of the Contracting States for revising or amending it.

2. Any instrument of ratification, acceptance, approval or accession deposited after the entry into force of an amendment to this Convention, is deemed to apply to the Convention as amended.

第32條 改正 및 修正

1. 이 條約의 締約國의 3분의 1 이상의 요청이 있으면 受託者는 條約을 改正하거나 修正하기 위하여 締約國의 會議를 召集하여야 한다.

2. 이 條約의 改正의 效力이 생긴 후에 寄託된 批准, 受諾, 承認 또는 加入의 文書는 改正된 條約에 適用되는 것으로 본다.

Article 33. Revision of the Limitation Amounts and Unit of Account of Monetary Unit

1. Notwithstanding the provisions of article 32, a conference only for the purpose of altering the amount specified in article 6 and paragraph 2 of article 26, or of substituting either or both of the units defined in paragraphs 1 and 3 of article 26 by other units is to be convened by the depositary in accordance with paragraph 2 of this article. An alteration of the amounts shall be made only because of a significant change in their real value.

2. A revision conference is to be convened by the depositary when not less than one-fourth of the Contraction States so request.

3. Any decision by the conference must be taken by a two-thirds majority of the participating States. The amendment is communicated by the depositary to all the Contracting States for acceptance and to all the States signatories of the Convention for information.

4. Any amendment adopted enters into force on the first day of the month following one year after is acceptance by two-thirds of the Contracting States. Acceptance is to be effected by the deposit of a formal instrument to that effect, which the depositary.

5. After entry into force of an amendment a Contracting State which has accepted the amendment is entitled to apply the Convention as amended in its relations with Contracting States which have not within six months after the adoption of the amendment notified the depositary that they are not bound by the amendment.

6. Any instrument of ratification, acceptance, approval or accession deposited after the entry into force of an amendment to this Convention, is deemed to apply to the Convention as amended.

第33條 責任限度額 및 計算單位 또는
貨幣單位의 改正

1. 第32條의 規定에도 불구하고 受託者는
本條 第2항에 따라서 第6條 및 第26條 第2
항에 規定된 金額을 變更하거나 또는 第26
條 第1항과 第3항에 定義된 單位의 일방 또
는 쌍방을 다른 單位로 代替할 것만을 目的
으로 하는 會議를 召集한다. 金額의 變更은
그 實質價値의 중요한 變更을 이유로 하는
경우에만 할 수 있다.
2. 受託者는 締約國의 4분의 1 이상이 요
청하는 때에는 改正會議를 召集한다.
3. 會議의 決定은 참가한 國家의 3분의 2
多數決에 의하여 이루어진다. 受託者는 改
正事項을 모든 締約國에 대하여 受託을 위
하여 또한 모든 署名國에 대하여 그 정보를
위하여 通知한다.
4. 採擇된 모든 改正事項은 締約國의 3분
의 2에 의한 受託 時로부터 1년 후의 다음
月의 初日에 效力이 생긴다. 受託은 그 趣
旨의 公式文書를 受託者에 寄託함으로써
이루어진다.
5. 改正의 效力이 생긴 후에는 改正을 受諾
한 締約國은 改正의 採擇후 6月 이내에 受
託者에 대하여 改正에 의하여 구속되지 않는
다는 것을 通知하지 아니한 締約國과의 관
계에서 改正된 條約을 適用할 權利가 있다.
6. 이 條約의 改正이 效力이 생긴 후에 寄
託된 批准, 受諾, 承認 또는 加入의 文書
는 改正된 條約에 대하여 適用되는 것으로
본다.

Article 34. Denunciation

1. A Contracting State may denounce this
Convention at any time by means of a
notification in writing addressed to the
depositary.
2. The denunciation takes effect on the first
day of the month following the expiration of
one year after the notification is received by
the depositary. Where a longer period is
specified in the notification, the denunciation
takes effect upon the expiration of such longer
period after the notification is received by the
depositary.

DONE at Hamburg, this thirty－first day of
Mach one thousand nine hundred and
seventy－eight, in a single original, of which
the Arabic, Chinese, English, French, Russian
and Spanish texts are equally authentic.
IN WITNESS WHEREOF the undersigned
plenipotentiaries, being duly authorized by
their respective Governments, have signed the
present Convention.

第34條 廢棄

1. 締約國은 언제든지 受託者에게 送付된
文書에 의한 通告를 통하여 이 條約을 廢
棄할 수 있다.
2. 廢棄는 受託者가 通告를 받은 후 1년이
경과된 다음 月의 初日에 效力이 생긴다.
通告에서 이 期間보다 長期間이 정하고 있
는 경우에는 廢棄는 受託者가 通告를 받은
후 그러한 長期間이 경과된 때에 效力이
있다.
1978년 3월 31일 함부르크에서 동등한 定
本인 아랍어, 중국어, 영어, 프랑스어, 러시
아어 및 스페인어의 原文을 1통으로 작성하
였다. 위의 證據로서 각자의 政府로부터 정
당하게 권한을 부여받은 하기 全權委員이
이 條約에 署名하였다.

Signatories as of April 10, 1991

RATIFICATION:

Chile,	9 July 1982
Egypt,	23 April 1979
Senegal,	17 March 1986
Sierra Leone,	7 October 1988

ACCESSION:

Barbados,	2 February 1981
Botswana,	16 February 1988
Burkina Faso,	14 August 1989
Guinea	23 January 1991
Hungary	5 July 1984
Kenya,	31 July 1989
Lebanon,	4 April 1983
Lesotho,	26 October 1989
Malawi	18 March 1991
Morocco	12 June 1981
Nigeria	7 November 1988
Romania	7 January 1982
Tnazania	24 July 1979
Tunisia	15 September 1980
Uganda	6 July 1979
Zambia	(signatory Imminent)

CONTRACTING STATES

Austria	30 April 1979
Brazil	31 March 1978
Chile	31 March 1978
Czechoslovakia	6 March 1979
Denmark	18 April 1979
Ecuador	31 March 1978
Egypt	31 March 1978
Finland	18 April 1979
France	18 April 1979
Germany	31 March 1978
Ghana	31 March 1978
Holy See	31 March 1978
Hungary	23 April 1979
Madagascar	31 March 1978
Mexico	31 March 1978
Norway	18 April 1979
Pakistan	8 March 1979
Panama	31 March 1978
Philippines14	June 1978

Portugal   31 March 1978
Senegal   31 March 1978
Sierra Leone   15 August 1978
Singapore   31 March 1978
Sweden   18 April 1979
United States of America   30 April 1979
Venezuela   31 March 1978
Zaire   19 April 1979

IV. 複合運送條約

United Nations Convention on International Multimodal Transport of Goods

1980년 國際聯合國際複合運送條約

The States parties to this Convention,

Recognizing:

(a) That international multimodal transport is one means of facilitating the orderly expansion of world trade;

(b) The need to stimulate the development of smooth, economic and efficient multimodal transport services adequate to the requirements of the trade concerned;

(c) The desirability of ensuring the orderly development of international multimodal transport in the interest of all countries and the need to consider the special problems of transit countries;

(d) The desirability of determining certain rules relating to the carriage of goods by international multimodal transport contracts, of goods by international multimodal transport contracts, including equitable provisions concerning the liability of multimodal transport operators;

(e) The need that this Convention should not affect the application of any international convention or national law relating to the regulation and control of transport operations;

(f) The right of each State to regulate and control at the national level multimodal transport operators and operations;

(g) The need to have regard to the special interest and problems of developing countries, for example, as regards introduction of new technologies, participation in multimodal services of their national carriers and operators, cost efficiency thereof and maximum use of local labour and insurance;

(h) The need to ensure a balance of interests between suppliers and users of multimodal transport services;

(i) The need to facilitate customs procedures with due consideration to the problems of transit countries;

Agreeing to the following basic principles:

(a) That a fair balance of interests between developed and developing countries should be established and an equitable distribution of activities between these groups of countries should be attained in international multimodal transport;

(b) That consultation should take place on terms and conditions of service, both before and after the introduction of any new technology in the multimodal transport of goods, between the multimodal transport operator, shippers, shippers' organizations and appropriate national authorities;

(c) The freedom for shippers to choose between multimodal and segmented transport services;

(d) That the liability of the multimodal transport operator under this Convention should be based on the principle of presumed fault or neglect;

Have decided to conclude a Convention for this purpose and have thereto agreed as follows:

本 條約의 當事國들은 다음을 인지하고,

(a) 國際複合運送은 世界貿易의 질서 있는 擴張을 促進하기 위한 手段의 점.

(b) 關聯貿易의 要件에 적합한 효율적이고 경제적이며 순조로운 複合運送서비스의 發展을 고취하여야 할 必要性.

(c) 모든 국가들의 利益을 위한 國際複合運送의 질서 있는 開發을 보장한다는 것은 바람직하다는 점 및 通過國들의 特殊問題點들에 대한 檢討의 必要性.

(d) 複合運送運營者의 責任에 관한 規定을 포함하여 國際聯合運送契約에 의한 貨物運送과 관련한 약간의 規則을 制定하여야 할 必要性.

(e) 本 條約이 運送오페레이션의 管理 및 規制와 관련한 國內法 또는 國際政府 間 條約의 適用에 영향을 미쳐서는 안 된다는 必要性.

(f) 複合運送運營者와 그 오페레이션을 國家的 次元에서 管理·規制하여야 할 각국의 權利.

(g) 신기술의 導入, 國內運送人과 運送運營者의 複合運送 서비스에의 參與, 國內勞動力과 保險利用의 극대화 및 그로 인한 費用상의 영향과 같은 開發途上國들의 특수한 理解와 問題點들에 대한 고려의 必要性.

(h) 複合運送서비스의 利用者들과 提供者들 간의 理解의 均衡을 確保하여야 할 必要性.

(i) 通過國들의 問題點을 考慮하여 通過節次를 촉진하여야 할 必要性.

아래의 基本原則에 合意하며,

(a) 先進國과 開發途上國 간의 공정한 理解의 均衡이 이룩되어야 하며 이들 국가그룹들 간에 國際複合運送에 있어서의 平等한 活動의 按分이 成就되어야 한다.

(b) 貨物의 複合運送에 있어서 새로운 기술이 도입되기 이전 및 이후에 複合運送業者, 荷主, 荷主機關 및 有關國家機關들 사이에 서비스의 條件에 관한 協議가 이루어져야 한다.

(c) 荷主는 複合運送과 구간별 運送 중 選擇할 自由가 있다.

(d) 本 條約하에서의 複合運送人의 責任은 過失 또는 怠慢 推定의 原則에 의한다.

이를 위하여 本 條約을 締結하기로 하고 다음과 같이 合意하였다.

part 1. GENERAL PROVISIONS

第1章 總則

Article 1. Definitions

For the purposes of this Convention:

1. "International multimodal transport" means the carriage of goods by at least two different modes of transport on the basis of a multimodal transport contract from a place in one country at which the goods are taken in charge by the multimodal transport operator to place designated for delivery situated in a different country. The operations of pick-up and delivery of goods carried out in the performance of a unimodal transport contract, as defined in such contract, shall not be considered as international multimodal transport.

2. "Multimodal transport operator" means any person who on his own behalf or through another person acting on his behalf concludes a multimodal transport contract and who acts as a principal, not as an agent or on behalf of the consignor or of the carriers participating in the multimodal

transport operations, and who assumes responsibility for the performance of the contract.

3. "Multimodal transport contract" means a contract whereby a multimodal transport operator undertakes, against payment of freight, to perform or to procure the performance of international multimodal transport.

4. "Multimodal transport document" means a document which evidences a multimodal transport contract, the taking in charge of the goods by the multimodal transport operator, and an undertaking by him to deliver the goods in accordance with the terms of that contract.

5. "Consignor" means any person by whom or in whose name or on whose behalf a multimodal transport contract has been conducted with the multimodal transport operator, or any person by whom or in whose name or on whose behalf the goods are actually delivered to the multimodal transport operator in relation to the multimodal transport contract.

6. "Consignee" means the person entitled to take delivery of the goods.

7. "Goods" includes any container, pallet or similar article of transport or packaging, if supplied by the consignor.

8. "International convention" means an international agreement concluded among States in written form and governed by international law.

9. "Mandatory national law" means any statutory law concerning carriage of goods the provisions of which cannot be departed from by contractual stipulation to the detriment of the consignor.

10. "Writing" means, inter alia, telegram or telex.

제1조 (定義)

이 條約의 適用에 있어서

1. 國際複合運送이라 함은 複合運送人이 物件을 자기의 保管 아래 引受한 한 國家의 支店에서 다른 國家에 위치하고 있는 引渡가 예정된 支店까지 複合運送契約에 의한 적어도 2종류 이상의 運送手段에 의한 物件運送을 의미한다. 어느 한 運送手段에 의한 運送契約의 履行으로서 그러한 契約에 정의된 바대로 행한 集荷와 引渡는 國際複合運送으로 看做하지 아니한다.

2. '複合運送人'이라 함은 스스로 혹은 自身을 代理한 他人을 통하여 複合運送契約을 締結하고 送荷人이나 複合運送作業에 관여하는 運送人의 代理人으로서 또는 그러한 사람에 갈음하여서가 아니라 主體로서 行爲를 하고 또한 契約의 履行에 관한 債務를 부담하는 사람을 말한다.

3. '複合運送契約'이라 함은 運送人이 運賃의 支給을 대가로 國際複合運送을 實行하거나 또는 그 實行을 確保할 것을 引受하는 契約을 말한다.

4. '複合運送證券'이라 함은 複合運送契約과 複合運送人이 자기의 保管 아래 物件을 引受하였다는 것 및 그 契約의 內容에 따라서 運送人이 物件을 引渡할 義務를 부담한다는 것을 證明하는 證券을 말한다.

5. '送荷人'이라 함은 스스로 또는 自己名義로 또는 代理人을 통하여 複合運送人과 複合運送契約을 締結한 사람이나 혹은 스스로 또는 自己名義로 또는 代理人을 통하여 複合運送契約과 관련하여 物件을 運送人에게 실제로 引渡하는 사람을 말한다.

6. '受荷人'이라 함은, 物件을 引渡받을 權利를 가진 者를 말한다.

7. '物件'은 컨테이너, 팰리트 또는 類似한 運送用具나 包裝用具가 送荷人이 공급한 것인 경우에는 이를 包含한다.

8. '國際條約'이라 함은 國家들 간에 文書 形式으로 締結된 國際的 合意로 國際法의 규율을 받는 것을 말한다.

9. '强行的 國內法'이라 함은 物件運送에 관한 법으로서 契約條項으로 그 規定을 送荷人에게 불리하도록 변경할 수 없는 制定法을 의미한다.

10. '文書'라 함은 특히 電報 및 텔렉스를 包含한다.

Article 2. Scope of Application
The provisions of this Convention shall apply to all contracts of multimodal transport between places in two States, if:
(a) The place for the taking in charge of the goods by the multimodal transport operator as provided for in the multimodal transport contract is located in a Contracting State, or
(b) The place for delivery of the goods by the multimodal transport operator as provided for in the multimodal transport contract is located in a Contracting State.

제2조 (適用範圍)
이 締約國 내에 條約의 規定은 다음 경우에 두 國家 間의 모든 複合運送契約에 適用한다.
(a) 複合運送人이 物件을 複合運送契約에 規定된 대로 자기의 保管 아래 引受한 곳이 締結國에 있을 때 또는
(b) 複合運送人이 物件을 複合運送契約에 規定된 대로 引渡한 곳이 締約國 내에 있을 때

Article 3. Mandatory Application
1. When a multimodal transport contract has been concluded which according to article 2 shall be governed by this Convention, the provisions of this Convention shall be mandatorily to such contract.
2. Nothing in this Convention shall affect the right of the consignor to choose between multimodal transport and segmented transport.

제3조 (强行的 規定)
1. 제2조에 따라 本 條約의 適用을 받는 複合運送契約이 締結된 때에는 本 條約의 規定은 그러한 契約에 强行的으로 適用된다.
2. 本 條約의 여하한 規定도 荷主가 複合運送과 區間別運送 중 선택할 수 있는 權利를 해하지 아니한다.

Article 4. Regulation and Control of
Multimodal Transport
1. This Convention shall not affect, or be incompatible with, the application of any international convention or national law relating to the regulation and control of transport operations.
2. This Convention shall not affect the right of each State to regulate and control at the national level multimodal transport operations and multimodal transport operators, including the right to take measures relating to consultations, especially before the introduction of new technologies and services, between multimodal transport operators, shippers, shippers' organizations and appropriate national authorities on terms and conditions of service; licensing of multimodal transport operators; participation in transport; and all other steps in the national economic and commercial interest.
3. The multimodal transport operator shall comply with the applicable law of the country in which he operates and with the provisions of this Convention.

제4조 (複合運送의 規律과 統制)
1. 이 條約은 運送 오퍼레이션의 規律과 統制에 관한 國內法이나 國際條約의 適用에 영향을 미치거나 그것과 抵觸되지 아니한다.
2. 이 條約은 특히 새로운 技術과 서비스를 導入하기 이전의 複合運送人, 荷主, 荷主機構 및 有關國家 機關 間의 서비스의 內容과 條件에 관한 協議, 複合運送人의 免許, 運送에의 參與 및 國家 經濟的, 商業的 理解에 대한 그 밖의 모든 措置에 관한 權利를 포함하여 各國이 國家적인 차원에서 複合運送業과 複合運送運營者에 대하여 規律하고 規制할 수 있는 權利를 해하지 않는다.
3. 複合運送人은 자기가 營業을 하고 있는 나라에서 適用되는 法 및 本 條約의 規定을 준수하여야 한다.

Part 2. DOCUMENTATION

제2장 證書

Article 5. Issue of Multimodal Transport Document

1. When the goods are taken in charge by the multimodal transport operator, he shall issue a multimodal transport document which, at the option of the consignor, shall be in either negotiable or nonnegotiable form.

2. The multimodal transport document shall be signed by the multimodal transport operator or by a person having authority from him.

3. The signature on the multimodal transport document may be in handwriting, printed in facsimile, perforated, stamped, in symbols, or made by any other mechanical or electronic means, if not inconsistent with the law of the country where the multimodal transport document is issued.

4. If the consignor so agrees, a nonnegotiable multimodal transport document may be issued by making use of any mechanical or other means preserving a record of the particulars stated in article 8 to be contained in the multimodal transport document. In such a case the multimodal transport operator, after having taken the goods in charge, shall deliver to the consignor a readable document containing all the particulars so recorded, and such document shall for the purposes of the provisions of this Convention be deemed to be a multimodal transport document.

제5조 (複合運送證券의 發行)

1. 複合運送人은 物件을 자기의 保管 아래 引受한 때에는 送荷人의 선택에 따라서 流通性證券形式 혹은 非流通性證券形式의 複合運送證券을 發行하여야 한다.

2. 複合運送證券에는 複合運送人 또는 그로부터 권한을 부여받은 자가 署名돼야 한다.

3. 複合運送證券이 發行된 國家의 法에 抵觸되지 않는 한 複合運送證券의 署名은 自筆, 複寫印刷, 穿孔, 捺印, 符號 그 밖의

機械的 또는 電子的 方法으로 할 수 있다.

4. 送荷人이 合意하는 경우에는 제8조에 規定된 複合運送證券에 포함되어야 할 明細들의 記錄을 保存하는 機械的 方法 혹은 그 밖의 方法을 사용하여 非流通性 複合運送證券을 發行할 수 있다. 그러한 경우 複合運送人은 物件을 자신의 保管 아래 引受한 후 그렇게 記錄된 모든 明細를 포함하고 있는 判讀이 가능한 證券을 送荷人에게 交付하여야 하며 그러한 證券은 本 條約規定의 適用上 複合運送證券으로 看做된다.

Article 6. Negotiable Multimodal Transport Document

1. Where a multimodal transport document is issued in negotiable form:

(a) It shall be made out to order or to bearer;

(b) If made out to order it shall be transferable by endorsement;

(c) If made out to bearer it shall be transferable without endorsement;

(d) If issued in a set of more than one original it shall indicate the number of originals the set;

(e) If any copies are issued each copy shall be marked "nonnegotiable copy".

2. Delivery of the goods may be demanded from the multimodal transport operator or a person acting on his behalf only against surrender of the negotiable multimodal transport document duly endorsed where necessary.

3. The multimodal transport operator shall be discharged from his obligation to deliver the goods if, where a negotiable multimodal transport document has been issued in a set of more than one original, he or person acting on his behalf has in good faith delivered the goods against surrender of one of such originals.

제6조 (流通性 複合運送證券)

1. 複合運送證券이 流通性 證券形式으로 發行된 경우에는

a) 指示式 또는 所持人式으로 作成되어야
하며.
b) 指示式으로 作成된 경우에는 背書에 의
하여 證券을 讓渡할 수 있어야 하며,
c) 所持人式으로 作成된 경우에는 背書에 의
하지 않고 證券을 讓渡할 수 있어야 하며,
d) 일통 이상의 原本이 1조로 發行될 때에
는 세트를 이루고 있는 原本의 통수를 기재
하여야 하고,
e) 寫本을 發行할 때는 每 寫本마다 '非流
通性 寫本'이라는 表示를 하여야 한다.
2. 物件의 引渡는 필요한 경우 정당하게 背
書된 流通性 複合運送證券과의 相換으로
만 複合運送人 또는 그에 갈음하여 行爲를
하는 사람에게 이를 請求할 수 있다.
3. 流通性 複合運送證券이 2통 이상의 原
本을 1조로 發行된 경우 複合運送人 또는
그에 갈음하여 行爲를 하는 사람이 선의로
그러한 原本 중 1通과 相換으로 物件을 引
渡한 때에는 複合運送人은 物件을 引渡할
그의 義務를 면한다.

Article 7. Nonnegotiable Multimodal Transport Document

1. Where a multimodal transport document is
issued in a nonnegotiable form it shall
indicate a named consignee.
2. The multimodal transport operator shall
be discharged from his obligation to deliver
the goods if he makes delivery thereof to the
consignee named in such nonnegotiable
multimodal transport document or to such
other person as he may be duly instructed,
as a rule, in writing.

제7조 (非流通性 複合運送證券)

1. 複合運送證券이 非流通性 證券形式으
로 發行될 경우에는 指名된 受荷人을 證券
에 기재하여야 한다.
2. 複合運送人은 그러한 非流通性 複合運
送證券에 指名되어 있는 受荷人 또는 受荷
人으로부터 書面으로 정당하게 指示를 받은
그 밖의 사람에게 物件을 引渡한 경우에는
그 物件의 引渡義務를 면한다.

Article 8. Contents of the Multimodal Transport Document

1. The multimodal transport document shall
contain the following particulars:
(a) The general nature of the goods, the leading
marks necessary for identification of the goods,
an express statement, if applicable, as to the
dangerous character of the goods, the number
of packages or pieces, and the gross weight of
the goods or their quantity otherwise expressed,
all such particulars as furnished by the
consignor;
(b) The apparent condition of the goods;
(c) The name and principal place of the
multimodal transport operator;
(d) The name of the consignor;
(e) The consignee, if named by the
consignor;
(f) The place and date of taking in charge
of the goods by the multimodal transport
operator;
(g) The place of delivery of the goods;
(h) The date or the period of delivery of the
goods at the place of delivery, if expressly
agreed upon between the parties;
(i) A statement indicating whether the
multimodal transport document is negotiable
or nonnegotiable;
(j) The place and date of issue of the
multimodal transport document;
(k) The signature of the multimodal
transport operator or of a person having
authority from him;
(l) The freight for each mode of transport, if
expressly agreed between the parties, or the
freight, including its currency, to the extent
payable by the consignee or other indication
that freight is payable by him;
(m) The intended journey route, modes of
transport and places of transhipment, if
known at the time of issuance of the
multimodal transport document;
(n) The statement referred to in paragraph 3
of article 28;
(o) Any other particulars which the parties

may agree to insert in the multimodal transport document, if not inconsistent with the law of the country where the multimodal transport document is issued.

2. The absence from the multimodal transport document of one or more of the particulars referred to in paragraph 1 of this article shall not affect the legal character of the document as a multimodal transport document provided that it nevertheless meets the requirements set out in paragraph 4 of article 1.

제8조 (複合運送證券의 內容)

1. 複合運送證券에는 다음의 事項을 記載하여야 한다.

a) 物件의 一般的인 性質, 物件의 識別에 필요한 主要 標識, 適用이 있는 경우 貨物의 危險性에 관한 明示的 記載, 包裝 또는 個品의 數, 物件의 重量 또는 그 밖의 表示에 의한 數量, 그 밖에 送荷人이 提供한 모든 事項.

b) 物件의 外觀狀態.

c) 複合運送人의 姓名 및 주된 營業所의 所在地.

d) 送荷人의 姓名.

e) 送荷人이 指名한 경우에는 受荷人.

f) 複合運送人이 物件을 자기의 保管 아래 引受한 場所 및 日字.

g) 物件의 引渡地.

h) 當事者 間에 明示的으로 合意된 경우에는 引渡地에서 物件을 引渡할 날 또는 期間.

i) 複合運送證券이 流通性 또는 非流通性임을 나타내는 表示.

j) 複合運送證券의 發行地 및 發行日.

k) 複合運送人 또는 그로부터 授權한 자의 署名.

l) 當事者 間에 明示的으로 合意된 경우 각 運送手段別 運賃, 혹은 受荷人이 支給할 통화를 포함하여 支給할 範圍나 運賃을 受荷人이 支給할 것임을 나타내는 그 밖에 表示.

m) 예정된 運送經路, 運送手段 및 複合運送證券의 發行 時에 알려진 경우에는 換積地.

n) 제28조 제3항에 規定한 記載.

o) 그 밖에 當事者 間에 複合運送證券에 삽입하기로 合意된 그 밖의 事項으로서 複合運送證券이 發行된 國家의 법에 저촉되지 아니하는 것.

2. 複合運送證券에 本條 제1항에 規定된 事項 중 하나 이상의 결여가 있더라도 제1조 제4항에 規定된 要件을 충족하는 한 複合運送證券으로서의 證券의 法律的 性質에 영향을 미치지 아니한다.

Article 9. Reservations in the Multimodal Transport Document

1. If the multimodal transport document contains particulars concerning the general nature, leading marks, number of packages or pieces, weight or quantity of the goods which the multimodal transport operator or a person acting on his behalf knows, or has reasonable grounds to suspect, do not accurately represent the goods actually taken in charge, or if he has no reasonable means of checking such particulars, the multimodal transport operator or a person acting on his behalf shall insert in the multimodal transport operator or a person acting on his behalf shall insert in the multimodal transport document a reservation specifying these inaccuracies, grounds of suspicion or the absence of reasonable means of checking.

2. If the multimodal transport operator or a person acting on his behalf fails to note on the multimodal transport document the apparent condition of the goods, he is deemed to have noted on the multimodal transport document that the goods were in apparent good condition.

제9조 (複合運送證券상의 留保)

1. 複合運送證券에 記載된 物件의 一般的 性質, 主要 標識, 包裝 또는 個品의 數, 重量 또는 數量에 관한 事項이 실제로 자기의 保管 아래 引受한 物件을 정확하게 表示하고 있지 아니하는 것을 複合運送人 또는 複合運送人에 갈음하여 行爲를 하는 사람이 알고 있거나 그렇게 의심할 만한 정당한 이유가 있는 때 또는 그러한 事項을 確

認할 적당한 方法이 없는 때에는 複合運送
人 또는 複合運送人에 갈음하여 行爲를 하
는 사람은 그러한 부정확성, 의심할 이유 또
는 적당한 確認方法의 缺如를 摘記한 留保
를 複合運送人 또는 複合運送證券에 揷入
하여야 한다.
2. 複合運送人 또는 複合運送에 갈음하여
行爲를 하는 사람이 複合運送證券에 物件
의 外觀狀態를 記載하지 아니한 때에는 物
件이 외관상 양호한 상태에 있었다는 것을
複合運送證券에 記載한 것으로 본다.

Article 10. Evidentiary Effect of the Multimodal Transport Document

Except for particulars in respect of which and to the extent to which a reservation permitted under article 9 has been entered:

(a) The multimodal transport document shall be prima facie evidence of the taking in charge by the multimodal transport operator of the goods as described therein;

(b) Proof to the contrary by the multimodal transport operator shall not be admissible if the multimodal transport document is issued in negotiable form and has been transferred to a third party, including a consignee, who has acted in good faith in reliance on the description of the goods therein.

제10조 (複合運送證券의 證據力)

제9조에 의하여 許容되는 留保에 관한 事
項 및 그 留保의 範圍를 제외하고 (a) 複合
運送證券은 複合運送人이 同證券에 記載
된 대로 物件을 자기의 保管 아래 引受하
였다는 推定證據로 된다.
(b) 複合運送證券이 流通證券形式으로 發
行되어 受荷人을 포함하여 同證券상의 그
物件에 대한 記載를 신뢰하고 善意로 行爲
를 한 第3者에게 讓渡된 때에는 複合運送
人에 의한 反證은 許容되지 아니한다.

Article 11. Liability for Intentional Misstatements or Omissions

When the multimodal transport operator, with intent to defraud, gives in the multimodal transport document false information concerning the goods or omits any information required to be included under paragraph 1 (a) or (b) of article 8 or under article 9, he shall be liable, without the benefit of the limitation of liability provided for in this Convention, for any loss, damage or expenses incurred by a third party, including a consignee, who acted in reliance on the description of the goods in the multimodal transport document issued.

제11조 (故意的인 不實記載나 記載의 漏落에 대한 責任)

複合運送人이 詐欺의 目的으로 複合運送
證券에 物件에 관한 情報를 虛僞로 表示하
거나 제8조 제1항(a) 또는 (b) 또는 제9조에
의하여 포함시켜야 할 情報를 記載하지 아
니한 경우에는 複合運送은 受荷人을 포함
하여 發行된 複合運送證券상의 物件明細
를 信賴하고 行爲를 한 제3자가 입은 滅失,
毁損 또는 費用에 대하여 이 條約에 規定
된 責任制限의 利益 없이 이를 賠償할 責
任이 있다.

Article 12. Guarantee by the Consignor

1. The consignor shall be deemed to have guaranteed to the multimodal transport operator the accuracy, at the time the goods were taken in charge by the multimodal transport operator, of particulars relating to the general nature of the goods, their marks, number, weight and quantity and, if applicable, to the dangerous character of the goods, as furnished by him for insertion in the multimodal transport document.

2. The consignor shall indemnify the multimodal transport operator against loss resulting from inaccuracies in or inadequacies of the particulars referred to in paragraph 1 of this article. The consignor shall remain liable even if the multimodal transport document has been transferred by him. The right of the multimodal transport operator to such indemnity shall in no way limit his liability under the multimodal transport contract to any

person other than the consignor.

제12조 (送荷人에 의한 保證)

1. 送荷人은 複合運送人이 物件을 자기의 保管 아래 引受한 때에 複合運送證券의 記載를 위하여 자기가 提出한 物件의 一般的 性質, 그 標識, 個數, 重量 및 數量, 適用이 있는 경우 物件의 危險性에 관한 事項이 정확하다는 것을 複合運送人에게 擔保한 것으로 본다.

2. 送荷人은 本條 제1항에 規定한 事項의 부정확 또는 부적합으로 인하여 생긴 損失에 대하여 複合運送人에게 補償하여야 한다. 運送人은 複合運送證券을 讓渡한 경우에는 그 責任을 면하지 못한다. 그러한 補償에 관한 複合運送人의 權利는 複合運送契約에 의한 送荷人 외의 모든 사람에 대한 複合運送人의 責任을 制限하지 못한다.

Article 13. Other Documents

The issue of the multimodal transport document does not preclude the issue, if necessary, of other documents relating to transport or other services involved in international multimodal transport, if accordance with applicable international conventions or national law.

However, the issue of such other documents shall not affect the legal character of the multimodal transport document.

제13조 (其他書類)

複合運送證券의 發行은 國際條約 또는 國內法에 저촉되지 않는 한 필요한 경우 國際複合運送과 관련된 運送이나 다른 業務에 관계되는 다른 證券의 發行을 방해하지 않는다. 그러나 이러한 다른 證券의 發行은 複合運送證券의 法律的 性質에 영향을 미치지 아니한다.

PART 3. MULTIMODAL LIABILTIY OF THE TRANSPORT OPERATOR

第3章 複合運送人의 責任

Article 14. period of Responsibility

1. The responsibility of the multimodal transport operator for the goods under this Convention covers the period from the time he takes the goods in his charge to time of their delivery.

2. For the purpose of this article, the multimodal transport operator is deemed to be in charge of the goods:

(a) From the time he has taken over the goods from:

(i) The consignor or a person acting on his behalf; or

(ii) An authority or other third party to whom, pursuant to law or regulations applicable at the place of taking in charge, the goods must be handed over for transport;

(b) Until the time he delivered the goods:

(i) By handing over the goods to the consignee; or

(ii) In cases where the consignee does not receive the goods from the multimodal transport operator, by placing them at the disposal of the consignee in accordance with the multimodal transport contract or with the law or with the usage of the particular trade applicable at the place of delivery; or

(iii) By handing over the goods to an authority or other third party to whom, pursuant to law or regulations applicable at the place of delivery, the goods must be handed over.

3. In paragraphs 1 and 2 of this article, reference to the multimodal transport operator shall include his servants or agents or any other person of whose services he makes use for the performance of the multimodal transport contract, and reference to the consignor or consignee shall include

their servants or agents.

제14조 (責任의 期間)

1. 이 條約에 의한 物件에 관한 複合運送人의 責任은 複合運送人이 物件을 자기의 保管 아래 引受한 때로부터 物件을 引渡할 때까지의 期間에 미친다.

2. 本條의 適用에 있어서 다음 期間 중 物件이 複合運送人이 保管 아래 있는 것으로 본다.

(a) 複合運送人이 物件을,

(ⅰ) 送荷人 또는 送荷人에 갈음하여 行爲를 하는 사람으로부터 또는

(ⅱ) 引受地에서 適用되는 法令에 따라서 運送을 위하여 物件을 交付하여야 할 當局 그 밖의 제3자로부터 引受한 때로부터,

(b) 複合運送人이 物件을,

(ⅰ) 受荷人에게 物件을 交付함으로써 또는

(ⅱ) 受荷人이 複合運送人으로부터 物件을 受領하지 아니하는 경우에는 複合運送契約 또는 引渡地에서 適用되는 法律이나 當該 去來의 慣習에 따라서 物件을 受荷人의 處分으로 넘김으로써 또는

(ⅲ) 引渡地에서 適用되는 法令에 따라서 物件을 交付하여야 할 當局 그 밖의 제3자에게 物件을 交付함으로써 引渡할 때까지.

3. 本條 제1항 및 제2항에서 정하는 複合運送人에는 複合運送人의 代理人 또는 使用人 그 밖에 複合運送人이 複合運送契約의 履行을 위하여 그 役務를 이용하는 사람을 포함하며 送荷人 또는 受荷人의 使用人 또는 代理人을 포함한다.

Article 15. The Liability of the Multimodal Transport Operator for his Servants, Agents and Other Persons

Subject to article 21, the multimodal transport operator shall be liable for the acts and omissions of his servants or agents, when any such servant or agent is acting within the scope of his employment, or of any other person of whose services he makes use for the performance of the multimodal transport contract, when such person is acting in the performance of the contract, as if such acts

and omissions were his own.

제15조 (複合運送人의 그 使用人, 代理人 그 밖의 사람에 대한 責任)

제21조를 제외하고 複合運送人은 그의 使用人과 代理人이 그들의 職務의 範圍 內에서 行爲를 하는 한 그 使用人과 代理人의 行爲에 대하여 또는 그 複合運送契約의 履行을 위하여 그 밖에 사람을 利用할 경우에는 그 타인이 계약의 이행과 관련하여 행동하는 한 그 타인의 作爲 또는 不作爲에 대하여 責任을 진다.

Article 16.Basis of Liability

1. The multimodal transport operator shall be liable for loss resulting from loss of or damage to the goods, as well as from delay in delivery, if the occurrence which caused the loss, damage or delay in delivery took place while the goods were in his charge as defined in article 14, unless the multimodal transport operator proves that he, his servants or agents or any other person referred to in article 15 took all measures that could reasonably be required to avoid the occurrence and its consequences.

2. Delay in delivery occurs when the goods have not been delivered within the time expressly agreed upon or, in the absence of such agreement, within the time which it would be reasonable to require of a diligent multimodal transport operator, having regard to the circumstances of the case.

3. If the goods have not been delivered within 90 consecutive days following the date of delivery determined according to paragraph 2 of this article, the claimant may treat the goods as lost.

제16조 (責任의 原因)

1. 複合運送人은 物件의 滅失, 毀損 또는 引渡遲延의 原因으로 된 事故가 物件이 제14조 정의된 運送人의 保管 아래 있는 동안에 일어난 때에는 그 滅失, 毀損 또는 引渡遲延으로 인하여 생긴 損失에 대하여 責

任을 진다.
그러나 複合運送人이 자기 또는 제15조에서 정하는 그 使用人이나 代理人 또는 그 밖의 사람이 그 事故 및 그 結果를 회피하기 위하여 合理的으로 요구되는 모든 措置를 취하였다는 것을 證明한 때에는 그러하지 아니한다.

2. 引渡遲延은 物件이 明示的으로 合意된 期間 내에 그러한 合意가 없는 경우에는 當該 事案의 정황을 고려하여 성실한 複合運送人에게 合理的으로 요구되는 期間 내에 引渡되지 아니한 때에 생긴다.

3. 物件이 本條 제2항에 따라 결정된 引渡日에 이은 연속한 90일 내에 引渡되지 아니한 때에는 賠償請求者는 物件이 滅失된 것으로 看做할 수 있다.

Article 17. Concurrent Causes

Where fault or neglect on the part of the multimodal transport operator, his servants or agents or any other person referred to in article 15 combines with another cause to produce loss, damage or delay in delivery, the multimodal transport operator shall be liable only to the extent that the loss, damage or delay in delivery is attributable to such fault or neglect, provided that the multimodal transport operator proves the part of the loss, damage or delay in delivery not attributable thereto.

제17조 (原因의 競合)

複合運送人 또는 제15조에서 정하는 그 使用人이나 代理人 또는 그 밖의 사람 측의 過失 또는 不注意가 다른 原因과 競合하여 滅失, 毀損 또는 引渡遲延을 일으킨 경우에는 複合運送人은 그러한 過失 또는 不注意 탓으로 돌릴 수 있는 滅失, 毀損 또는 引渡遲延의 範圍 내에서만 責任을 진다. 이 경우 複合運送人은 그러한 過失 또는 不注意 탓으로 돌릴 수 없는 滅失, 毀損 또는 引渡遲延의 부분을 證明하여야 한다.

Article 18. Limitation of Liability

1. When the multimodal transport operator is liable for loss resulting from loss of or damage to the goods according to article 16, his liability shall be limited to an amount not exceeding 920 units of account per package or other shipping unit or 2.75 units of account per kilogram of gross weight of the goods lost or damaged, whichever is the higher.

2. For the purpose of calculating which amount is the higher in accordance with paragraph 1 of this article, the following rules shall apply:

(a) Where a container, pallet or similar article of transport is used to consolidate goods, the packages or other shipping units enumerated in the multimodal transport document as packed in such article of transport are deemed packages or shipping units. Except as aforesaid, the goods in such article of transport are deemed one shipping unit.

(b) In cases where the article of transport itself has been lost or damaged, that article of transport, if not owned or otherwise supplied by the multimodal transport operator, is considered one separate shipping unit.

3. Notwithstanding the provisions of paragraphs 1 and 2 of this article, if the international multimodal transport does not, according to the contract, include carriage of goods by sea or by inland waterways, the liability of the multimodal transport operator shall be limited to an amount not exceeding 8.33 units of account per kilogram of gross weight of the goods lost or damaged.

4. The liability of the multimodal transport operator for loss resulting from delay in delivery according to the provisions of article 16 shall be limited to an amount equivalent to two and a half times the freight payable for the goods delayed, but not exceeding the total freight payable under the multimodal transport contract.

5. The aggregate liability of the multimodal transport operator, under paragraphs 1 and 4 or paragraphs 3 and 4 of this article, shall not exceed the limit of liability for total loss

of the goods as determined by paragraph 1 or 3 of this article.

6. By agreement between the multimodal transport operator and the consignor, limits of liability exceeding those provided for in paragraphs 1, 3 and 4 of this article may be fixed in the multimodal transport document.

7. "Unit of account" means the unit of account mentioned in article 31.

第18條 (責任의 限度)

1. 複合運送人이 제16조에 의하여 物件의 滅失, 毀損으로 인한 損害에 대하여 責任을 지는 경우 그 責任은 1包裝 또는 그 밖의 積載單位當 920計算單位를 초과하지 아니하는 金額과 滅失, 毀損된 物件의 總重量 1킬로그램당 2.75計算單位 중 많은 金額으로 制限된다.

2. 本條 제1항에 의한 高額의 산출에 있어서 다음 原則을 適用한다.

(a) 컨테이너, 팰리트 그 밖에 이와 유사한 運送用具가 物件을 統合하기 위하여 사용되는 경우 이러한 運送用具에 包裝된 것으로 複合運送證券에 표시되어 있는 包裝物 또는 積載單位를 包裝物 또는 積載單位로 본다.

이 경우를 제외하고 이러한 運送用具 내의 物件을 하나의 積載單位로 본다.

(b) 運送用具 자체가 滅失, 毀損된 경우, 그 運送用具를 複合運送人이 所有하거나 공급한 것이 아닌 때에는 이를 하나의 별개의 積載單位로 본다.

3. 本條 제1항 및 제2항의 規定에도 불구하고 國際複合運送이 契約에 따라 內水 혹은 海上運送을 포함하지 않는 경우 複合運送人의 責任은 滅失 혹은 毀損된 貨物의 總重量 1킬로그램당 8.33 計算單位를 초과하지 않는 金額으로 制限된다.

4. 제16조의 規定에 의한 引渡遲延으로 인한 損害에 대한 複合運送人의 責任은 遲延된 貨物에 대하여 支給되는 運賃의 2.5배에 상당하는 金額으로 制限하되 複合運送契約상 支給되는 運賃總額을 초과할 수 없다.

5. 本條 제1항과 제4항 혹은 제3항과 제4항에 의한 複合運送人의 責任의 總額은 本條 제1항 혹은 제3항에 의해 결정되는 貨物의 전송에 대한 責任의 限度를 초과하지 못한다.

6. 複合運送人과 運送人 간의 합의에 의해 本條 제1항, 제3항 및 제4항에 規定된 限度를 초과하는 責任限度를 複合運送證券에 정할 수 있다.

7. '計算單位'는 제31조에서 정하는 計算單位를 의미한다.

Article 19. Localised Damage

When the loss of or damage to the goods occurred during one particular stage of the multimodal transport, in respect of which an applicable international convention or mandatory national law provides a higher limit of liability than the limit that would follow from application of paragraphs 1 to 3 of article 18, then the limit of the multimodal transport operator's liability for such loss or damage shall be determined by reference to the provisions of such convention or mandatory national law.

제19조 (局地的 損害)

物件의 滅失 또는 毀損이 複合運送의 어느 한 特定區間에서 발생하고 그 區間에 관하여 適用되는 國際條約 또는 强行的 國內法에서 제18조 제1항 내지 제3항의 適用으로 算出되는 限度보다 높은 限度를 規定하고 있는 경우에는 그러한 滅失 또는 毀損에 대한 複合運送人의 責任의 限度는 그러한 條約 또는 强行的 國內法의 規定에 따라서 決定한다.

Article 20. Non‐contractual Liability

1. The defences and limits of liability provided for in this Convention shall apply in any action against the multimodal transport operator in respect of loss resulting from loss of or damage to the goods, as well as from delay in delivery, whether the action be founded in contract, in tort or otherwise.

2. If an action in respect of loss resulting from loss of or damage to the goods or from delay in delivery is brought against the servant or agent of the multimodal transport

operator, if such servant or agent proves that he acted within the scope of his employment, or against any other person of whose services he makes use for the performance of the multimodal transport contract, if such other person proves that he acted within the performance of the contract, the servant or agent of such other person shall be entitled to avail himself of the defences and limits of liability which the multimodal transport operator is entitled to invoke under this Convention.

3. Except as provided in article 21, the aggregate of the amounts recoverable from the multimodal transport operator and from a servant or agent or any other person of whose services he makes use for the performance of the multimodal transport contract shall not exceed the limits of liability provided for in this Convention.

제20조 (非契約的 責任)

1. 이 條約에 정하는 責任에 관한 抗辯 및 限度는 訴訟이 契約에 의한 것이든 不法行爲 기타에 의한 것이든 묻지 아니하고 物件의 滅失 또는 毁損 또한 引渡遲延에 관한 複合運送人에 모든 訴訟에 適用한다.

2. 物件의 滅失 또는 毁損 또한 引渡遲延에 관한 訴訟이 複合運送人의 使用人 또는 代理人에 대하여 제기된 경우 그러한 使用人 또는 代理人이 그 職務의 範圍 내에서 行爲를 하였다는 것을 證明한 때 또는 複合運送人이 複合運送契約의 履行을 위하여 그 業務를 이용하는 그 밖의 사람에 제기된 경우에 그러한 사람이 그가 契約履行의 範圍 내에서 行爲를 하였음을 입증한 때에는 그 使用人이나 代理人 또는 그 밖의 사람은 이 條約 아래서 複合運送人이 주장할 수 있는 責任에 관한 抗辯 및 限度를 원용할 權利가 있다.

3. 제21조에 규정된 경우를 제외하고 複合運送人 및 使用人이나 代理人 또는 複合運送人이 複合運送契約의 履行을 위하여 그 業務를 이용하는 그 밖의 사람으로부터 賠償을 받을 수 있는 總額은 이 條約에 規

定된 責任의 限度를 초과하지 못한다.

Article 21. Loss of Right to Limit Liability

1. The multimodal transport operator is not entitled to the benefit of the limitation of liability provided for in this Convention if it is proved that the loss, damage or delay in delivery resulted from an act or omission of the multimodal transport operator done with the intent to cause such loss, damage or delay or recklessly and with knowledge that such loss, damage or delay would probably result.

2. Notwithstanding paragraph 2 of article 20, a servant or agent of the multimodal transport operator or other operator or other person of whose services he makes use for the performance of the multimodal transport contract is not entitled to the benefit of the limitation of liability provided for in this Convention if it is proved that the loss, damage or delay in delivery resulted from an act or omission of such servant, agent or other person, done with the intent to cause such loss, damage or delay or recklessly and with knowledge that such loss, damage or delay would probably result.

제21조 (責任制限의 權利의 喪失)

1. 滅失, 毁損 또는 引渡遲延이 그러한 滅失, 毁損 또는 遲延을 일으킬 의도로써 또는 무모하게 그러한 滅失, 毁損 또는 遲延이 일어나리라는 것을 알면서 한 複合運送人의 作爲 또는 不作爲로 인하여 생긴 것이 증명된 때에는 複合運送人은 본 條約에 規定된 責任制限의 利益에 대한 權利를 가지지 못한다.

2. 제20조 제2항의 規定에도 불구하고 滅失, 毁損 또는 遲延이 그러한 滅失, 毁損 또는 遲延이 일어나리라는 것을 알면서 한 使用人이나 代理人 또는 複合運送契約의 履行을 위하여 複合運送人이 그 業務를 이용하는 그 밖의 사람의 作爲 또는 不作爲로 인하여 생긴 것이 증명될 때에는 그러한 使用人이나 代理人 또는 그 밖의 사람은

本 條約에 規定된 責任制限의 利益에 대
한 權利를 가지지 못한다.

PART 4. LIABILITY OF THE
CONSIGNOR

제4장 送荷人의 責任

Article 22. General Rule

The consignor shall be liable for loss
sustained by the multimodal transport
operator if such loss is caused by the fault
or neglect of the consignor, or his servants
or agents when such servants or agents are
acting within the scope of their employment.
Any servant or agent of the consignor shall
be liable for such loss if the loss is caused
by fault or neglect on his part.

제22조 (一般原則)

送荷人은 複合運送人이 입은 損失이 送荷
人 또는 그 使用人이나 代理人이 그 職務
의 範圍 내에서 行爲를 하고 있을 때의 過
失이나 不注意로 인해 생긴 경우 그러한
損失에 대하여 責任을 져야 한다. 送荷人
의 使用人 또는 代理人도 그러한 損失이
그 使用人 또는 代理人 측의 過失 또는 不
注意로 인해 생긴 경우 그러한 損失에 대
하여 責任을 져야 한다.

Article 23. Special Rules on Dangerous
Goods

1. The consignor shall mark or label in a suitable
manner dangerous goods as dangerous.
2. Where the consignor hands over dangerous
goods to the multimodal transport operator
or any person acting on his behalf, the
consignor shall inform him of the dangerous
character of the goods and, if necessary, the
precautions to be taken. If the consignor
fails to do so and the multimodal transport
operator does not otherwise have knowledge
of their dangerous character:

(a) The consignor shall be liable to the
multimodal transport operator for all loss
resulting from the shipment of such goods; and
(b) The goods may at any time be unloaded,
destroyed or rendered innocuous, as the
circumstances may require, without payment
or compensation.
3. The provisions of paragraph 2 of this article
may not be invoked by any person if during the
multimodal transport he has taken the goods in
his charge with knowledge of their dangerous
character.
4. If, in cases where the provisions of
paragraph 2 (b) of this article do not apply or
may not be invoked, dangerous goods become
an actual danger to life or property, they may
be unloaded, destroyed or rendered innocuous,
as the circumstances may require, without
payment of compensation except where there
is an obligation to contribute in general
average or where the multimodal transport
operator is liable in accordance with the
provisions of article 16.

제23조 (危險物에 관한 特則)

1. 送荷人은 危險物에 관하여 적절한 方法
으로 危險性이 있다는 標識을 하거나 또는
附箋을 붙여야 한다.
2. 送荷人이 複合運送人 또는 複合運送人
에 갈음하여 行爲를 하는 사람에게 危險物
을 引渡한 때에는 送荷人은 物件의 危險性
및 필요한 경우 취하여야 할 豫防措置에
관하여 複合運送人에게 通知하여야 한다.
送荷人이 그 通知를 하지 아니하고 複合運
送人이 物件의 危險性에 관하여 달리 알지
못한 경우에는
(a) 送荷人은 그러한 物件의 積載로부터 생
기는 모든 損失에 대하여 複合運送人에게
責任을 지고 또,
(b) 그 物件은 필요한 상황에서는 賠償金을
支給하지 아니하고 언제든지 이를 揚荷, 破
壞 또는 無害措置를 할 수 있다.
3. 複合運送 중 物件의 危險性을 알고 그
物件을 자기의 保管 아래 受領한 사람은 本
條 제2항의 規定을 援用할 수 없다.

4. 本條 제2항(b)의 規定이 適用되지 아니하거나 이를 援用할 수 없는 경우 危險物이 人命 또는 財産에 실제적 危險을 미치게 된 때에는 그 危險物은 필요한 상황에서는 共同海損分擔金을 부담할 義務를 지는 경우 또는 複合運送人이 제16조의 規定에 따라서 責任을 지는 경우를 제외하고 賠償金을 支給하지 아니하고 이를 揚荷, 破壞 또는 無害措置할 수 있다.

PART 5. CLAIMS AND ACTIONS

제5장 請求 및 訴訟

Article 24. Notice of Loss, Damage or Delay

1. Unless notice of loss or damage, specifying the general nature of such loss or damage, is given in writing by the consignee to the multimodal transport operator not later than the working day after the day when the goods were handed over to the consignee, such handing over is prima facie evidence of the delivery by the multimodal transport operator of the goods as described in the multimodal transport document.

2. Where the loss or damage is not apparent, the provisions of paragraph 1 of this article apply correspondingly if notice in writing is not given within six consecutive days after the day when the goods were handed over to the consignee.

3. If the state of the goods at the time they were handed over to the consignee has been the subject of a joint survey or inspection by the parties or their authorized representatives at the place of delivery, notice in writing need not be given of loss or damage ascertained during such survey or inspection.

4. In the case of any actual or apprehended loss or damage the multimodal transport operator and the consignee shall give all reasonable facilities to each other for inspecting and tallying the goods.

5. No compensation shall be payable for loss resulting from delay in delivery unless notice has been given in writing to the multimodal transport operator within 60 consecutive days after the day when the goods were delivered by handing over to the consignee or when the consignee has been notified that the goods have been delivered in accordance with paragraph 2 (b) (ii) or (iii) of article 14.

6. Unless notice of loss or damage, specifying the general nature of the loss or damage, is given in writing by the multinational transport operator to the consignor not later than 90 consecutive days after the occurrence of such loss or damage or after the delivery of the goods in accordance with paragraph 2 (b) of article 14, whichever is later, the failure to give such notice is prima facie evidence that the multimodal transport operator has sustained no loss or damage due to the fault or neglect of the consignor, his servants or agents.

7. If any of the notice periods provided for in paragraphs 2, 5 and 6 of this article terminates on a day which is not a working day at the place of delivery, such period shall be extended until the next working day.

8. For the purpose of this article, notice given to a person acting on the multimodal transport operator's behalf, including any person of whose services he makes use at the place of delivery, or to a person acting on the consignor's behalf, shall be deemed to have been given to the multimodal transport operator, or to the consignor, respectively.

제24조 (滅失, 毀損 또는 遲延의 通知)
1. 物件이 受荷人에게 交付된 날의 翌日인 去來日 중에 受荷人이 複合運送에 대하여 文書로 滅失 또는 毀損의 槪況을 明記하여 通知를 하지 아니한 때에는 그러한 交付는 複合運送人이 物件을 複合運送證券에 記載된 대로 또는 그러한 證券이 발급되지 아니한 때에는 양호한 상태로 引渡하였다는 推定證據로 한다.
2. 滅失 또는 毀損이 외부에서 確認되지 아니한 경우 貨物이 受荷人에게 交付된 날로

부터 연속된 6일 이내에 文書에 의한 通知가 되지 아니한 때에는 本條 제1항의 規定이 그대로 適用된다.

3. 物件이 受荷人에게 交付된 때에 그 상태가 引渡地에서 兩當事者 또는 그로부터 權限이 부여된 代理人에 의한 共同의 調査 또는 檢査의 대상이 된 때에는 그 調査 또는 檢査 중에 確認된 滅失 또는 毁損에 관하여는 文書에 의한 通知를 요하지 아니한다.

4. 滅失 또는 毁損이 실제로 일어났을 것이라는 의심이 있는 때에는 複合運送人 및 受荷人은 物件의 檢査 및 個數의 點檢을 위하여 서로 모든 상당한 편의를 제공하여야 한다.

5. 物件이 受荷人에게 交付됨으로써 引渡된 날 혹은 제14조 제2항(b)(ii) 혹은 (iii)에 따라 引渡되었음이 受荷人에게 通知된 날로부터 연속된 60일 이내에 複合運送人에 대하여 文書로 通知를 하지 아니한 때에는 引渡遲延으로부터 생기는 損失에 대한 賠償金은 支給되지 아니한다.

6. 滅失 또는 毁損이 생긴 날 또는 物件을 제14조 제2항 (b)호에 따라서 引渡한 날 중 늦은 날로부터 연속된 90일 이내에 複合運送人이 送荷人에 대하여 文書로 滅失 또는 毁損의 槪況을 明記하여 通知를 하지 아니한 때에는 그러한 通知의 해태는 複合運送人이 送荷人 또는 그 使用人이나 代理人의 過失 또는 不注意로 인하여 滅失 또는 毁損을 입지 아니하였다는 推定證據로 된다.

7. 本條 제2항과 제5항 및 제6항에 規定된 通知期間이 引渡地의 去來日이 아닌 날로 滿了되는 때에는 그러한 期間은 다음 去來日까지 延長된다.

8. 本條의 適用에 있어서 引渡地에서 하는 사람 또는 送荷人에 갈음하여 行爲를 하는 사람에게 한 通知는 複合運送人 또는 送荷人에게 한 通知로 본다.

Article 25. Limitation of Actions

1. Any action relating to international multimodal transport under this Convention shall be time-barred if judicial or arbitral proceedings have not been instituted within a period of two years. However, if notification in writing, stating the nature and main particulars of the claim, has not been given within six months after the day when the goods were delivered or, where the goods have not been delivered, after the day on which they should have been delivered, the action shall be time-barred at the expiry of this period.

2. The limitation period commences on the day after the day on which the multimodal transport operator has delivered the goods or part thereof or, where the goods have not been delivered, on the day after the last day on which the goods should have been delivered.

3. The person against whom a claim is made may at any time during the running of the limitation period extend that period by a declaration in writing to the claimant. This period may be further extended by another declaration or declarations.

4. Provided that the provisions of another applicable international convention are not to the contrary, a recourse action for indemnity be a person held liable under this Convention may be instituted even after the expiration of the limitation period provided for in the preceding paragraphs if instituted within the time allowed by the law of the State where proceedings are instituted; however, the time allowed shall not be less than 90 days commencing from the day when the person instituting such action for indemnity has settled the claim or has been served with process in the action against himself.

제25조 (提訴 制限)

1. 司法節次 또는 仲裁節次가 2년의 期間 내에 개시되지 아니하는 때에는 本 協約에 의한 國際複合運送에 관한 어떠한 訴訟도 時效가 消滅한다. 그러나 賠償請求의 種類와 主要事項을 明記한 書面에 의한 通知가 物件이 引渡된 날로부터 또는 物件이 引渡되지 않았을 때는 引渡되었어야 했을 날로부

터 6개월 내에 행하여지지 아니한 때에는 訴訟은 그 期間滿了 時에 時效가 消滅한다.
2. 提訴期間은 複合運送人이 物件의 전부 또는 일부를 引渡한 날의 翌日 또는 物件이 引渡되지 않았을 때는 物件이 引渡되었어야 했을 날로 翌日에 개시된다.
3. 賠償請求를 받은 자는 提訴期間의 진행 중에 언제라도 賠償請求者에 대한 書面에 의한 通知로 그 期間을 延長할 수 있다. 이 期間은 그 후의 다른 通告에 의하여 다시 延長될 수 있다.
4. 다른 適用되는 國際的인 條約의 規定에 저촉되지 아니하는 한 本 條約에 따라 責任을 질 사람에 대한 賠償請求訴訟은 前 諸 項에 規定된 提訴期間의 滿了 後에도 訴訟節次를 개시하는 國家의 法律에 의하여 許容된 期間 내에는 이를 提起할 수 있다. 그러나 그 許容期間은 그러한 賠償請求訴訟을 提起하는 사람이 자기에 대한 請求를 해결할 날 또는 자기에 대한 訴訟에서 訴狀의 送達을 받은 날로부터 起算하여 90일 未滿이 아니어야 된다.

Article 26. Jurisdiction

1. In judicial proceedings relating to international multimodal transport under this Convention, the plaintiff, at his option, may institute an action in a court which, according to the law of the State where the court is situated, is competent and within the jurisdiction of which is situated one of the following places:

(a) The principal place of business or, in the absence thereof, the habitual residence of the defendant; or

(b) The place where the multimodal transport contract was made, provided that the defendant has there a place of business, branch or agency through which the contract was made; or

(c) The place of taking the goods in charge for international multimodal transport or the place of delivery; or

(d) Any other place designated for that purpose in the multimodal transport contract and evidenced in the multimodal transport document.

2. No judicial proceedings relating to international multimodal transport under this Convention may be instituted in a place not specified in paragraph 1 of this article. The provisions of this article do not constitute an obstacle to the jurisdiction of the Contracting States for provisional or protective measures.

3. Notwithstanding the preceding provisions of this article, an agreement made by the parties after a claim has arisen, which designates the place where the plaintiff may institute an action, shall be effective.

4. (a) Where an action has been instituted in accordance with the provisions of this article or where judgement in such an action has been delivered, no new action shall be instituted between the same parties on the same grounds unless the judgement in the first action is not enforceable in the country in which the new proceedings are instituted;

(b) For the purposes of this article neither the institution of measures to obtain enforcement of a judgement nor the removal of an action to a different court within the same country shall be considered as the starting of a new action.

제26조 (裁判管轄權)

1. 이 條約에 의한 國際複合運送에 관한 法的 節次에서는 原告는 자기의 선택에 따라 그 法院의 所在國의 法律에 의하여 裁判管轄權을 가지고 또한 그 管轄權 내에 다음 場所 중의 하나가 所在하는 法院에 訴訟을 提起할 수 있다.

(a) 被告의 주된 營業所의 所在地 또는 그것이 없는 때에는 被告의 평소의 居所:

(b) 國際複合運送契約의 締結地. 이 경우에는 被告가 그곳에 契約締結을 행하였던 營業所, 支店 또는 代理店을 가진 곳이어야 한다.

(c) 國際複合運送을 위하여 物件을 引受한 곳 또는 引渡地 또는

(d) 複合運送契約에서 그 목적을 위하여 지

정한 場所로서 複合運送證券으로 證明되는
그 밖의 곳.

2. 이 條約에 의한 複合運送에 관한 法的
節次는 本條 제1항에 특정되어 있지 아니
한 곳에서는 이를 提起할 수 없다. 本條의
規定은 豫備的 措置 또는 保全的 措置를
위한 締約國이 裁判管轄權에 대한 장애로
해석되지 아니한다.

3. 本條의 前 諸 項의 規定에도 불구하고
請求가 發行한 후에 原告가 訴訟을 提起할
수 있는 곳을 지정하는 當事者에 의하여 成
立된 合意는 效力이 있다.

4. a) 訴訟이 本條의 제條項에 의하여 提起
되어 있는 경우 또는 그러한 訴訟에서 判決
이 宣告된 경우에는 최초의 訴訟에서의 判
決이 새로운 節次가 提起된 國家에서 이를
執行할 수 없는 것이 아닌 한 同一當事者
間에 동일사유로 새로운 訴訟을 提起할 수
없다.

b) 本條의 適用에 있어서 判決을 執行하기
위한 手段의 실행 또는 동일國家 내의 다
른 法院으로의 訴訟의 移送은 새로운 訴訟
의 개시로 인정되지 아니한다.

Article 27. Arbitration

1. Subject to the provisions of this article,
parties may provide by agreement evidenced
in writing that any dispute that may arise
relating to international multimodal transport
under this Convention shall be referred to
arbitration.

2. The arbitration proceedings shall, at the
option of the claimant, be instituted at one
of the following places:

(a) A place in a State within territory is
situated:

(i) The principal place of business of the
defendant or, in the absence thereof, the
habitual residence of the defendant; or

(ii) The place where the multimodal
transport contract was made, provided that
the defendant has there a place of business,
branch or agency through which the contract
was made; or

(iii) The place or taking the goods in charge

for international multimodal transport or the
place of delivery; or

(b) Any other place designated for that purpose
in the arbitration clause or agreement.

3. The arbitrator or arbitration tribunal shall
apply the provisions of this Convention.

4. The arbitrator or arbitration tribunal shall
apply the provisions of this Convention.

5. Nothing in this article shall affect the
validity of an agreement on arbitration made
by the parties after the claim relating to the
international multimodal transport has arisen.

제27조 (仲裁)

1. 本條의 規定에 따라서 當事者는 이 條
約에 의해 複合運送에 관하여 생기는 어떠
한 紛爭도 仲裁에 부탁하여야 한다는 것을
文書로 證明되는 合意로 規定할 수 있다.

2. 仲裁節次는 申請人의 선택에 따라 다음
場所 중의 하나에서 이를 提起하여야 한다.

(a) 一國의 영토 내에 所在하는 다음의 場所:

(i) 被申請人의 주된 營業所의 所在地 또
는 그것이 없는 때에는 被申請人의 평상의
居所 또는

(ii) 複合運送契約의 締結지. 이 경우에는
被申請人이 그곳에 契約締結을 행하였던
事務所, 支店 또는 代理店을 가진 곳이어
야 한다. 또는

(iii) 國際複合運送을 위하여 物件을 引受
한 곳 또는 引渡地.

(b) 仲裁條項 또는 仲裁契約에 의하여 그
목적을 위하여 지정된 그 밖의 곳.

3. 仲裁人 또는 仲裁法廷은 本 條約의 規
定을 適用하여야 한다.

4. 本條 제2항 및 제3항의 規定은 모든 仲
裁條項 또는 合意의 일부인 것으로 보며
그러한 規定에 저촉되는 仲裁條項 또는 合
意의 內容은 이를 무효로 한다.

5. 本條의 어떠한 規定도 複合運送에 관한
請求가 생긴 후에 當事者에 의하여 成立된
仲裁에 관한 合意의 效力에 영향을 미치지
아니한다.

PART 6. SUPPLEMENTARY PROVISIONS

제6장 補則

Article 28. Contractual Stipulations

1. Any stipulation in a multimodal transport contract or multimodal transport document shall be null and void to the extent that it derogates, directly or indirectly, from the provisions of this Convention. The nullity of such a stipulation shall not affect the validity of other provisions of the contract or document of which it forms a part. A clause assigning benefit of insurance of the goods in favour of the multimodal transport operator or any similar clause shall be null and void.

2. Notwithstanding the provisions of paragraph 1 of this article, the multimodal transport operator may, with agreement of the consignor, increase his responsibilities and obligations under this Convention.

3. The multimodal transport document shall contain a statement that the international multimodal transport is subject to the provisions of this Convention which nullify any stipulations derogating therefrom to the detriment of the consignor or the consignee.

4. Where the claimant in respect of the goods has incurred loss as a result of a stipulation which is null and void by virtue of the present article, or as a result of the omission of the statement referred to in paragraph 3 of this article, the multimodal transport operator must pay compensation to the extent required in order to give the claimant compensation in accordance with the provisions of this Convention for any loss of or damage to the goods as well as for delay in delivery. The multimodal transport operator must, in addition, pay compensation for costs incurred by the claimant for the purpose of exercising his right, provided that costs incurred in the action where the foregoing provision is invoked are to be determined in accordance with the law of the State where proceedings are instituted.

제28조 (契約條項)

1. 複合運送契約 또는 複合運送證券에 있는 條項은 이 條約의 規定을 직접 또는 간접으로 害하는 範圍에서 이를 無效로 한다. 이러한 條項의 無效는 그것이 일부를 이루고 있는 契約 또는 證券의 다른 規定의 效力에 영향을 미치지 아니한다. 物件에 관한 保險의 利益을 運送人을 위하여 讓渡한다는 條項 그 밖에 이와 유사한 條項은 無效로 한다.

2. 本條 제1항의 規定에도 불구하고 複合運送人은 送荷人의 同意를 얻어 이 條約상의 자기의 責任 및 義務를 加重할 수 있다.

3. 複合運送證券에는 當該 複合運送이 送荷人 또는 受荷人에게 不利益하게 이 條約을 害하는 條項은 無效로 한다는 이 條約의 規定의 規律을 받는다는 뜻의 記載를 포함하여야 한다.

4. 物件에 관한 賠償請求者가 本條에 의한 無效條項으로 인하여 또는 本條 제3항에서 정하는 記載의 缺如로 인하여 損失을 입은 경우에는 複合運送人은 賠償請求者에게 物件의 滅失 또는 毁損 또한 引渡遲延에 대하여 이 條約의 規定에 따라서 賠償을 하기 위하여 필요한 範圍 내에서 損害賠償을 하여야 한다. 또한 複合運送人은 請求權者가 그 權利의 행사를 위하여 지출한 費用에 대하여도 賠償을 하여야 한다. 그러나 그 規定이 援用되는 訴訟에서 발생한 費用은 訴訟이 계속된 法廷地의 법에 따라서 이를 결정한다.

Article 29. General Average

1. Nothing in this Convention shall prevent the application of provisions in the multimodal transport contract or national law regarding the adjustment of general average, if and to the extent applicable.

2. With the exception of article 25, the provisions of this Convention relating to the liability of the multimodal transport operator for loss of or damage to the goods shall also determine whether the consignee may refuse

contribution in general average and the liability of the multimodal transport operator to indemnify the consignee in respect of any such contribution made or any salvage paid.

제29조 (共同海損)

1. 이 條約의 어떠한 規定도 共同海損의 精算에 관한 複合運送契約 또는 國內法의 規定이 있는 경우 그 適用이 있는 範圍 내에서 그 適用을 방해하지 아니한다.

2. 제25조의 경우 외에는 物件의 滅失 또는 損傷에 관한 複合運送人이 責任에 관한 이 條約의 諸 規定은 受荷人이 共同海損의 分擔을 拒絶할 수 있는가의 여부를 결정하고 부담한 그러한 分擔金 또는 支給한 救助料에 관하여 受荷人에게 補償할 複合運送人의 責任을 決定한다.

Article 30. Other Conventions

1. This Convention does not modify the rights or duties provided for in the Brussels International Convention for the unification of certain rules relating to the limitation of the liability of owners of seagoing vessels of August 25, 1924; in the Brussels International Convention relating to the limitation of the liability of owners of seagoing ships of October 10,1957; in the London Convention on limitation of liability for maritime claims of November 19,1976;and in the Geneva Convention relating to the limitation of the liability of owners of inland navigation vessels (CLN) of March 1, 1973, including amendments to these Conventions, or national law relating to the limitation of liability of owners of seagoing ships and inland navigation vessels.

2. The provisions of articles 26 and 27 of this Convention do not prevent the application of the mandatory provisions of any other international convention relating to matters dealt with in the said articles, provided that the dispute arises exclusively between parties having their principal place of business in States parties to such other convention. However, this paragraph does not affect the application of paragraph 3 of article 27 of this Convention.

3. No liability shall arise under the provisions of this Convention for damage caused by a nuclear incident if the operator of a nuclear installation is liable for such damage:

(a) Under either the Paris Convention of July 29, 1960 on Third Party Liability in the Field of Nuclear Energy as amended by the Additional Protocol of January 28, 1964 or the Vienna Convention of May 21, 1963 on Civil Liability for Nuclear Damage, or amendments thereto; or

(b) By virtue of national law governing the liability for such damage, provided that such law is in all respects as favourable to persons who may suffer damage as either the Paris or Vienna Conventions.

4. Carriage of goods such as carriage of goods in accordance with the Geneva Convention of May 19, 1956 on the Contract for the International Carriage of Goods by Road in article 2, or the Berne Convention of February 7, 1970 concerning the Carriage of Goods by Rail, article 2, shall not for States Parties to Conventions governing such carriage by considered as international multimodal transport within the meaning of article 1, paragraph 1, of this Convention, in so far as such States are bound to apply the provisions of such Conventions to such carriage of goods.

제30조 (他條約)

1. 本 條約은 1924년 8월 25일의 海上航行船舶所有者의 責任制限에 관한 약간의 規則統一을 위한 브뤼셀 國際條約, 1957년 10월 10일의 海上航行船舶 所有者의 責任制限에 관한 브뤼셀 國際條約, 1976년 11월 19일의 海事債券의 責任制限에 관한 런던條約 및 1973년 3월 1일의 內航船舶 所有者의 責任制限에 관한 제네바條約, 이들 諸 條約의 改正 혹은 內航船舶과 海上航

行船舶 所有者의 責任制限에 관한 國際法에 規定되어 있는 諸 權利와 義務를 변경하지 아니한다.

2. 本 條約의 제26조, 제27조의 規定은 同條에 規定된 事項들과 관련한 他國際條約의 强行的 規定들의 適用을 방해하지 아니한다. 다만, 紛爭이 전적으로 그러한 他條約의 當事國 내에 주된 營業所를 가지고 있는 事業者들 간에 발생된 것이어야 한다. 그러나 本項은 本 條約 제27조 제3항의 適用에 대해서는 영향을 미치지 아니한다.

3. 原子力施設의 運營者가 原子力事故로 인한 損害에 대하여 다음 法規에 의하여 責任을 지는 경우에는 이 條約에 의거한 責任은 생기지 아니한다.

(a) 1964년 1월 28일의 追加議定書에 의하여 改正된 「原子力에너지 分野의 제3자에 대한 責任에 관한 1960년 7월 29일의 파리 條約」 또는 原子力 損害에 대한 民事責任에 관한 1963년 5월 21일의 비엔나 條約 혹은 그 改正.

(b) 그러한 損害에 대한 責任을 規律하는 國內法, 다만 그러한 國內法이 모든 점에서 파리條約 또는 비엔나條約과 같이 損害를 입은 자에게 유리한 경우에 한한다.

4. 國際道路物件運送契約에 대한 1956년 5월 19일의 제네바條約의 제2조 혹은 國際鐵道物件運送에 관한 1970년 2월 7일 베른 條約 제2조에 의거한 物件運送과 같은 物件運送은 그러한 運送을 規律하는 條約의 當事國들에 대해 그러한 當事國들이 同物件運送에 대한 該當 條約規定의 適用을 받아야 하는 한 本 條約 제1조 제1항의 意味에 속하는 國際複合運送으로 看做하지 아니한다.

Article 31. Unit of Account or Monetary Unit and Conversion

1. The unit of account referred to in article 18 of this Convention is the Special Drawing Right as defined by the International Monetary Fund. The amounts referred to in article 18 shall be converted into the national currency of a State according to the value of such currency on the date of the judgement or award or the date agreed upon by the parties. The value of a national currency, in terms of the Special Drawing Right, of a Contracting State which is a member of the International Monetary Fund, shall be calculated in accordance with the method of valuation applied by the International Monetary Fund, in effect on the date in question, for its operations and transactions. The value of a national currency in terms of the Special Drawing Right of a Contracting Stare which is not a member of the International Monetary Fund shall be calculated in a manner determined by that State.

2. Nevertheless, a State which is not a member of the International Monetary Fund and whose law does not permit the application of the provisions of paragraph 1 of this article may, at the time of signature, declare that the limits of liability provided for in this Convention to be applied in its territory shall be fixed as follows: with regard to the limits provided for in paragraph 1 of article 19, to 13,750 monetary units per package or other shipping unit or 41.25 monetary units per kilogram of gross weight of the goods, and with regard to the limit provided for in paragraph 3 of article 18, to 124 monetary units.

3. The monetary unit referred to in paragraph 2 of this article corresponds to sixty-five and a half milligrams of gold of millesimal fineness nine hundred. The conversion of the amount referred to in paragraph 2 of this article into national currency shall be made according to the law of the State concerned.

4. The calculation mentioned in the last sentence of paragraph 1 of this article and the conversion referred to in paragraph 3 of this article shall be made in such a manner as to express in the national currency of the Contracting State as far as possible the same real value for the amounts in article 18 as is

expressed there in units of account.

5. Contracting States shall communicate to the depositary the manner of calculation pursuant to the last sentence of paragraph 1 of this article, or the result of the conversion pursuant to paragraph 3 of this article, as the case may be, at the time of signature or when depositing their instruments of ratification, approval or accession, or when availing themselves of the option provided for in paragraph 2 of this article and whenever there is a change in the manner of such calculation or in the result of such conversion.

제31조 (計算單位 또는 貨幣單位 및 換算)
1. 이 條約 제18조에 規定된 計算單位는 國際通貨基金(IMF)에서 정의하는 特別引出權(S.D.R)로 한다. 제18조에 정한 金額은 判決이나 仲裁判定의 날 또는 當事者가 合意한 날의 國內 通貨價値에 따라서 그 國家의 國內通貨로 이를 換算한다. 國際通貨基金의 會員인 締約國의 特別引出權에 의한 國內通貨價値는 그 取扱과 去來에 관하여 當該 日字에 실시되고 있는 國際通貨基金이 適用하는 評價方法에 따라서 이를 算出한다. 國際通貨基金의 會員이 아닌 締約國의 特別引出權에 의한 國內通貨價値는 그 國家에서 決定하는 方法에 따라서 이를 算出한다.
2. 그러나 國際通貨基金의 會員國이 아닌 國家로서 그 法律上 本條 제1항의 規定의 適用이 許容되지 아니하는 國家는 署名 時, 批准, 受諾, 承認 또는 加入 時 또는 그 후 어느 때라도 自國의 領土 內에서 이 條約에 規定된 責任限度를 제18조 제1항에 規定되어 있는 責任限度에 대해서는 包裝 혹은 船積單位當 13,750 貨幣單位 또는 貨物 總重量 킬로당 41.25 貨幣單位, 제18조 제3항에 規定된 限度에 대해서는 124 貨幣單位로 한다는 것을 선언할 수 있다.
3. 本條 제2항에 規定된 貨幣單位는 純度 1,000분의 900의 금 65.5mg에 상당한다. 제2항에 의한 金額의 國內通貨의 換算은 當該 國家 法律에 따라서 이를 행한다.

4. 本條 제1항 末文에 規定된 算出 및 本條 제3항에 規定된 換算은 가능한 한 제18조에 貨幣單位로서 表示되어 있는 金額과 동일한 實質價値를 締約國의 國內通貨로 表示할 수 있는 方法으로 이를 행하여야 한다.
5. 締約國은 本條 제1항 말문에 따른 算出方法 또는 本條 제3항에 規定된 換算의 結果에 관하여 각 경우에 따라서 署名 時, 批准書, 受諾書 등 承認書 또는 加入書를 寄託할 때 또는 本條 제2항에 規定된 選擇權을 이용할 때 및 그러한 算出方法 또는 그러한 換算의 結果에 변경이 있는 때에는 受託者에게 이를 通知하여야 한다.

PART 7. CUSTOMS MATTERS

제7장 通關 問題

Article 32. Customs Transit

1. Contracting States shall authorize the use of the procedure of customs transit for international multimodal transport.
2. Subject to provisions of national law or regulations and intergovernmental agreements, the customs transit of goods in international multimodal transport shall be in accordance with the rules and principles contained in articles Ⅰ to Ⅵ of the annex to this Convention.
3. When introducing laws or regulations in respect of customs transit procedures relating to multimodal transport of goods. Contracting States should take into consideration articles Ⅰ to Ⅵ of the annex to this Convention.

제32조 (保稅運送)

1. 締約國은 國際複合運送을 위한 保稅運送節次의 이용을 承認하여야 한다.
2. 國內法令이나 規則 및 政府 間 合意規定에 따른 것을 條件으로 國際複合運送에 있어서의 物件의 保稅運送은 本 條約 附屬書 제1조 내지 제4조에 포함되어 있는 規則과 原則에 準하여야 한다.

3. 物件의 複合運送과 관련하여 保稅運送 節次에 관한 法이나 規則을 制定할 때에는 締約國은 本 條約 附屬書 제1조 내지 제4 조를 고려하여야 한다.

PART 8. FINAL CLAUSES

第8章 最終 條項

Article 33. Depositary

The Secretary-General of the United Nations is hereby designated as the depositary of this Convention.

제33조 (受託者)

UN事務局長을 本 條約의 受託者로 任命한다.

Article 34. Signature, Ratification, Acceptance, Approval and Accession

1. All States are entitled to become Parties to this Convention by:

(a) Signature not subject to ratification, acceptance or approval; or

(b) Signature subject to and followed by ratification, acceptance or approval; or

(c) Accession.

2. This Convention shall be open for signature as from September 1,1980 until and including August 31, 1981 at the Headquarters of the United Nations in New York.

3. After August 31, 1981, this Convention shall be open for accession by all States which are not signatory States.

4. Instruments of ratification, acceptance, approval and accession are to be deposited with the depositary.

5. Organizations for regional economic integration, constituted by sovereign States members of UNCTAD, and which have competence to negotiate, conclude and apply international agreements in specific fields covered by this Convention, shall be similarly entitled to become Parties to this Convention in accordance with the provisions of paragraph 1 to 4 of this article, thereby assuming in relation to other Parties to this Convention the rights and duties under this Convention in the specific fields referred to above.

제34조 (署名, 批准, 受諾, 承認 및 加入)

1. 모든 國家는 다음의 方法에 의해 本 條約의 當事國이 될 수 있다.

(a) 批准, 受諾, 承認을 條件으로 하지 않은 署名 또는

(b) 批准, 受諾 또는 承認을 條件으로 署名한 후의 批准, 受諾 또는 承認 또는

(c) 加入.

2. 本 條約은 署名을 위해 1980년 9월 1일부터 1981년 8월 31일까지 뉴욕 UN 본부에 개방된다.

3. 1981년 8월 31일 이후, 本 條約은 모든 非署名國들의 加入을 위해 개방된다.

4. 批准, 受諾, 承認 및 加入文書는 UN事務局長에게 寄託되어야 한다.

5. UNCTAD會員인 主權國家로 구성된 지역적 經濟統合機構로서 이 條約이 適用되는 特定分野의 國際條約들에 대해 協商, 締結하고 適用할 權限이 있는 機構는 本條 제1항 내지 제4항의 規定에 따라 동일하게 本 條約의 當事者가 될 수 있으며 그에 의해서 本 條約 當事國과의 관계하에서는 前記한 特定分野 내에서 本 條約上의 諸 權利와 義務를 갖는다.

Article 35. Reservations

No reservation may be made to this Convention.

제35조 (留保)

本 條約에 대하여는 留保를 할 수 없다.

Article 36. Entry into Force

1. This Convention shall enter into force 12 months after the Governments of 30 States have either signed it not subject to ratification, acceptance or approval or have deposited instruments of ratification, acceptance, approval or accession with the depositary.

2. For each State which ratifies, accepts,

approves or accedes to this Convention after the requirements for entry into force given in paragraph 1 of this article have been met, the Convention shall enter into force 12 months after the deposit by such State of the appropriate instrument.

제36조 (發效)
1. 本 條約은 30個國의 政府가 批准, 受諾 혹은 承認을 條件으로 하지 않고 署名을 했거나 批准, 受諾 혹은 承認 혹은 加入文書를 受託者에게 寄託한 12개월 후에 發效한다.
2. 本條 제1항의 發效要件이 충족되고 난 후 本 條約 批准, 受諾, 承認 혹은 加入하는 各國에 대해서는 그러한 國家에 의해 적절한 文書가 寄託된 12개월 후에 本 條約이 發效한다.

Article 37.Date of Application
Each Contraction State shall apply the provisions of this Convention to multimodal transport contracts concluded on or after the date of entry into force of this Convention in respect of that State.

제37조 (適用日字)
本 締約國은 同國에 대하여 本 條約이 이후에 締結된 複合運送契約에 대해 本 條約의 規定을 適用해야 한다.

Article 38. Rights and Obligations under Existing Conventions
If, according to articles 26 or 27, judicial or arbitral proceedings are brought in a Contracting State in a case relating to international multimodal transport subject to this Convention which takes place between two States of which only one is a Contracting State, and in both these States are at the time of entry into force of this Convention equally bound by another international convention, the court or arbitral tribunal may, in accordance with the obligations under such convention, give effect to the provisions thereof.

제38조 (既存條約下에서의 諸 權利와
義務)
本 條約에 따른 國際複合運送契約으로 兩國家 중 한 國家만이 締約國인 경우에 제26조 및 제27조에 의거한 法的 節次나 仲裁節次가 한 締約國 내에서 提起되었을 때, 그리고 兩國家가 本 條約 發效當時 똑같이 他國際條約에 拘束받을 경우 法院이나 仲裁法廷은 그러한 條約上의 義務에 따라 그 條約의 規定을 適用할 수 있다.

Article 39. Revision and Amendments
1. At the request of not less than one - third of the Contracting States, the Secretary - General of the United Nations shall, after the entry into force of this Convention, convene a conference of the Contracting States of revising or amending it. The Secretary - General of the United Nations shall circulate to all Contracting States the texts of any proposals for amendments at least three months before the opening date of the conference.
2. Any decision by the revision conference, including amendments, shall be taken by a two - thirds majority of the States, present and voting. Amendments adopted by the conference shall be communicated by the depositary to all the contracting States for acceptance and to all the States signatories of the Convention for information.
3. Subject to paragraph 4 below, any amendment adopted by the conference shall enter into force only for those Contracting States which have accepted it, on the first day of the month following one year after its acceptance by two - thirds of the Contracting States. For any State accepting an amendment after it has been accepted by two - thirds of the Contracting States, the amendment shall enter into force on the first day of the month following one year after its acceptance by that State.
4. Any amendment adopted by the conference altering the amounts specified in article 18

and paragraph 2 of article 31 or substituting either or both the units defined in paragraphs 1 and 3 of article 31 by other units shall enter into force on the first day of the month following one year after its acceptance by two – thirds of the Contracting States.

Contracting States which have accepted the altered amounts or the substituted units shall apply them in their relationship with all Contracting States.

5. Acceptance of amendments shall be effected by the deposit of a formal instrument to that effect with the depositary.

6. Any instrument of ratification, acceptance, approval or accession deposited after the entry into force of any amendment adopted by the conference shall be deemed to apply to the Convention as amended.

제39조 (改正)

1. 本 條約 發效후 受託者는 本 條約 締約國 3분의 1 이상의 要請에 의해 條約改正을 위한 締約國 會議를 召集하여야 한다. 事務局長은 적어도 會議開始 3개월 이전에 改正提案의 內容을 모든 締約國에 回覽하여야 한다.

2. 改正會議의 決定은 參加投票國 3분의 2의 多數決에 의한다.受託者는 全 締約國에 대해서는 受諾을 위해, 條約의 전 署名국에 대해서는 홍보를 목적으로 會議에서 採擇된 改正 內容들을 通報하여야 한다.

3. 다음 제4항을 제외하고 會議에서 채택된 改正事項은 締約國 3분의 2에 의한 受諾 후 1년이 경과한 翌月의 제1일에 그 改正을 受諾한 締約國에 대해서만 發效한다. 締約國 3분의 2가 改正을 受諾한 후에 同 改正을 受諾한 國家에 대해서는 그 國家나 同 改正을 受諾한 후에 1년이 경과한 翌月의 제1일에 發效한다.

4. 제18조 및 제31조 제2항에 規定한 額의 變更 또는 제31조 제1항 및 제3항에 정의된 單位들의 일방 혹은 쌍방을 다른 單位로 대체하는 議決改正은 그 改正을 締約國 3분의 2가 受諾한 후 1년이 경과한 翌月의 제1일에 發效한다.

變更된 額이나 대체된 單位들을 受諾한 締約國은 全 締約國들과의 관계에서 이를 適用하여야 한다.

5. 改正의 受諾은 그 趣旨에 대한 公式文書를 受託者에게 寄託함으로써 이를 한다.

6. 會議에 의해 채택된 改正이 效力을 발생한 후에 寄託된 批准書, 受諾書, 承認書 또는 加入書는 改正된 條約에 適用되는 것으로 본다.

Article 40. Denunciation

1. Each Contracting State may denounce this Convention at any time after the expiration of a period of two years from the date on which this Convention has entered into force by means of a notification in writing addressed to the depositary.

2. Such denunciation shall take effect on the first day of the month following the expiration of one year after the notification is received by the depositary. Where a longer period is specified in the notification, the denunciation shall take effect upon the expiration of such longer period after the notification is received by the depositary.

In witness whereof the undersigned, being duly authorized thereto, have affixed their signatures hereunder on the dates indicated.

Done at Geneva, this twenty – fourth day of May, one thousand nine hundred and eighty, in one original in the Arabic, Chinese, English, French, Russian, and Spanish languages, all texts being equally authentic.

제40조 (廢棄)

1. 각 締約國은 本 條約이 效力이 發生한 날로부터 2년의 期間이 經過한 후에는 受託者에게 發送한 書面通知에 의해서 언제라도 本 條約을 廢棄할 수 있다.

2. 그러한 廢棄는 受託者가 그 通知를 受領한 날로부터 1년이 경과한 후의 翌月의 제1일에 效力을 발생한다.通知書에 그보다 長期間이 표기되어 있을 때는 受託者가 通知를 受領한 날로부터 그 期間이 경과함으로써 廢棄는 效力을 발생한다.

이상의 證據로써 정당하게 委任을 받은 署名者는 記載日字에 署名하였다.
1980년 5월 24일 제네바에서 동일한 全文으로 아랍어, 중국어, 영어, 불어, 러시아어 및 스페인어로 定本 1통을 作成하였다.

ANNEX

PROVISIONS ON CUSTOMS MATTERS RELATING TO INTERNATIONAL MULTIMODAL TRANSPROT OF GOODS

附屬書

國際物件複合運送에 관한 通關規定

Article Ⅰ

For the purposes of this Convention:

"Customs transit procedure" means the customs procedure under which goods are transported under customs control from one customs office to another.

"Customs office of destination" means any customs office at which a customs transit operation is terminated.

"Import/export duties and taxes" means customs duties and all other duties, taxes, fees or other charges which are collected on or in connection with the import/export of goods, but not including fees and charges which are limited in amount to the approximate cost of services rendered.

"Customs transit document" means a form containing the record of data entries and information required for the customs transit operation.

제 Ⅰ 조

本 條約의 適用에 있어서

'保稅通關節次'란 物件이 한 稅關으로부터 他 稅關으로 保稅管理하에 運送되는 通關節次를 의미한다.

'着地稅關'이란 保稅運送 오퍼레이션이 終了되는 支店의 稅關을 의미한다.

'輸入/輸出 關稅 및 稅金'이란 物件의 輸入/輸出 또는 그와 관련하여 徵收하는 모든 費用 혹은 手數料, 關稅 그 밖에 諸 稅金을 의미하며 제공한 서비스의 개략적인 實費로 金額이 制限되어 있는 費用과 手數料는 제외한다.

'保稅運送書類'란 保稅運送 오퍼레이션에 소요되는 情報나 資料를 수록한 樣式을 의미한다.

Article Ⅱ

1. Subject to the provisions of the law, regulations and international conventions in force in their territories. Contracting States shall grant freedom of transit to goods in international multimodal transport.

2. Provided that the conditions laid down in the customs transit

procedure used for the transit operation are fulfilled to the satisfaction of the customs authorities, goods in international multimodal transport:

(a) Shall not, as a general rule, be subject to customs examination during the journey except to the extent deemed necessary to ensure compliance with rules and regulations which the customs are responsible for enforcing. Flowing from this, the customs authorities shall normally restrict themselves to the control of customs seals and other security measures at points of entry and exit;

(b) Without prejudice to the application of law and regulations concerning public or national security, public morality or public health, shall not be subject to any customs formalities or requirements additional to those of the customs transit regime used for the transit operation.

제 Ⅱ 조

1. 締約國들은 그들의 영역 내에서 效力을 발생하고 있는 法令, 規則 및 政府 間 條約의 規定에 따라 國際複合運送에 있어서의 物件의 자유로운 通過를 許容해야 한다.

2. 通過 運送을 위해 保稅運送節次에 規定

된 條件들이 稅關當局이 만족할 만큼 충족되
었음을 條件으로 國際複合運送上의 物件은;
(a) 稅關에게 시행하여야 할 責任이 있는
規則이나 法規의 履行을 確保하기 위해 필
요하다고 看做되는 程度를 제외하고 一般
的으로 運送過程 중 稅關檢查 대상이 되어
서는 안 된다. 이와 관련하여 稅關當局은
통상적으로 物件의 搬入 및 搬出 時 安全
措置, 稅關封印의 管理에만 그 業務를 한
정하여야 한다.
(b) 公共 혹은 國家安全, 公衆道德 혹은 衛
生에 관한 法令 및 規則의 適用을 해함이
없이 通過運送에 사용되는 保稅運送제도의
節次 또는 要件이상의 稅關節次 또는 要件
에 拘束되어서는 아니 된다.

Article III

In order to facilitate the transit of goods,
each Contracting State shall:
(a) If it is the country of shipment, as far as
practicable, take all measures to ensure the
completeness and accuracy of the information
required for the subsequent transit operation;
(b) If it is the country of destination;
(i) Take all necessary measures to ensure
that goods in customs transit shall be
cleared, as a rule, at the customs office of
destination of the goods;
(ii) Endeavour to carry out the clearance of
goods at a place as near as is possible to the
place of final destination of the goods,
provided that national law and regulations
do not require otherwise.

제III조

物件의 通過를 용이하게 하기 위하여 각
締約國은
a) 船積國일 경우 後續通過運送을 위해 필
요한 情報의 正確性 및 完全性을 保障하기
위해 實行 가능한 範圍 內에서 모든 措置
를 다해야 한다.
b) 着地國일 경우.
ⅰ) 保稅運送 중인 物件이 着地稅關에서
通關節次가 끝날 수 있도록 보장하기 위해
필요한 모든 措置를 다하여야 한다.

ⅱ) 國內法이나 規定에 달리 정하고 있지
않는 한 物件의 最終目的地에 가장 인접한
支店에서 通關節次가 완료되도록 노력한다.

Article IV

1. Provided that the conditions laid down in the
customs transit procedure are fulfilled to the
satisfaction of the customs authorities, the goods
in international multimodal transport shall not
be subject to the payment of import/export
duties and taxes or deposit in lieu thereof in
transit countries.
2. The provisions of the preceding paragraph
shall not preclude:
(a) The levy of fees and charges by virtue of
national regulations on grounds of public
security or public health;
(b) The levy of fees and charges, which are
limited in amount to the approximate cost
of services rendered, provided they are
imposed under conditions of equality.

제IV조

1. 保稅運送節次에 規定되어 있는 條件들
이 稅關當局이 만족할 만큼 履行되었음을
전제로, 國際複合運送하에 있는 物件은 通
過國에서 輸入/輸出關稅 및 稅金이나 그에
갈음하는 供託金 支給의 대상이 되어서는
안 된다.
2. 전항의 規定은 다음을 방해하지 아니한
다.
a) 公共安全이나 衛生에 근거한 國內規定
에 의거한 手數料 費用의 徵收
b) 공평한 條件하에 부과된다는 전제하에
제공된 서비스의 개략적인 實費로 金額이
制限되어 있는 手數料나 實費의 徵收

Article V

1. Where a financial guarantee for the customs
transit operation is required, it shall be furnished
to the satisfaction of the customs authorities of
the transit country concerned in conformity with
its national law and regulations and
international conventions.
2. With a view to facilitating customs transit,

the system of customs guarantee shall be simple, efficient, moderately priced and shall cover import/export duties and taxes chargeable and, in countries where they are covered by guarantees, any penalties due.

제 V 조

1. 保稅運送節次를 위해 財政保證이 要求될 경우 通過國의 國內法令, 規則 및 國際條約에 따라서 通過國 稅關當局이 만족할 수 있도록 그 保證이 제공되어야 한다.
2. 保稅運送을 용이하도록 하기 위하여 稅關保證制度는 단순하고 效率的이며 적정선에서 評價되어야 하고 輸入/輸出關稅와 부과될 수 있는 諸 稅金을 포함하여야 하며 이들이 保證에 의해 擔保되는 國家에서는 여타 벌과금을 포함하여야 한다.

Article VI

1. Without prejudice to any other documents which may be required by virtue of an international convention or national law and regulations, customs authorities of transit countries shall accept the multimodal transport document as a descriptive part of the customs transit procedure.
2. With a view to facilitating customs transit, customs transit documents shall be aligned, as far as possible, with the layout reproduced below.

제 VI 조

1. 諸 國際條約이나 國內法 및 規則들에 의해 요구되는 他 書類의 效力을 해함이 없이 通過國의 稅關當局은 複合運送證券을 該當 部分의 保稅運送書類로 받아들여야 한다.
2. 保稅運送을 용이하도록 하기 위하여 保稅運送書類는 가능한 한 아래의 양식에 따라 정리되어야 한다.

V. 그 밖에 조약 : 선박소유자의 책임제한에 관한 국제조약

□ 1976년 국제해사채권에 대한 책임제한조약
(Convention on Limitation of Liability for Maritime Claims ; LLMC Convention 1976)

○ 제정 경과
- 세계해법회(CMI)가 1972년에 1957년의 브뤼셀 선박소유자책임제한조약을 대체할 새로운
조약의 기초작업을 시작하여 1974년 국제해사기구(IMO)에게 조약초안을 인계, 국제해사기구
는 이를 약간 수정하여 1976년 런던회의에서 채택함
- 오스트레일리아, 벨기에, 덴마크, 핀란드, 프랑스, 독일, 일본, 리베리아, 노르웨이, 폴란드,
스페인, 스웨덴, 스위스, 영국, 그리스, 홍콩 등 30여 개국이 비준하고 있으며, 비준국 및 비준
국 국민소유의 총선복량이 세계선복량의 50% 이상임을 감안할 때, 동조약이 세계 선박소유자
책임제한법으로서 대세적 위치를 차지한다 할 것임

○ 주요 내용
- 조약은 항해선에 대해 적용되며, 책임제한의 주체로서 선박소유자 및 구조자의 개념을 정
의하고, 책임제한이 되는 채권으로서 선박상 또는 선박운항이나 구조작업에 관련하여 발생한
인적 손해 및 재산의 멸실·손상에 대한 채권과 이로 인한 간접손해 등을 규정, 책임제한에
서 제외되는 채권으로서 구조 또는 공동해손의 분담에 관한 채권 등을 규정
- 책임의 한도에 있어서, 선박톤수별로 일반한도를 정하고 특히, 여객사고(사망·신체상해)
에 대하여 25,000,000 SDR의 포괄적 책임한도를 규정

□ 1976년 해사채권에 대한 책임제한조약을 개정하는 1996년 의정서
(Protocol of 1996 to Amend the Convention on Limitation of Liability for Maritime Claims,
1976, London ; LLMC PROT 1996)
○ 제정 경과
- '1976년 국제해사채권에 대한 책임제한조약'이 성립된 이후, 20년간 물가상승률이 200%
에 달하자 책임한도액을 현실화하기 위해 1996 국제해사기구에서 1976년 국제해사채권에 대
한 책임제한조약'에 관한 개정의정서를 채택하여, 2004년 5월 발효됨

○ 주요 내용
- 책임한도액을 2 내지 4배 인상함. 특히 조약의 최저한도 적용선박의 범위를 종전 500톤
에서 2,000톤으로 상향조정하고, 2,000톤 이하의 소형선박의 소유자는 인적 손해의 경우
2,000,000 SDR, 물적 손해의 경우 1,000,000 SDR까지 손해배상하도록 규정
- 여객 사고(사망·신체상해)에 대한 책임한도액을 여객정원에 175,000 SDR을 곱한 금액으
로 4배 정도 증액하고, 종전 조약하에서 선박사고당 2,500만 SDR을 초과하지 않도록 하던 포괄
적 책임한도를 폐지하여 여객이 경우에 따라 무제한적으로 손해배상을 청구할 수 있도록 함
- 나아가 개정의정서는 여객에 대한 '1976년 국제해사채권에 대한 책임제한조약'의 책임한
도액보다 국내법상 규정된 손해배상액이 더 많은 경우에는 '1976년 국제해사채권에 대한 책
임제한조약' 대신 국내법을 적용할 수 있도록 하는 유보조항을 신설하여 여객구제를 강화함
- 인적손해와 물적 손해에 따라 서로 다르던 책임한도액의 단계를 4단계로 통일함
- '1976년 국제해사채권에 대한 책임제한조약'의 책임한도액을 쉽게 증액할 수 있도록 조

약개정절차규정을 마련함
- 1996년 유해·위험물질 해상운송책임조약(HNS조약)이 새로 제정됨에 따라 종래 '1976년 국제해사채권에 대한 책임제한조약'의 적용을 받던 유해·위험물질 해상운송책임에 기한 손해배상청구권을 '1976년 국제해사채권에 대한 책임제한조약'에서 배제할 수 있도록 하는 유보조항을 신설함

■ 그 밖에 조약 : 해난구조에 관한 국제조약

□ 1989년 해난구조에 관한 국제조약
(International Convention on Salvage, London ; Salvage 1989)[76]

○ 제정 경과
- 해난구조에 관한 국제적 통일을 이룩하기 위해 '1910년 해난구조에 관한 규칙의 통일을 위한 조약'이 브뤼셀에서 채택되어 1913년 3월에 발효되었고, 1967년에는 군함에 대한 해난구조 또는 군함이 행한 해난구조에 대하여도 '1910년 해난구조에 관한 규칙의 통일을 위한 조약'을 적용할 것을 내용으로 하는 개정의정서가 채택되어 동 조약을 일부 수정하였으나 현재 10개국만이 1967년의 개정의정서를 채택하고 있음
- 1989년 4월에는 런던에서 국제해사기구가 '해난구조에 관한 국제조약'을 성립시키는데 이는 1910년 조약을 대체하여 1980년의 로이드 표준양식(Lloyd's Open Form)에 따라 수정한 것임

○ 주요 내용
- '1989년 해난구조에 관한 국제조약'은 '1910년 해난구조에 관한 규칙의 통일을 위한 조약'의 대원칙이라 할 수 있는 '불성공 무보수(No Cure, No Pay)'원칙을 수정하고, 구조료를 결정하는 기준을 구체적으로 열거하고 있음
- 특히, 해양오염 및 그 밖에 환경오염의 방지 또는 최소화를 위하여 해난현장에서 작업하는 구조자에게 인센티브를 강화할 목적으로 환경손해의 위협이 있는 선박 또는 화물에 대하여 구조작업을 시행한 경우에는 상당한 특별보상(special compensation)청구권을 인정하고 있으며, 구조작업 진행 중에도 필요한 경우에는 중간지급을 청구할 수 있게 하고, 구조계약이 심하게 형평을 상실한 때에는 이를 파기할 수 있게 하는 등의 규정을 둠

---

76) 본조약의 성립으로 1910년 해난구조에 관한 규칙의 통일을 위한 조약 (International Convention for theUnification of Certain Rules of Law relating to Assistance and Salvage at Sea)이 폐지되었음

VI. 상법 제5편 해상

제1장 해상기업

제1절 선박

제740조(선박의 의의) 이 법에서 "선박"이라 함은 상행위 그 밖의 영리를 목적으로 항해에 사용하는 선박을 말한다.

제741조(적용범위) ①항해용 선박에 대하여는 상행위 그 밖의 영리를 목적으로 하지 아니하더라도 이 편의 규정을 준용한다. 다만, 국유 또는 공유의 선박에 대하여는 「선박법」 제29조 단서의 규정에 불구하고 항해의 목적·성질 등을 고려하여 이 편의 규정을 준용하는 것이 적합하지 아니한 경우로서 대통령령이 정하는 경우에는 그러하지 아니하다.

②이 편의 규정은 단정(短艇) 또는 주로 노 또는 상앗대로 운전하는 선박에 적용하지 아니한다.

제742조(선박의 종물) 선박의 속구목록(屬具目錄)에 기재한 물건은 선박의 종물로 추정한다.

제743조(선박소유권의 이전) 등기 및 등록할 수 있는 선박의 경우 그 소유권의 이전은 당사자 사이의 합의만으로 그 효력이 생긴다. 다만, 이를 등기하고 선박국적증서에 기재하지 아니하면 제3자에게 대항하지 못한다.

제744조(선박의 압류·가압류) ①항해의 준비를 완료한 선박과 그 속구는 압류 또는 가압류를 하지 못한다. 다만, 항해를 준비하기 위하여 생긴 채무에 대하여는 그러하지 아니하다.

②제1항은 총톤수 20톤 미만의 선박에는 적용하지 아니한다.

제2절 선장

제745조(선장의 선임·해임) 선장은 선박소유자가 선임 또는 해임한다.

제746조(선장의 부당한 해임에 대한 손해배상청구권) 선박소유자가 정당한 사유 없이 선장을 해임한 때에는 선장은 이로 인하여 생긴 손해의 배상을 청구할 수 있다.

제747조(선장의 계속직무집행의 책임) 선장은 항해 중에 해임 또는 임기가 만료된 경우에도 다른 선장이 그 업무를 처리할 수 있는 때 또는 그 선박이 선적항에 도착할 때까지 그 직무를 집행할 책임이 있다.

제748조(선장의 대선장 선임의 권한 및 책임) 선장은 불가항력으로 인하여 그 직무를 집행하기가 불능한 때에 법령에 다른 규정이 있는 경우를 제외하고는 자기의 책임으로 타인을 선정하여 선장의 직무를 집행하게 할 수 있다.

제749조(대리권의 범위) ①선적항 외에서는 선장은 항해에 필요한 재판상 또는 재판 외의 모든 행위를 할 권한이 있다.

②선적항에서는 선장은 특히 위임을 받은 경우 외에는 해원의 고용과 해고를 할 권한만을 가진다.

제750조(특수한 행위에 대한 권한) ①선장은 선박수선료·해난구조료 그 밖에 항해의 계속에 필요한 비용을 지급하여야 할 경우 외에는 다음의 행위를 하지 못한다.

1. 선박 또는 속구를 담보에 제공하는 일
2. 차재(借財)하는 일
3. 적하의 전부나 일부를 처분하는 일

②적하를 처분할 경우의 손해배상액은 그 적하가 도달할 시기의 양륙항의 가격에 의하여 이를 정한다. 다만, 그 가격 중에서 지급을 요하지 아니하는 비용을 공제하여야 한다.

제751조(대리권에 대한 제한) 선장의 대리권에 대한 제한은 선의의 제3자에게 대항하지 못한다.

제752조(이해관계인을 위한 적하의 처분) ①선장이 항해 중에 적하를 처분하는 경우에는 이해관계인의 이익을 위하여 가장 적당한 방법으로 하여야 한다.

②제1항의 경우에 이해관계인은 선장의 처

분으로 인하여 생긴 채권자에게 적하의 가액을 한도로 하여 그 책임을 진다. 다만, 그 이해관계인에게 과실이 있는 때에는 그러하지 아니하다.

제753조(선박경매권) 선적항 외에서 선박이 수선하기 불가능하게 된 때에는 선장은 해무관청의 인가를 얻어 이를 경매할 수 있다.

제754조(선박의 수선불능) ①다음 각 호의 경우에는 선박은 수선하기 불가능하게 된 것으로 본다.

1. 선박이 그 현재지에서 수선을 받을 수 없으며 또 그 수선을 할 수 있는 곳에 도달하기 불가능한 때

2. 수선비가 선박의 가액의 4분의 3을 초과할 때

②제1항제2호의 가액은 선박이 항해 중 훼손된 경우에는 그 발항한 때의 가액으로 하고 그 밖의 경우에는 그 훼손 전의 가액으로 한다.

제755조(보고ㆍ계산의 의무) ①선장은 항해에 관한 중요한 사항을 지체 없이 선박소유자에게 보고하여야 한다.

②선장은 매 항해를 종료한 때에는 그 항해에 관한 계산서를 지체 없이 선박소유자에게 제출하여 그 승인을 얻어야 한다.

③선장은 선박소유자의 청구가 있을 때에는 언제든지 항해에 관한 사항과 계산의 보고를 하여야 한다.

제3절 선박공유

제756조(선박공유자의 업무결정) ①공유선박의 이용에 관한 사항은 공유자의 지분의 가격에 따라 그 과반수로 결정한다.

②선박공유에 관한 계약을 변경하는 사항은 공유자의 전원일치로 결정하여야 한다.

제757조(선박공유와 비용의 부담) 선박공유자는 그 지분의 가격에 따라 선박의 이용에 관한 비용과 이용에 관하여 생긴 채무를 부담한다.

제758조(손익분배) 손익의 분배는 매 항해의 종료 후에 있어서 선박공유자의 지분의 가격에 따라서 한다.

제759조(지분의 양도) 선박공유자 사이에 조합관계가 있는 경우에도 각 공유자는 다른 공유자의 승낙 없이 그 지분을 타인에게 양도할 수 있다. 다만, 선박관리인의 경우에는 그러하지 아니하다.

제760조(공유선박의 국적상실과 지분의 매수 또는 경매청구) 선박공유자의 지분의 이전 또는 그 국적상실로 인하여 선박이 대한민국의 국적을 상실할 때에는 다른 공유자는 상당한 대가로 그 지분을 매수하거나 그 경매를 법원에 청구할 수 있다.

제761조(결의반대자의 지분매수청구권) ① 선박공유자가 신항해를 개시하거나 선박을 대수선할 것을 결의한 때에는 그 결의에 이의가 있는 공유자는 다른 공유자에 대하여 상당한 가액으로 자기의 지분을 매수할 것을 청구할 수 있다.

②제1항의 청구를 하고자 하는 자는 그 결의가 있는 날부터, 결의에 참가하지 아니한 경우에는 결의통지를 받은 날부터 3일 이내에 다른 공유자 또는 선박관리인에 대하여 그 통지를 발송하여야 한다.

제762조(해임선장의 지분매수청구권) ①선박공유자인 선장이 그 의사에 반하여 해임된 때에는 다른 공유자에 대하여 상당한 가액으로 그 지분을 매수할 것을 청구할 수 있다.

②선박공유자가 제1항의 청구를 하고자 하는 때에는 지체없이 다른 공유자 또는 선박관리인에 대하여 그 통지를 발송하여야 한다.

제763조(항해 중 선박 등의 양도) 항해 중에 있는 선박이나 그 지분을 양도한 경우에 당사자 사이에 다른 약정이 없으면 양수인이 그 항해로부터 생긴 이익을 얻고 손실을 부담한다.

제764조(선박관리인의 선임ㆍ등기) ①선박공유자는 선박관리인을 선임하여야 한다. 이 경우 선박공유자가 아닌 자를 선박관리인으로 선임함에는 공유자 전원의 동의가 있어야 한다.

②선박관리인의 선임과 그 대리권의 소멸은 이를 등기하여야 한다.

제765조(선박관리인의 권한) ①선박관리인은 선박의 이용에 관한 재판상 또는 재판 외의 모든 행위를 할 권한이 있다.

②선박관리인의 대리권에 대한 제한은 선의의 제3자에게 대항하지 못한다.

제766조(선박관리인의 권한의 제한) 선박관

리인은 선박공유자의 서면에 의한 위임이
없으면 다음 각 호의 행위를 하지 못한다.
1. 선박을 양도·임대 또는 담보에 제공하
는 일
2. 신항해를 개시하는 일
3. 선박을 보험에 붙이는 일
4. 선박을 대수선하는 일
5. 차재하는 일
제767조(장부의 기재·비치) 선박관리인은 업
무집행에 관한 장부를 비치하고 그 선박의 이
용에 관한 모든 사항을 기재하여야 한다.
제768조(선박관리인의 보고·승인) 선박관
리인은 매 항해의 종료 후에 지체없이 그
항해의 경과상황과 계산에 관한 서면을 작
성하여 선박공유자에게 보고하고 그 승인을
얻어야 한다.

제4절 선박소유자 등의 책임제한

제769조(선박소유자의 유한책임) 선박소유자
는 청구원인의 여하에 불구하고 다음 각 호
의 채권에 대하여 제770조의 규정에 의한
금액의 한도로 그 책임을 제한할 수 있다.
다만, 그 채권이 선박소유자 자신의 고의
또는 손해발생의 염려가 있음을 인식하면서
무모하게 한 작위 또는 부작위로 인하여 생
긴 손해에 관한 것인 때에는 그러하지 아니
하다.
1. 선박에서 또는 선박의 운항에 직접 관련
하여 발생한 사람의 사망, 신체의 상해 또
는 그 선박 외의 물건의 멸실 또는 훼손으
로 인하여 생긴 손해에 관한 채권
2. 운송물, 여객 또는 수하물의 운송의 지연
으로 인하여 생긴 손해에 관한 채권
3. 제1호 및 제2호 외에 선박의 운항에 직
접 관련하여 발생한 계약상의 권리 외의 타
인의 권리의 침해로 인하여 생긴 손해에 관
한 채권
4. 제1호 내지 제3호의 채권의 원인이 된
손해를 방지 또는 경감하기 위한 조치에 관
한 채권 또는 그 조치의 결과로 인하여 생
긴 손해에 관한 채권
제770조(책임의 한도액) ①선박소유자가 제
한할 수 있는 책임의 한도액은 다음 각 호
의 금액으로 한다.
1. 여객의 사망 또는 신체의 상해로 인한

손해에 관한 채권에 대한 책임의 한도액은
그 선박의 선박검사증서에 기재된 여객의
정원에 17만5천 계산단위(국제통화기금의 1
특별인출권에 상당하는 금액을 말한다. 이하
같다)를 곱하여 얻은 금액으로 한다.
2. 여객 외의 사람의 사망 또는 신체의 상해
로 인한 손해에 관한 채권에 대한 책임의 한
도액은 그 선박의 톤수에 따라서 다음 각목
에 정하는 바에 의하여 계산된 금액으로 한
다. 다만, 300톤 미만의 선박의 경우에는 16
만7천 계산단위에 상당하는 금액으로 한다.
가. 500톤 이하의 선박의 경우에는 33만3천
계산단위에 상당하는 금액
나. 500톤을 초과하는 선박의 경우에는 가
목의 금액에 500톤을 초과하여 3천톤까지의
부분에 대하여는 매 톤당 500 계산단위, 3
천톤을 초과하여 3만톤까지의 부분에 대하
여는 매 톤당 333 계산단위, 3만톤을 초과
하여 7만톤까지의 부분에 대하여는 매 톤당
250 계산단위 및 7만톤을 초과한 부분에 대
하여는 매 톤당 167 계산단위를 각 곱하여
얻은 금액을 순차로 가산한 금액
3. 제1호 및 제2호 외의 채권에 대한 책임
의 한도액은 그 선박의 톤수에 따라서 다음
각 목에 정하는 바에 의하여 계산된 금액으
로 한다. 다만, 300톤 미만의 선박의 경우에
는 8만3천 계산단위에 상당하는 금액으로
한다.
가. 500톤 이하의 선박의 경우에는 16만7천
계산단위에 상당하는 금액
나. 500톤을 초과하는 선박의 경우에는 가
목의 금액에 500톤을 초과하여 3만톤까지의
부분에 대하여는 매 톤당 167 계산단위, 3
만톤을 초과하여 7만톤까지의 부분에 대하
여는 매 톤당 125 계산단위 및 7만톤을 초
과한 부분에 대하여는 매 톤당 83 계산단위
를 각 곱하여 얻은 금액을 순차로 가산한
금액
②제1항 각 호의 규정에 의한 각 책임한도
액은 선박마다 동일한 사고에서 생긴 각 책
임한도액에 대응하는 선박소유자에 대한 모
든 채권에 미친다.
③제769조의 규정에 의하여 책임이 제한되
는 채권은 제1항 각 호의 규정에 의한 각
책임한도액에 대하여 각 채권액의 비율로

경합한다.

④제1항제2호에 의한 책임한도액이 동호의 채권의 변제에 부족한 때에는 제3호에 의한 책임한도액을 그 잔액채권의 변제에 충당한다. 이 경우에 동일한 사고에서 제3호의 채권도 발생한 때에는 이 채권과 제2호의 잔액채권은 제3호에 의한 책임한도액에 대하여 각 채권액의 비율로 경합한다.

제771조(동일한 사고로 인한 반대채권액의 공제) 선박소유자가 책임의 제한을 받는 채권자에 대하여 동일한 사고로 인하여 생긴 손해에 관한 채권을 가지는 경우에는 그 채권액을 공제한 잔액에 한하여 책임의 제한을 받는 채권으로 한다.

제772조(책임제한을 위한 선박톤수) 제770조제1항에서 규정하는 선박의 톤수는 국제항해에 종사하는 선박의 경우에는 「선박법」에서 규정하는 국제총톤수로 하고 그 밖의 선박의 경우에는 동법에서 규정하는 총톤수로 한다.

제773조(유한책임의 배제) 선박소유자는 다음 각 호의 채권에 대하여는 그 책임을 제한하지 못한다.

1. 선장·해원 그 밖의 사용인으로서 그 직무가 선박의 업무에 관련된 자 또는 그 상속인, 피부양자 그 밖의 이해관계인의 선박소유자에 대한 채권

2. 해난구조로 인한 구조료 채권 및 공동해손의 분담에 관한 채권

3. 1969년 11월 29일 성립한 「유류오염손해에 대한 민사책임에 관한 국제조약」 또는 그 조약의 개정조항이 적용되는 유류오염손해에 관한 채권

4. 침몰·난파·좌초·유기 그 밖의 해양사고를 당한 선박 및 그 선박 안에 있거나 있었던 적하 그 밖의 물건의 인양·제거·파괴 또는 무해조치에 관한 채권

5. 원자력손해에 관한 채권

제774조(책임제한을 할 수 있는 자의 범위) ①다음 각 호의 어느 하나에 해당하는 자는 이 절의 규정에 의하여 선박소유자의 경우와 동일하게 책임을 제한할 수 있다.

1. 용선자·선박관리인 및 선박운항자

2. 법인인 선박소유자 및 제1호에 규정된 자의 무한책임사원

3. 자기의 행위로 인하여 선박소유자 또는 제1호에 규정된 자에 대하여 제769조 각 호의 규정에 의한 채권이 성립하게 한 선장·해원·도선사 그 밖의 선박소유자 또는 제1호에 규정된 자의 사용인 또는 대리인

②동일한 사고에서 발생한 모든 채권에 대한 선박소유자 및 제1항에 규정된 자에 의한 책임제한의 총액은 선박마다 제770조의 규정에 의한 책임한도액을 초과하지 못한다.

③선박소유자 또는 제1항 각 호에 규정된 자의 1인이 책임제한절차개시의 결정을 받은 때에는 책임제한을 할 수 있는 다른 자도 이를 원용할 수 있다.

제775조(구조자의 책임제한) ①구조자 또는 그 피용자의 구조활동과 직접 관련하여 발생한 사람의 사망·신체의 상해, 재산의 멸실이나 훼손, 계약상 권리 외의 타인의 권리의 침해로 인하여 생긴 손해에 관한 채권 및 그러한 손해를 방지 혹은 경감하기 위한 조치에 관한 채권 또는 그 조치의 결과로 인하여 생긴 손해에 관한 채권에 대하여는 제769조 내지 제774조(제769조제2호 및 제770조제1항제1호를 제외한다)의 규정에 따라 구조자도 책임을 제한할 수 있다.

②구조활동을 선박으로부터 행하지 아니한 구조자 또는 구조를 받는 선박에서만 행한 구조자는 제770조의 규정에 의한 책임의 한도액에 관하여 1천500톤의 선박에 의한 구조자로 본다.

③구조자의 책임의 한도액은 구조선마다 또는 제2항의 경우에는 구조자마다 동일한 사고로 인하여 생긴 모든 채권에 미친다.

④제1항에서 "구조자"라 함은 구조활동에 직접 관련된 용역을 제공한 자를 말하며, "구조활동"이라 함은 해난구조 시의 구조활동은 물론 침몰·난파·좌초 또는 유기 그 밖의 해양사고를 당한 선박 및 그 선박 안에 있거나 있었던 적하 그 밖의 물건의 인양·제거·파괴 또는 무해조치 및 이와 관련된 손해를 방지 또는 경감하기 위한 모든 조치를 말한다.

제776조(책임제한의 절차) ①이 절의 규정에 의하여 책임을 제한하고자 하는 자는 채권자로부터 책임한도액을 초과하는 청구금액을 명시한 서면에 의한 청구를 받은 날부

터 1년 이내에 법원에 책임제한절차개시의
신청을 하여야 한다.
②책임제한절차 개시의 신청, 책임제한의
기금의 형성·공고·참가·배당 그 밖의
필요한 사항은 별도로 법률로 정한다.

제5절 선박담보

제777조(선박우선특권 있는 채권) ①다음의
채권을 가진 자는 선박·그 속구, 그 채권이
생긴 항해의 운임, 그 선박과 운임에 부수한
채권에 대하여 우선특권이 있다.
1. 채권자의 공동이익을 위한 소송비용, 항
해에 관하여 선박에 과한 제세금, 도선료·
예선료, 최후 입항 후의 선박과 그 속구의
보존비·검사비
2. 선원 그 밖의 선박사용인의 고용계약으
로 인한 채권
3. 해난구조로 인한 선박에 대한 구조료 채
권과 공동해손의 분담에 대한 채권
4. 선박의 충돌 그 밖의 항해사고로 인한
손해, 항해시설·항만시설 및 항로에 대한
손해와 선원이나 여객의 생명·신체에 대한
손해의 배상채권
②제1항의 우선특권을 가진 선박채권자는
이 법 그 밖의 법률의 규정에 따라 제1항의
재산에 대하여 다른 채권자보다 자기채권의
우선변제를 받을 권리가 있다. 이 경우 그
성질에 반하지 아니하는 한 「민법」의 저당
권에 관한 규정을 준용한다.
제778조(선박·운임에 부수한 채권) 제777
조의 규정에 의한 선박과 운임에 부수한 채
권은 다음과 같다.
1. 선박 또는 운임의 손실로 인하여 선박소
유자에게 지급할 손해배상
2. 공동해손으로 인한 선박 또는 운임의 손실
에 대하여 선박소유자에게 지급할 상금
3. 해난구조로 인하여 선박소유자에게 지급
할 구조료
제779조(운임에 대한 우선특권) 운임에 대한
우선특권은 지급을 받지 아니한 운임 및 지
급을 받은 운임 중 선박소유자나 그 대리인
이 소지한 금액에 한하여 이를 행사할 수
있다.
제780조(보험금 등의 제외) 보험계약에 의하
여 선박소유자에게 지급할 보험금과 그 밖

의 장려금이나 보조금에 대하여는 제778조
의 규정을 적용하지 아니한다.
제781조(선박사용인의 고용계약으로 인한
채권) 제777조제1항제2호의 규정에 의한 채
권은 고용계약 존속 중의 모든 항해로 인한
운임의 전부에 대하여 우선특권이 있다.
제782조(동일항해로 인한 채권에 대한 우선
특권의 순위) ①동일항해로 인한 채권의 우
선특권이 경합하는 때에는 그 우선의 순위
는 제777조제1항 각 호의 순서에 의한다.
②제777조제1항제3호의 규정에 의한 채권의
우선특권이 경합하는 때에는 후에 생긴 채권
이 전에 생긴 채권에 우선한다. 동일한 사고
로 인한 채권은 동시에 생긴 것으로 본다.
제783조(수회항해에 관한 채권에 대한 우선
특권의 순위) ①수회의 항해에 관한 채권의
우선특권이 경합하는 때에는 후의 항해에
관한 채권이 전의 항해에 관한 채권에 우선
한다.
②제781조의 규정에 의한 우선특권은 그 최
후의 항해에 관한 다른 채권과 동일한 순위
로 한다.
제784조(동일순위의 우선특권이 경합한 경
우) 제781조 내지 제783조의 규정에 의한
동일순위의 우선특권이 경합하는 때에는 각
채권액의 비율에 따라 변제한다.
제785조(우선특권의 추급권) 선박채권자의
우선특권은 그 선박소유권의 이전으로 인하
여 영향을 받지 아니한다.
제786조(우선특권의 소멸) 선박채권자의 우
선특권은 그 채권이 생긴 날부터 1년 이내
에 실행하지 아니하면 소멸한다.
제787조(선박저당권) ①등기한 선박은 저당
권의 목적으로 할 수 있다.
②선박의 저당권은 그 속구에 미친다.
③선박의 저당권에는 「민법」의 저당권에 관
한 규정을 준용한다.
제788조(선박저당권 등과 우선특권의 경합)
선박채권자의 우선특권은 질권과 저당권에
우선한다.
제789조(등기선박의 입질불허) 등기한 선박
은 질권의 목적으로 하지 못한다.
제790조(건조 중의 선박에의 준용) 이 절의
규정은 건조 중의 선박에 준용한다.

제2장 운송과 용선

제1절 개품운송

제791조(개품운송계약의 의의) 개품운송계약은 운송인이 개개의 물건을 해상에서 선박으로 운송할 것을 인수하고, 송하인이 이에 대하여 운임을 지급하기로 약정함으로써 그 효력이 생긴다.

제792조(운송물의 제공) ①송하인은 당사자 사이의 합의 또는 선적항의 관습에 의한 때와 곳에서 운송인에게 운송물을 제공하여야 한다.

②제1항의 규정에 의한 때와 곳에서 송하인이 운송물을 제공하지 아니한 경우에는 계약을 해제한 것으로 본다. 이 경우 선장은 즉시 발항할 수 있고, 송하인은 운임의 전액을 지급하여야 한다.

제793조(운송에 필요한 서류의 교부) 송하인은 선적기간 이내에 운송에 필요한 서류를 선장에게 교부하여야 한다.

제794조(감항능력 주의의무) 운송인은 자기 또는 선원 그 밖의 선박사용인이 발항 당시 다음의 사항에 관하여 주의를 해태하지 아니하였음을 증명하지 아니하면 운송물의 멸실·훼손 또는 연착으로 인한 손해를 배상할 책임이 있다.

1. 선박이 안전하게 항해를 할 수 있게 할 것
2. 필요한 선원의 승선, 선박의장(艤裝)과 필요품의 보급
3. 선창·냉장실 그 밖에 운송물을 적재할 선박의 부분을 운송물의 수령·운송과 보존을 위하여 적합한 상태에 둘 것

제795조(운송물에 관한 주의의무) ①운송인은 자기 또는 선원 그 밖의 선박사용인이 운송물의 수령·선적·적부(積付)·운송·보관·양륙과 인도에 관하여 주의를 해태하지 아니하였음을 증명하지 아니하면 운송물의 멸실·훼손 또는 연착으로 인한 손해를 배상할 책임이 있다.

②운송인은 선장·해원·도선사 그 밖의 선박사용인의 항해 또는 선박의 관리에 관한 행위 또는 화재로 인하여 생긴 운송물에 관한 손해를 배상할 책임을 면한다. 다만, 운송인의 고의 또는 과실로 인한 화재의 경우에는 그러하지 아니하다.

제796조(운송인의 면책사유) 운송인은 다음 각 호의 사실이 있었다는 것과 운송물에 관한 손해가 그 사실로 인하여 보통 생길 수 있는 것임을 증명한 때에는 이를 배상할 책임을 면한다. 다만, 제794조 및 제795조제1항의 규정에 의한 주의를 다하였더라면 그 손해를 피할 수 있었음에도 불구하고 그 주의를 다하지 아니하였음을 증명한 때에는 그러하지 아니하다.

1. 해상 그 밖에 항행할 수 있는 수면에서의 위험 또는 사고
2. 불가항력
3. 전쟁·폭동 또는 내란
4. 해적행위 그 밖에 이에 준한 행위
5. 재판상의 압류, 검역상의 제한 그 밖의 공권에 의한 제한
6. 송하인 또는 운송물의 소유자나 그 사용인의 행위
7. 동맹파업 그 밖의 쟁의행위 또는 선박폐쇄
8. 해상에서의 인명이나 재산의 구조행위 또는 이로 인한 항로이탈 그 밖의 정당한 이유로 인한 항로이탈
9. 운송물의 포장의 불충분 또는 기호의 표시의 불완전
10. 운송물의 특수한 성질 또는 숨은 하자
11. 선박의 숨은 하자

제797조(책임의 한도) ①제794조 내지 제796조의 규정에 의한 운송인의 손해배상의 책임은 당해 운송물의 매 포장당 또는 선적단위당 666과 100분의 67 계산단위의 금액과 중량 1킬로그램당 2 계산단위의 금액 중 큰 금액을 한도로 이를 제한할 수 있다. 다만, 운송물에 관한 손해가 운송인 자신의 고의 또는 손해발생의 염려가 있음을 인식하면서 무모하게 한 작위 또는 부작위로 인하여 생긴 것인 때에는 그러하지 아니하다.

②제1항의 적용에 있어서 운송물의 포장 또는 선적단위의 수는 다음과 같이 정한다.

1. 컨테이너 그 밖에 이와 유사한 운송용기가 운송물을 통합하기 위하여 사용되는 경우에 그러한 운송용기에 내장된 운송물의 포장 또는 선적단위의 수를 선하증권 그 밖에 운송계약을 증명하는 문서에 기재한 때에는 그 각 포장 또는 선적단위를 하나의 포장 또는 선적단위로 본다. 이 경우를 제

외하고는 이러한 운송용기 내의 운송물 전부를 하나의 포장 또는 선적단위로 본다.

2. 운송인이 아닌 자가 공급한 운송용기 자체가 멸실 또는 훼손된 경우에는 그 용기를 별개의 포장 또는 선적단위로 본다.

③제1항 및 제2항의 규정은 송하인이 운송인에게 운송물을 인도할 때에 그 종류와 가액을 고지하고 선하증권 그 밖에 운송계약을 증명하는 문서에 이를 기재한 경우에는 적용하지 아니한다. 다만, 송하인이 운송물의 종류 또는 가액을 고의로 현저하게 부실의 고지를 한 때에는 운송인은 자기 또는 그 사용인이 악의인 경우를 제외하고 운송물의 손해에 대하여 책임을 면한다.

④제1항 내지 제3항의 규정은 제769조 내지 제774조 및 제776조의 규정의 적용에 영향을 미치지 아니한다.

제798조(비계약적 청구에 대한 적용) ①이 절의 운송인의 책임에 관한 규정은 운송인의 불법행위로 인한 손해배상의 책임에도 이를 적용한다.

②운송물에 관한 손해배상청구가 운송인의 사용인 또는 대리인에 대하여 제기된 경우에 그 손해가 그 사용인 또는 대리인의 직무집행에 관하여 생긴 것인 때에는 그 사용인 또는 대리인은 운송인이 주장할 수 있는 항변과 책임제한을 원용할 수 있다. 다만, 그 손해가 그 사용인 또는 대리인의 고의 또는 운송물의 멸실·훼손 또는 연착이 생길 염려가 있음을 인식하면서 무모하게 한 작위 또는 부작위로 인하여 생긴 것인 때에는 그러하지 아니하다.

③제2항 본문의 경우에 운송인과 그 사용인 또는 대리인의 운송물에 대한 책임제한금액의 총액은 제797조제1항의 규정에 의한 한도를 초과하지 못한다.

④제1항 내지 제3항의 규정은 운송물에 관한 손해배상청구가 운송인 외의 실제운송인 또는 그 사용인이나 대리인에 대하여 제기된 경우에도 이를 적용한다.

제799조(운송인의 책임경감금지) ①제794조 내지 제798조의 규정에 반하여 운송인의 의무 또는 책임을 경감 또는 면제하는 당사자 사이의 특약은 효력이 없다. 운송물에 관한 보험의 이익을 운송인에게 양도하는 약정

또는 이와 유사한 약정도 또한 같다.

②제1항의 규정은 산 동물의 운송 및 선하증권 그 밖에 운송계약을 증명하는 문서의 표면에 갑판적(甲板積)으로 운송할 취지를 기재하여 갑판적으로 행하는 운송에 대하여는 적용하지 아니한다.

제800조(위법선적물의 처분) ①선장은 법령 또는 계약에 위반하여 선적된 운송물은 언제든지 이를 양륙할 수 있고, 그 운송물이 선박 또는 다른 운송물에 위해를 미칠 염려가 있는 때에는 이를 포기할 수 있다.

②선장이 제1항의 물건을 운송하는 때에는 선적한 때와 곳에서의 동종 운송물의 최고 운임의 지급을 청구할 수 있다.

③제1항 및 제2항의 규정은 운송인 그 밖의 이해관계인의 손해배상청구에 영향을 미치지 아니한다.

제801조(위험물의 처분) ①인화성·폭발성 그 밖의 위험성이 있는 운송물은 운송인이 그 성질을 알고 선적한 경우에도 그 운송물이 선박이나 다른 운송물에 위해를 미칠 위험이 있는 때에는 선장은 언제든지 이를 양륙·파괴 또는 무해조치할 수 있다.

②운송인은 제1항의 처분에 의하여 그 운송물에 발생한 손해에 대하여는 공동해손분담책임을 제외하고 그 배상책임을 면한다.

제802조(운송물의 수령) 운송물의 도착통지를 받은 수하인은 당사자 사이의 합의 또는 양륙항의 관습에 의한 때와 곳에서 지체 없이 운송물을 수령하여야 한다.

제803조(운송물의 공탁 등) ①수하인이 운송물의 수령을 게을리한 때에는 선장은 이를 공탁하거나 세관 그 밖에 법령이 정한 관청의 허가를 받은 곳에 인도할 수 있다. 이 경우 지체 없이 수하인에게 그 통지를 발송하여야 한다.

②수하인을 확실히 알 수 없거나 수하인이 운송물의 수령을 거부한 때에는 선장은 이를 공탁하거나 세관 그 밖의 관청의 허가를 받은 곳에 인도하고 지체 없이 용선자 또는 송하인 및 알고 있는 수하인에게 그 통지를 발송하여야 한다.

③제1항 및 제2항의 규정에 의하여 운송물을 공탁하거나 세관 그 밖의 관청의 허가를 받은 곳에 인도한 때에는 선하증권소지인

그 밖의 수하인에게 운송물을 인도한 것으로 본다.

제804조(운송물의 일부 멸실·훼손에 관한 통지) ①수하인이 운송물의 일부 멸실 또는 훼손을 발견한 때에는 수령 후 지체 없이 그 개요에 관하여 운송인에게 서면에 의한 통지를 발송하여야 한다. 다만, 그 멸실 또는 훼손이 즉시 발견할 수 없는 것인 때에는 수령한 날부터 3일 이내에 그 통지를 발송하여야 한다.

②제1항의 통지가 없는 경우에는 운송물이 멸실 또는 훼손 없이 수하인에게 인도된 것으로 추정한다.

③제1항 및 제2항의 규정은 운송인 또는 그 사용인이 악의인 경우에는 적용하지 아니한다.

④운송물에 멸실 또는 훼손이 발생하였거나 그 의심이 있는 경우에는 운송인과 수하인은 서로 운송물의 검사를 위하여 필요한 편의를 제공하여야 한다.

⑤제1항 내지 제4항의 규정에 반하여 수하인에게 불리한 당사자 사이의 특약은 효력이 없다.

제805조(운송물의 중량·용적에 따른 운임) 운송물의 중량 또는 용적으로 운임을 정한 때에는 운송물을 인도하는 때의 중량 또는 용적에 의하여 그 액을 정한다.

제806조(운송기간에 따른 운임) ①기간으로 운임을 정한 때에는 운송물의 선적을 개시한 날부터 그 양륙을 종료한 날까지의 기간에 의하여 그 액을 정한다.

②제1항의 기간에는 불가항력으로 인하여 선박이 선적항이나 항해도중에 정박한 기간 또는 항해도중에 선박을 수선한 기간을 산입하지 아니한다.

제807조(수하인의 의무, 선장의 유치권) ①수하인이 운송물을 수령하는 때에는 운송계약 또는 선하증권의 취지에 따라 운임·부수비용·체당금·체선료, 운송물의 가액에 따른 공동해손 또는 해난구조로 인한 부담액을 지급하여야 한다.

②선장은 제1항의 규정에 의한 금액의 지급과 상환하지 아니하면 운송물을 인도할 의무가 없다.

제808조(운송인의 운송물경매권) ①운송인은 제807조제1항의 규정에 의한 금액의 지급을 받기 위하여 법원의 허가를 얻어 운송물을 경매하여 우선변제를 받을 권리가 있다.

②선장이 수하인에게 운송물을 인도한 후에도 운송인은 그 운송물에 대하여 제1항의 권리를 행사할 수 있다. 다만, 인도한 날부터 30일을 경과하거나 제3자가 그 운송물에 점유를 취득한 때에는 그러하지 아니하다.

제809조(항해용선자 등의 재운송계약시 선박소유자의 책임) 항해용선자 또는 정기용선자가 자기의 명의로 제3자와 운송계약을 체결한 경우에는 그 계약의 이행이 선장의 직무에 속한 범위 안에서 선박소유자도 그 제3자에 대하여 제794조 및 제795조의 규정에 의한 책임을 진다.

제810조(운송계약의 종료사유) ①운송계약은 다음의 사유로 인하여 종료한다.

1. 선박이 침몰 또는 멸실한 때
2. 선박이 수선할 수 없게 된 때
3. 선박이 포획된 때
4. 운송물이 불가항력으로 인하여 멸실된 때

②제1항제1호 내지 제3호의 사유가 항해도중에 생긴 때에는 송하인은 운송의 비율에 따라 현존하는 운송물의 가액의 한도에서 운임을 지급하여야 한다.

제811조(법정사유로 인한 해제 등) ①항해 또는 운송이 법령에 위반하게 되거나 그 밖에 불가항력으로 인하여 계약의 목적을 달할 수 없게 된 때에는 각 당사자는 계약을 해제할 수 있다.

②제1항의 사유가 항해도중에 생긴 경우에 계약을 해지한 때에는 송하인은 운송의 비율에 따라 운임을 지급하여야 한다.

제812조(운송물의 일부에 관한 불가항력) ①제810조제1항제4호 및 제811조제1항의 사유가 운송물의 일부에 대하여 생긴 때에는 송하인은 운송인의 책임이 가중되지 아니하는 범위 안에서 다른 운송물을 선적할 수 있다.

②송하인이 제1항의 권리를 행사하고자 하는 때에는 지체 없이 운송물의 양륙 또는 선적을 하여야 한다. 그 양륙 또는 선적을 게을리한 때에는 운임의 전액을 지급하여야 한다.

제813조(선장의 적하처분과 운임) 운송인은 다음 각 호의 어느 하나에 해당하는 경우에

는 운임의 전액을 청구할 수 있다.

1. 선장이 제750조제1항의 규정에 의하여 적하를 처분하였을 때
2. 선장이 제865조의 규정에 의하여 적하를 처분하였을 때

제814조(운송인의 채권·채무의 소멸) ①운송인의 송하인 또는 수하인에 대한 채권 및 채무는 그 청구원인의 여하에 불구하고 운송인이 수하인에게 운송물을 인도한 날 또는 인도할 날부터 1년 이내에 재판상 청구가 없으면 소멸한다. 다만, 이 기간은 당사자의 합의에 의하여 연장할 수 있다.
②운송인이 인수한 운송을 다시 제3자에게 위탁한 경우에 송하인 또는 수하인이 제1항의 기간 이내에 운송인과 배상 합의를 하거나 운송인에게 재판상 청구를 하였다면, 그 합의 또는 청구가 있은 날부터 3개월이 경과하기 이전에는 그 제3자에 대한 운송인의 채권·채무는 제1항의 규정에 불구하고 소멸하지 아니한다. 운송인과 그 제3자 사이에 제1항 단서와 동일한 취지의 약정이 있는 경우에도 또한 같다.
③제2항의 경우에 있어서 재판상 청구를 받은 운송인이 그로부터 3개월 이내에 그 제3자에 대하여 소송고지를 하면 3개월의 기간은 그 재판이 확정 그 밖에 종료된 때부터 기산한다.

제815조(준용규정) 제134조, 제136조 내지 제140조의 규정은 이 절에서 정한 운송인에 준용한다.

제816조(복합운송인의 책임) ①운송인이 인수한 운송에 해상 외의 운송구간이 포함된 경우 운송인은 손해가 발생한 운송구간에 적용될 법에 따라 책임을 진다.
②어느 운송구간에서 손해가 발생하였는지 불분명한 경우 또는 손해의 발생이 성질상 특정한 지역으로 한정되지 아니하는 경우에는 운송인은 운송거리가 가장 긴 구간에 적용되는 법에 따라 책임을 진다. 다만, 운송거리가 같거나 가장 긴 구간을 정할 수 없는 경우에는 운임이 가장 비싼 구간에 적용되는 법에 따라 책임을 진다.

제2절 해상운송계약

제817조(해상여객운송계약의 의의) 해상여객운송계약은 운송인이 특정한 여객을 출발지에서 도착지까지 해상에서 선박으로 운송할 것을 인수하고, 이에 대하여 상대방이 운임을 지급하기로 약정함으로써 그 효력이 생긴다.

제818조(기명식의 선표) 기명식의 선표는 이를 타인에게 양도하지 못한다.

제819조(식사·거처제공의무 등) ①여객의 항해 중의 식사는 다른 약정이 없으면 운송인의 부담으로 한다.
②항해 도중에 선박을 수선하는 경우에는 운송인은 그 수선 중 여객에게 상당한 거처와 식사를 제공하여야 한다. 다만, 여객의 권리를 해하지 아니하는 범위 안에서 상륙항까지의 운송의 편의를 제공한 때에는 그러하지 아니하다.
③제2항의 경우에 여객은 항해의 비율에 따른 운임을 지급하고 계약을 해지할 수 있다.

제820조(수하물 무임운송의무) 여객이 계약에 의하여 선내에서 휴대할 수 있는 수하물에 대하여는 운송인은 다른 약정이 없으면 별도로 운임을 청구하지 못한다.

제821조(승선지체와 선장의 발항권) ①여객이 승선시기까지 승선하지 아니한 때에는 선장은 즉시 발항할 수 있다. 항해 도중의 정박항에서도 또한 같다.
②제1항의 경우에는 여객은 운임의 전액을 지급하여야 한다.

제822조(여객의 계약해제와 운임) 여객이 발항 전에 계약을 해제하는 경우에는 운임의 반액을 지급하고, 발항 후에 계약을 해제하는 경우에는 운임의 전액을 지급하여야 한다.

제823조(법정사유에 의한 해제) 여객이 발항 전에 사망·질병 그 밖의 불가항력으로 인하여 항해할 수 없게 된 때에는 운송인은 운임의 10분의 3을 청구할 수 있고, 발항 후에 그 사유가 생긴 때에는 운송인의 선택으로 운임의 10분의 3 또는 운송의 비율에 따른 운임을 청구할 수 있다.

제824조(사망한 여객의 수하물처분의무) 여객이 사망한 때에는 선장은 그 상속인에게 가장 이익이 되는 방법으로 사망자가 휴대한 수하물을 처분하여야 한다.

제825조(법정종료사유) 운송계약은 제810조제1항제1호 내지 제3호의 사유로 인하여 종

료한다. 그 사유가 항해 도중에 생긴 때에
는 여객은 운송의 비율에 따른 운임을 지급
하여야 한다.
제826조(준용규정) ①제148조·제794조·제
799조제1항 및 제809조의 규정은 해상여객
운송에 준용한다.
②제134조·제136조·제149조제2항·제
794조 내지 제801조·제804조·제807조·
제809조·제811조 및 제814조의 규정은 운
송인이 위탁을 받은 여객의 수하물의 운송
에 준용한다.
③제150조, 제797조제1항·제4항, 제798조,
제799조제1항, 제809조 및 제814조의 규정
은 운송인이 위탁을 받지 아니한 여객의 수
하물에 준용한다.

제3절 항해용선

제827조(항해용선계약의 의의) ①항해용선
계약은 특정한 항해를 할 목적으로 선박소
유자가 용선자에게 선원이 승무하고 항해장
비를 갖춘 선박의 전부 또는 일부를 물건의
운송에 제공하기로 약정하고 용선자가 이에
대하여 운임을 지급하기로 약정함으로써 그
효력이 생긴다.
②이 절의 규정은 그 성질에 반하지 아니하
는 한 여객운송을 목적으로 하는 항해용선
계약에도 준용한다.
③선박소유자가 일정한 기간 동안 용선자에
게 선박을 제공할 의무를 지지만 항해를 단
위로 운임을 계산하여 지급하기로 약정한
경우에도 그 성질에 반하지 아니하는 한 이
절의 규정을 준용한다.
제828조(용선계약서) 용선계약의 당사자는
상대방의 청구에 의하여 용선계약서를 교부
하여야 한다.
제829조(선적준비완료의 통지, 선적기간) ①
선박소유자는 운송물을 선적함에 필요한 준
비가 완료된 때에는 지체 없이 용선자에게
그 통지를 발송하여야 한다.
②운송물을 선적할 기간의 약정이 있는 경
우에는 그 기간은 제1항의 통지가 오전에
있은 때에는 그 날의 오후 1시부터 기산하
고, 오후에 있은 때에는 다음날 오전 6시부
터 기산한다. 이 기간에는 불가항력으로 인
하여 선적할 수 없는 날과 그 항의 관습상

선적작업을 하지 아니하는 날을 산입하지
아니한다.
③제2항의 기간을 경과한 후 운송물을 선적
한 때에는 선박소유자는 상당한 보수를 청
구할 수 있다.
제830조(제3자가 선적인인 경우의 통지·선
적) 용선자 외의 제3자가 운송물을 선적할
경우에 선장이 그 제3자를 확실히 알 수 없
거나 그 제3자가 운송물을 선적하지 아니한
때에는 선장은 지체 없이 용선자에게 그 통
지를 발송하여야 한다. 이 경우 선적기간
이내에 한하여 용선자가 운송물을 선적할
수 있다.
제831조(용선자의 발항청구권, 선장의 발항
권) ①용선자는 운송물의 전부를 선적하지
아니한 경우에도 선장에게 발항을 청구할
수 있다.
②선적기간의 경과 후에는 용선자가 운송물
의 전부를 선적하지 아니한 경우에도 선장
은 즉시 발항할 수 있다.
③제1항 및 제2항의 경우에 용선자는 운임
의 전액과 운송물의 전부를 선적하지 아니
함으로 인하여 생긴 비용을 지급하고, 또한
선박소유자의 청구가 있는 때에는 상당한
담보를 제공하여야 한다.
제832조(전부용선의 발항 전의 계약해제 등)
①발항 전에는 전부용선자는 운임의 반액을
지급하고 계약을 해제할 수 있다.
②왕복항해의 용선계약인 경우에 전부용선
자가 그 회항 전에 계약을 해지하는 때에는
운임의 3분의 2를 지급하여야 한다.
③선박이 다른 항에서 선적항에 항행하여야
할 경우에 전부용선자가 선적항에서 발항하
기 전에 계약을 해지하는 때에도 제2항과
같다.
제833조(일부용선과 발항 전의 계약해제 등)
①일부용선자나 송하인은 다른 용선자와 송
하인 전원과 공동으로 하는 경우에 한하여
제832조의 해제 또는 해지를 할 수 있다.
②제1항의 경우 외에는 일부용선자나 송하인
이 발항 전에 계약을 해제 또는 해지한 때에
도 운임의 전액을 지급하여야 한다.
③발항 전이라도 일부용선자나 송하인이 운
송물의 전부 또는 일부를 선적한 경우에는
다른 용선자와 송하인의 동의를 얻지 아니

하면 계약을 해제 또는 해지하지 못한다.

제834조(부수비용·체당금 등의 지급의무) ①용선자나 송하인이 제832조 및 제833조 제1항의 규정에 따라 계약을 해제 또는 해지를 한 때에도 부수비용과 체당금을 지급할 책임을 면하지 못한다.

②제832조제2항 및 제3항의 경우에는 용선자나 송하인은 제1항에 규정된 것 외에도 운송물의 가액에 따라 공동해손 또는 해난구조로 인하여 부담할 금액을 지급하여야 한다.

제835조(선적·양륙비용의 부담) 제833조 및 제834조의 경우에 운송물의 전부 또는 일부를 선적한 때에는 그 선적과 양륙의 비용은 용선자 또는 송하인이 부담한다.

제836조(선적기간 내의 불선적의 효과) 용선자가 선적기간 내에 운송물의 선적을 하지 아니한 때에는 계약을 해제 또는 해지한 것으로 본다.

제837조(발항 후의 계약해지) 발항 후에는 용선자나 송하인은 운임의 전액, 체당금·체선료와 공동해손 또는 해난구조의 부담액을 지급하고 그 양륙하기 위하여 생긴 손해를 배상하거나 이에 대한 상당한 담보를 제공하지 아니하면 계약을 해지하지 못한다.

제838조(운송물의 양륙) ①운송물을 양륙함에 필요한 준비가 완료된 때에는 선장은 지체없이 수하인에게 그 통지를 발송하여야 한다.

②제829조제2항의 규정은 운송물의 양륙기간의 계산에 준용한다.

③제2항의 양륙기간을 경과한 후 운송물을 양륙한 때에는 선박소유자는 상당한 보수를 청구할 수 있다.

제839조(선박소유자의 책임경감 금지) ①제794조의 규정에 반하여 이 절에서 정한 선박소유자의 의무 또는 책임을 경감 또는 면제하는 당사자 사이의 특약은 효력이 없다. 운송물에 관한 보험의 이익을 선박소유자에게 양도하는 약정 또는 이와 유사한 약정도 또한 같다.

②제799조제2항의 규정은 제1항의 경우에 준용한다.

제840조(선박소유자의 채권·채무의 소멸) ①선박소유자의 용선자 또는 수하인에 대한 채권 및 채무는 그 청구원인의 여하에 불구하고 선박소유자가 운송물을 인도한 날 또는 인도할 날부터 2년 이내에 재판상 청구가 없으면 소멸한다. 이 경우 제814조제1항 단서의 규정을 준용한다.

②제1항의 기간을 단축하는 선박소유자와 용선자의 약정은 이를 운송계약에 명시적으로 기재하지 아니하면 그 효력이 없다.

제841조(준용규정) ①제134조, 제136조, 제137조, 제140조, 제793조 내지 제797조, 제798조제1항 내지 제3항, 제800조, 제801조, 제803조, 제804조제1항 내지 제4항, 제805조 내지 제808조와 제810조 내지 제813조의 규정은 항해용선계약에 준용한다.

②제1항에 따라 제806조의 운임을 계산함에 있어서 제829조제2항의 선적기간 또는 제838조제2항의 양륙기간이 경과한 후에 운송물을 선적 또는 양륙한 경우에는 그 기간경과 후의 선적 또는 양륙기간은 이를 선적 또는 양륙기간에 산입하지 아니하고 제829조제3항 및 제838조제3항에 따라 별도로 보수를 정한다.

제4절 정기용선

제842조(정기용선계약의 의의) 정기용선계약은 선박소유자가 용선자에게 선원이 승무하고 항해장비를 갖춘 선박을 일정한 기간동안 항해에 사용하게 할 것을 약정하고 용선자가 이에 대하여 기간으로 정한 용선료를 지급하기로 약정함으로써 그 효력이 생긴다.

제843조(정기용선자의 선장지휘권) ①정기용선자는 약정한 범위 안의 선박의 사용을 위하여 선장을 지휘할 권리가 있다.

②선장·해원 그 밖의 선박사용인이 정기용선자의 정당한 지시에 위반하여 정기용선자에게 손해가 발생한 경우에는 선박소유자가 이를 배상할 책임이 있다.

제844조(선박소유자의 운송물유치권 및 경매권) ①제807조제2항 및 제808조의 규정은 정기용선자가 선박소유자에게 용선료·체당금 그 밖에 이와 유사한 정기용선계약에 의한 채무를 이행하지 아니하는 경우에 준용한다. 다만, 선박소유자는 정기용선자가 발행한 선하증권을 선의로 취득한 제3자에게 대항하지 못한다.

②제1항의 규정에 의한 선박소유자의 운송물에 대한 권리는 정기용선자가 운송물에 관하여 약정한 용선료 또는 운임의 범위를 넘어서 이를 행사하지 못한다.

제845조(용선료의 연체와 계약해지 등) ① 정기용선자가 용선료를 약정기일에 지급하지 아니한 때에는 선박소유자는 계약을 해제 또는 해지할 수 있다.

②정기용선자가 제3자와 운송계약을 체결하여 운송물을 선적한 후 선박의 항해 중에 선박소유자가 제1항의 규정에 의하여 계약을 해제 또는 해지한 때에는 선박소유자는 적하이해관계인에 대하여 정기용선자와 동일한 운송의무가 있다.

③선박소유자가 제2항의 규정에 의한 계약의 해제 또는 해지 및 운송계속의 뜻을 적하이해관계인에게 서면으로 통지를 한 때에는 선박소유자의 정기용선자에 대한 용선료·체당금 그 밖에 이와 유사한 정기용선계약상의 채권을 담보하기 위하여 정기용선자가 적하이해관계인에 대하여 가지는 용선료 또는 운임의 채권을 목적으로 질권을 설정한 것으로 본다.

④제1항 내지 제3항의 규정은 선박소유자 또는 적하이해관계인의 정기용선자에 대한 손해배상청구에 영향을 미치지 아니한다.

제846조(정기용선계약상의 채권의 소멸) ① 정기용선계약에 관하여 발생한 당사자 사이의 채권은 선박이 선박소유자에게 반환된 날부터 2년 이내에 재판상 청구가 없으면 소멸한다. 이 경우 제814조제1항 단서의 규정을 준용한다.

②제840조제2항의 규정은 제1항의 경우에 준용한다.

제5절 선체용선

제847조(선체용선계약의 의의) ①선체용선계약은 용선자의 관리·지배 하에 선박을 운항할 목적으로 선박소유자가 용선자에게 선박을 제공할 것을 약정하고 용선자가 이에 따른 용선료를 지급하기로 약정함으로써 그 효력이 생긴다.

②선박소유자가 선장 그 밖의 해원을 공급할 의무를 지는 경우에도 용선자의 관리·지배 하에서 해원이 선박을 운항하는 것을 목적으로 하면 이를 선체용선계약으로 본다.

제848조(법적 성질) ①선체용선계약은 그 성질에 반하지 아니하는 한「민법」상 임대차에 관한 규정을 준용한다.

②용선기간이 종료된 후에 용선자가 선박을 매수 또는 인수할 권리를 가지는 경우 및 금융의 담보를 목적으로 채권자를 선박소유자로 하여 선체용선계약을 체결한 경우에도 용선기간 중에는 당사자 사이에서는 이 절의 규정에 따라 권리와 의무가 있다.

제849조(선체용선자의 등기청구권, 등기의 효력) ①선체용선자는 선박소유자에 대하여 선체용선등기에 협력할 것을 청구할 수 있다.

②선체용선을 등기한 때에는 그 때부터 제3자에 대하여 효력이 생긴다.

제850조(선체용선과 제3자에 대한 법률관계) ①선체용선자가 상행위 그 밖에 영리를 목적으로 선박을 항해에 사용하는 경우에는 그 이용에 관한 사항에는 제3자에 대하여 선박소유자와 동일한 권리의무가 있다.

②제1항의 경우에 선박의 이용에 관하여 생긴 우선특권은 선박소유자에 대하여도 그 효력이 있다. 다만, 우선특권자가 그 이용의 계약에 반함을 안 때에는 그러하지 아니하다.

제851조(선체용선계약상의 채권의 소멸) ① 선체용선계약에 관하여 발생한 당사자 사이의 채권은 선박이 선박소유자에게 반환된 날부터 2년 이내에 재판상 청구가 없으면 소멸한다. 이 경우 제814조제1항 단서의 규정을 준용한다.

②제840조제2항의 규정은 제1항의 경우에 준용한다.

제6절 운송증서

제852조(선하증권의 발행) ①운송인은 운송물을 수령한 후 송하인의 청구에 의하여 1통 또는 수통의 선하증권을 교부하여야 한다.

②운송인은 운송물을 선적한 후 송하인의 청구에 의하여 1통 또는 수통의 선적선하증권을 교부하거나 제1항의 선하증권에 선적의 뜻을 표시하여야 한다.

③운송인은 선장 또는 그 밖의 대리인에게 선하증권의 교부 또는 제2항의 표시를 위임할 수 있다.

제853조(선하증권의 기재사항) ①선하증권

에는 다음 각 호의 사항을 기재하고 운송인이 기명날인 또는 서명하여야 한다.

1. 선박의 명칭·국적 및 톤수
2. 송하인이 서면으로 통지한 운송물의 종류, 중량 또는 용적, 포장의 종별, 개수와 기호
3. 운송물의 외관상태
4. 용선자 또는 송하인의 성명·상호
5. 수하인 또는 통지수령인의 성명·상호
6. 선적항
7. 양륙항
8. 운임
9. 발행지와 그 발행연월일
10. 수통의 선하증권을 발행한 때에는 그 수
11. 운송인의 성명 또는 상호
12. 운송인의 주된 영업소 소재지

②제1항제2호의 기재사항 중 운송물의 중량·용적·개수 또는 기호가 운송인이 실제로 수령한 운송물을 정확하게 표시하고 있지 아니하다고 의심할 만한 상당한 이유가 있는 때 또는 이를 확인할 적당한 방법이 없는 때에는 그 기재를 생략할 수 있다.

③송하인은 제1항제2호의 기재사항이 정확함을 운송인에게 담보한 것으로 본다.

④운송인이 선하증권에 기재된 통지수령인에게 운송물에 관한 통지를 한 때에는 송하인 및 선하증권소지인 그 밖의 수하인에게 통지한 것으로 본다.

제854조(선하증권 기재의 효력) ①제853조제1항의 규정에 따라 선하증권이 발행된 경우 운송인과 송하인 사이에 선하증권에 기재된 대로 개품운송계약이 체결되고 운송물을 수령 또는 선적한 것으로 추정한다.

②제1항의 선하증권을 선의로 취득한 소지인에 대하여 운송인은 선하증권에 기재된 대로 운송물을 수령 혹은 선적한 것으로 보고 선하증권에 기재된 바에 따라 운송인으로서 책임을 진다.

제855조(용선계약과 선하증권) ①용선자의 청구가 있는 경우 선박소유자는 운송물을 수령한 후에 제852조 및 제853조의 규정에 따라 선하증권을 발행한다.

②제1항의 규정에 따라 선하증권이 발행된 경우 선박소유자는 선하증권에 기재된 대로 운송물을 수령 또는 선적한 것으로 추정한다.

③제3자가 선의로 제1항의 선하증권을 취득한 경우 선박소유자는 제854조제2항의 규정에 따라 운송인으로서 권리와 의무가 있다. 용선자의 청구에 따라 선박소유자가 제3자에게 선하증권을 발행한 경우에도 또한 같다.

④제3항의 경우에 그 제3자는 제833조 내지 제835조 및 제837조의 규정에 의한 송하인으로 본다.

⑤제3항의 경우 제799조의 규정에 위반하여 운송인으로서의 의무와 책임을 감경 또는 면제하는 특약을 하지 못한다.

제856조(등본의 교부) 선하증권의 교부를 받은 용선자 또는 송하인은 발행자의 청구가 있는 때에는 선하증권의 등본에 기명날인 또는 서명하여 교부하여야 한다.

제857조(수통의 선하증권과 양륙항에 있어서의 운송물의 인도) ①양륙항에서 수통의 선하증권 중 1통을 소지한 자가 운송물의 인도를 청구하는 경우에도 선장은 그 인도를 거부하지 못한다.

②제1항의 규정에 의하여 수통의 선하증권 중 1통의 소지인이 운송물의 인도를 받은 때에는 다른 선하증권은 그 효력을 잃는다.

제858조(수통의 선하증권과 양륙항 외에서의 운송물의 인도) 양륙항 외에서는 선장은 선하증권의 각 통의 반환을 받지 아니하면 운송물을 인도하지 못한다.

제859조(2인 이상 소지인의 운송물인도청구와 공탁) ①2인 이상의 선하증권소지인이 운송물의 인도를 청구한 때에는 선장은 지체 없이 운송물을 공탁하고 각 청구자에게 그 통지를 발송하여야 한다.

②선장이 제857조제1항의 규정에 의하여 운송물의 일부를 인도한 후 다른 소지인이 운송물의 인도를 청구한 경우에도 그 인도하지 아니한 운송물에 대하여는 제1항과 같다.

제860조(수인의 선하증권소지인의 순위) ①제859조의 규정에 의하여 공탁한 운송물에 대하여는 수인의 선하증권소지인에게 공통되는 전 소지인으로부터 먼저 교부를 받은 증권소지인의 권리가 다른 소지인의 권리에 우선한다.

②격지자에 대하여 발송한 선하증권은 그 발송한 때를 교부받은 때로 본다.

제861조(준용규정)　제129조·제130조·제

132조 및 제133조의 규정은 제852조 및 제855조의 선하증권에 준용한다.

제862조(전자선하증권) ①운송인은 제852조 또는 제855조의 선하증권을 발행하는 대신에 송하인 또는 용선자의 동의를 얻어 법무부장관이 지정하는 등록기관에 등록을 하는 방식으로 전자선하증권을 발행할 수 있다. 이 경우 전자선하증권은 제852조 및 제855조의 선하증권과 동일한 법적 효력을 갖는다.

②전자선하증권에는 제853조제1항 각 호의 정보가 포함되어야 하며, 운송인이 전자서명을 하여 송신하고 용선자 또는 송하인이 이를 수신하여야 그 효력이 생긴다.

③전자선하증권의 권리자는 배서의 뜻을 기재한 전자문서를 작성한 다음 전자선하증권을 첨부하여 지정된 등록기관을 통하여 상대방에게 송신하는 방식으로 그 권리를 양도할 수 있다.

④제3항에서 정한 방식에 따라 배서의 뜻을 기재한 전자문서를 상대방이 수신하면 제852조 및 제855조의 선하증권을 배서하여 교부한 것과 동일한 효력이 있고, 제2항 및 제3항의 전자문서를 수신한 권리자는 제852조 및 제855조의 선하증권을 교부받은 소지인과 동일한 권리를 취득한다.

⑤전자선하증권의 등록기관의 지정요건, 발행 및 배서의 전자적인 방식, 운송물의 구체적인 수령절차 그 밖에 필요한 사항은 대통령령으로 정한다.

제863조(해상화물운송장의 발행) ①운송인은 용선자 또는 송하인의 청구가 있으면 제852조 또는 제855조의 선하증권을 발행하는 대신 해상화물운송장을 발행할 수 있다. 해상화물운송장은 당사자 사이의 합의에 따라 전자식으로도 발행할 수 있다.

②해상화물운송장에는 해상화물운송장임을 표시하는 외에 제853조제1항 각 호 사항을 기재하고 운송인이 기명날인 또는 서명하여야 한다.

③제853조제2항 및 제4항의 규정은 이를 해상화물운송장에 준용한다.

제864조(해상화물운송장의 효력) ①제863조제1항의 규정에 따라 해상화물운송장이 발행된 경우 운송인이 그 운송장에 기재된 대로 운송물을 수령 또는 선적한 것으로 추정

한다.

②운송인이 운송물을 인도함에 있어 수령인이 해상화물운송장에 기재된 수하인 또는 그 대리인이라고 믿을만한 정당한 이유가 있는 때에는 수령인이 권리자가 아니라고 하더라도 운송인은 그 책임을 면한다.

제3장 해상위험

제1절 공동해손

제865조(공동해손의 요건) 선박과 적하의 공동위험을 면하기 위한 선장의 선박 또는 적하에 대한 처분으로 인하여 생긴 손해 또는 비용은 공동해손으로 한다.

제866조(공동해손의 분담) 공동해손은 그 위험을 면한 선박 또는 적하의 가액과 운임의 반액과 공동해손의 액과의 비율에 따라 각 이해관계인이 이를 분담한다.

제867조(공동해손분담액의 산정) 공동해손의 분담액을 정함에 있어서는 선박의 가액은 도달의 때와 곳의 가액으로 하고, 적하의 가액은 양륙의 때와 곳의 가액으로 한다. 다만, 적하에 관하여는 그 가액 중에서 멸실로 인하여 지급을 면하게 된 운임 그 밖의 비용을 공제하여야 한다.

제868조(공동해손분담자의 유한책임) 제866조 및 제867조의 규정에 의하여 공동해손의 분담책임이 있는 자는 선박이 도달하거나 적하를 인도한 때에 현존하는 가액의 한도에서 책임을 진다.

제869조(공동해손의 손해액산정) 공동해손의 액을 정함에 있어서는 선박의 가액은 도달의 때와 곳의 가액으로 하고, 적하의 가액은 양륙의 때와 곳의 가액으로 한다. 다만, 적하에 관하여는 그 손실로 인하여 지급을 면하게 된 모든 비용을 공제하여야 한다.

제870조(책임있는 자에 대한 구상권) 선박과 적하의 공동위험이 선박 또는 적하의 하자나 그 밖의 과실 있는 행위로 인하여 생긴 경우에는 공동해손의 분담자는 그 책임이 있는 자에 대하여 구상권을 행사할 수 있다.

제871조(공동해손분담제외) 선박에 비치한 무기, 선원의 급료, 선원과 여객의 식량·의류는 보존된 경우에도 그 가액을 공동해손의 분담에 산입하지 아니하고, 손실된 경우

에는 그 가액을 공동해손의 액에 산입한다.
제872조(공동해손분담청구에서의 제외) ①
속구목록에 기재하지 아니한 속구, 선하증권
그 밖에 적하의 가격을 정할 수 있는 서류
없이 선적한 하물 또는 종류와 가액을 명시
하지 아니한 화폐나 유가증권 그 밖의 고가
물은 보존된 경우에는 그 가액을 공동해손
의 분담에 산입하고, 손실된 경우에는 그
가액을 공동해손의 액에 산입하지 아니한다.
②갑판에 적재한 하물에 대하여도 제1항과
같다. 다만, 갑판에 선적하는 것이 관습상 허
용되는 경우와 그 항해가 연안항행에 해당되
는 경우에는 그러하지 아니하다.
제873조(적하가격의 부실기재와 공동해손)
①선하증권 그 밖에 적하의 가격을 정할 수
있는 서류에 적하의 실가보다 고액을 기재
한 경우에 그 하물이 보존된 때에는 그 기
재액에 의하여 공동해손의 분담액을 정하고,
적하의 실가보다 저액을 기재한 경우에 그
하물이 손실된 때에는 그 기재액을 공동해
손의 액으로 한다.
②제1항의 규정은 적하의 가격에 영향을 미
칠 사항에 관하여 허위의 기재를 한 경우에
준용한다.
제874조(공동해손인 손해의 회복) 선박소유
자·용선자·송하인 그 밖의 이해관계인이
공동해손의 액을 분담한 후 선박·속구 또
는 적하의 전부나 일부가 소유자에게 복귀
된 때에는 그 소유자는 공동해손의 상금으
로 받은 금액에서 구조료와 일부손실로 인
한 손해액을 공제하고 그 잔액을 반환하여
야 한다.
제875조(공동해손 채권의 소멸) 공동해손으
로 인하여 생긴 채권 및 제870조에 의한 구상
채권은 그 계산이 종료한 날부터 1년 이내에
재판상 청구가 없으면 소멸한다. 이 경우 제
814조제1항 단서의 규정을 준용한다.

제2절 선박충돌

제876조(선박충돌에의 적용법규) ①항해선
상호간 또는 항해선과 내수항행선 간의 충
돌이 있은 경우에 선박 또는 선박 내에 있
는 물건이나 사람에 관하여 생긴 손해의 배
상에 대하여는 어떠한 수면에서 충돌한 때
라도 이 절의 규정을 적용한다.

②이 절에서 "선박의 충돌"이라 함은 2척
이상의 선박이 그 운용상 작위 또는 부작위
로 선박 상호간에 다른 선박 또는 선박 내
에 있는 사람 또는 물건에 손해를 생기게
하는 것을 말하며, 직접적인 접촉의 유무를
묻지 아니한다.
제877조(불가항력으로 인한 충돌) 선박의 충
돌이 불가항력으로 인하여 발생하거나 충돌
의 원인이 명백하지 아니한 때에는 피해자
는 충돌로 인한 손해의 배상을 청구하지 못
한다.
제878조(일방의 과실로 인한 충돌) 선박의
충돌이 일방의 선원의 과실로 인하여 발생
한 때에는 그 일방의 선박소유자는 피해자
에 대하여 충돌로 인한 손해를 배상할 책임
이 있다.
제879조(쌍방의 과실로 인한 충돌) ①선박의
충돌이 쌍방의 선원의 과실로 인하여 발생한
때에는 쌍방의 과실의 경중에 따라 각 선박소
유자가 손해배상의 책임을 분담한다. 이 경우
그 과실의 경중을 판정할 수 없는 때에는 손
해배상의 책임을 균분하여 부담한다.
②제1항의 경우에 제3자의 사상에 대한 손
해배상은 쌍방의 선박소유자가 연대하여 그
책임을 진다.
제880조(도선사의 과실로 인한 충돌) 선박의
충돌이 도선사의 과실로 인하여 발생한 경우
에도 선박소유자는 제878조 및 제879조의 규
정을 준용하여 손해를 배상할 책임이 있다.
제881조(선박충돌채권의 소멸) 선박의 충돌
로 인하여 생긴 손해배상의 청구권은 그 충
돌이 있은 날부터 2년 이내에 재판상 청구
가 없으면 소멸한다. 이 경우 제814조제1항
단서의 규정을 준용한다.

제3절 해난구조

제882조(해난구조의 요건) 항해선 또는 그
적하 그 밖의 물건이 어떠한 수면에서 위난
에 조우한 경우에 의무 없이 이를 구조한
자는 그 결과에 대하여 상당한 보수를 청구
할 수 있다. 항해선과 내수항행선 간의 구
조의 경우에도 또한 같다.
제883조(보수의 결정) 구조의 보수에 관한
약정이 없는 경우에 그 액에 대하여 당사자
사이에 합의가 성립하지 아니한 때에는 법

원은 당사자의 청구에 의하여 구조된 선박·재산의 가액, 위난의 정도, 구조자의 노력과 비용, 구조자나 그 장비가 조우했던 위험의 정도, 구조의 효과, 환경손해방지를 위한 노력 그 밖의 제반사정을 참작하여 그 액을 정한다.

제884조(보수의 한도) ①구조의 보수액은 다른 약정이 없으면 구조된 목적물의 가액을 초과하지 못한다.
②선순위의 우선특권이 있는 때에는 구조의 보수액은 그 우선특권자의 채권액을 공제한 잔액을 초과하지 못한다.

제885조(환경손해방지작업에 대한 특별보상) ①선박 또는 그 적하로 인하여 환경손해가 발생할 우려가 있는 경우에 손해의 경감 또는 방지의 효과를 수반하는 구조작업에 종사한 구조자는 구조의 성공 여부 및 제884조의 규정과 상관없이 구조에 소요된 비용을 특별보상으로 청구할 수 있다.
②제1항에서 "비용"이라 함은 구조작업에 실제로 지출한 합리적인 비용 및 사용된 장비와 인원에 대한 정당한 보수를 말한다.
③구조자는 발생할 환경손해가 구조작업으로 인하여 실제로 감경 또는 방지된 때에는 보상의 증액을 청구할 수 있고, 법원은 제883조의 사정을 참작하여 증액 여부 및 그 금액을 정한다. 이 경우 증액된다 하더라도 구조료는 제1항의 비용의 배액을 초과할 수 없다.
④구조자의 고의 또는 과실로 인하여 손해의 감경 또는 방지에 지장을 가져 온 경우 법원은 제1항 및 제3항에서 정한 금액을 감액 혹은 부인할 수 있다.
⑤하나의 구조작업을 시행한 구조자가 제1항 내지 제4항에서 정한 특별보상을 청구하는 것 외에 제882조에서 정한 보수도 청구할 수 있는 경우 그 중 큰 금액을 구조료로 청구할 수 있다.

제886조(구조료의 지급의무) 선박소유자와 그 밖에 구조된 재산의 권리자는 그 구조된 선박 또는 재산의 가액에 비례하여 구조에 대한 보수를 지급하고 특별보상을 하는 등 구조료를 지급할 의무가 있다.

제887조(구조에 관한 약정) ①당사자가 미리 구조계약을 하고 그 계약에 따라 구조가 이루어진 경우에도 그 성질에 반하지 아니하는 한 구조계약에서 정하지 아니한 사항은 이 절에서 정한 바에 따른다.
②해난 당시에 구조료의 금액에 대하여 약정을 한 경우에도 그 금액이 현저하게 부당한 때에는 법원은 제883조의 사정을 참작하여 그 금액을 증감할 수 있다.

제888조(공동구조자간의 구조료 분배) ①수인이 공동으로 구조에 종사한 경우에 그 구조료의 분배비율에 관하여는 제883조의 규정을 준용한다.
②인명의 구조에 종사한 자도 제1항의 규정에 따라 구조료의 분배를 받을 수 있다.

제889조(1선박 내부의 구조료 분배) ①선박이 구조에 종사하여 그 구조료를 받은 경우에는 먼저 선박의 손해액과 구조에 들어간 비용을 선박소유자에게 지급하고 잔액을 절반하여 선장과 해원에게 지급하여야 한다.
②제1항의 규정에 의하여 해원에게 지급할 구조료의 분배는 선장이 각 해원의 노력, 그 효과와 사정을 참작하여 그 항해의 종료 전에 분배안을 작성하여 해원에게 고시하여야 한다.

제890조(예선의 구조의 경우) 예선의 본선 또는 그 적하에 대한 구조에 관하여는 예선계약의 이행으로 볼 수 없는 특수한 노력을 제공한 경우가 아니면 구조료를 청구하지 못한다.

제891조(동일소유자에 속한 선박간의 보수) 동일소유자에 속한 선박의 상호간에 있어서도 구조에 종사한 자는 상당한 구조료를 청구할 수 있다.

제892조(구조료청구권 없는 자) 다음 각 호에 해당하는 자는 구조료를 청구하지 못한다.
1. 구조받은 선박에 종사하는 자
2. 고의 또는 과실로 인하여 해난사고를 야기한 자
3. 정당한 거부에 불구하고 구조를 강행한 자
4. 구조된 물건을 은닉하거나 정당한 이유 없이 처분한 자

제893조(구조자의 우선특권) ①구조에 종사한 자의 구조료채권은 구조된 적하에 대하여 우선특권이 있다. 다만, 채무자가 그 적하를 제3취득자에게 인도한 후에는 그 적하에 대하여 이 권리를 행사하지 못한다.

②제1항의 우선특권에는 그 성질에 반하지 아니하는 한 제777조의 우선특권에 관한 규정을 준용한다.

제894조(구조료지급에 관한 선장의 권한) ① 선장은 구조료를 지급할 채무자에 갈음하여 그 지급에 관한 재판상 또는 재판 외의 모든 행위를 할 권한이 있다.

②선장은 그 구조료에 관한 소송의 당사자가 될 수 있고, 그 확정판결은 구조료의 채무자에 대하여도 효력이 있다.

제895조(구조료청구권의 소멸) 구조료청구권은 구조가 완료된 날부터 2년 이내에 재판상 청구가 없으면 소멸한다. 이 경우 제814조제1항 단서의 규정을 준용한다.

부칙

제1조(시행일) 이 법은 공포 후 1년이 경과한 날부터 시행한다. 다만, 제797조제1항의 개정규정 중 중량 1킬로그램당 2 계산단위의 금액 부분은 공포 후 3년이 경과한 날부터 시행한다.

제2조(운송장에 관한 경과조치) 이 법 시행 당시 종전의 규정에 의하여 발행된 운송장은 제126조의 개정규정에 의하여 발행된 화물명세서로 본다.

제3조(손해배상에 관한 경과조치) 이 법 시행 전에 발생한 사고 그 밖의 손해배상의 원인으로 인하여 생긴 손해에 관한 채권에는 제5편의 개정규정에 불구하고 종전의 규정에 의한다.

제4조(책임한도액에 관한 경과조치) 이 법 시행 후 3년간 발생한 사고에 대한 제770조제1항제1호의 개정규정에 의한 선박소유자의 책임한도에 관하여는 그 선박의 선박검사증서에 기재된 여객의 정원에 8만7천500 계산단위를 곱하여 얻은 금액을 그 책임한도액으로 한다.

제5조(운송인 등의 채권·채무에 관한 경과조치) ①이 법 시행 전에 운송인 또는 선박소유자가 개품운송계약·항해용선계약 또는 정기용선계약을 체결한 경우에 용선자·송하인 또는 수하인에 대한 채권·채무의 소멸에 관하여는 제814조제2항·제840조 및 제846조의 개정규정에 불구하고 종전의 규정에 의한다.

②이 법 시행 전에 선박소유자가 선박임대차계약을 체결한 경우에 있어서 당사자간 채권의 소멸에 관하여는 제851조의 개정규정에 불구하고 종전의 규정에 의한다.

제6조(선박임대차계약에 관한 경과조치) 이 법 시행 전에 체결된 선박임대차계약은 이 법 시행과 동시에 제847조의 개정규정에 의한 선체용선계약의 효력이 있는 것으로 본다.

제7조(선하증권에 관한 경과조치) 이 법 시행 당시 종전의 규정에 의하여 발행된 선하증권은 제853조제1항의 개정규정에 적합한 선하증권으로 본다.

제8조(다른 법률과의 관계) 이 법 시행 당시 다른 법률에서 종전의 「상법」 규정을 인용한 경우에 이 법 중 그에 해당하는 규정이 있을 때에는 종전의 규정에 갈음하여 이 법의 해당조항을 인용한 것으로 본다.

제9조(다른 법률의 개정) ①민사집행법 일부를 다음과 같이 개정한다.

제185조제3항 중 "상법 제760조"를 "상법 제764조"로 한다,

②非訟事件節次法 일부를 다음과 같이 개정한다.

제72조제5항 중 "同法 第804條第1項"을 "동법 제808조제1항"으로 한다.

③船舶所有者등의責任制限節次에관한法律 일부를 다음과 같이 개정한다.

제1조 중 "商法 第746條 내지 第752條의2"를 "상법 제769조 내지 제776조"로 한다.

제10조 중 "商法 第747條第1項"을 "상법 제770조제1항"으로 한다.

제11조제1항 중 "商法 第747條第1項 各號와 第4項"을 "상법 제770조제1항 각호와 제4항"으로 하고, 동조 제2항 중 "商法 第747條第5項"을 "상법 제770조제5항"으로 한다.

제17조제1호 중 "商法 第752條第1項"을 "상법 제776조제1항"으로 한다.

제18조제1호 중 "商法 第747條第1項"을 "상법 제770조제1항"으로 하고, 동조 제2호 중 "商法 第746條 但書 또는 第748條"를 "상법 제769조 단서 또는 제773조"로 한다.

제31조제1항 중 "商法 第747條第1項"을 "상법 제770조제1항"으로 한다.

제43조제1항제4호 중 "商法 第747條第1項"을 "상법 제770조제1항"으로 한다.

제53조 중 "商法 第747條第1項"을 "상법 제770조제1항"으로 한다.

제56조 중 "商法 第747條第1項"을 "상법 제770조제1항"으로 한다.

제57조제2항 중 "商法 第747條第1項"을 "상법 제770조제1항"으로 한다.

제66조제2항 중 "商法 第747條第1項"을 "상법 제770조제1항"으로 한다.

④原子力損害賠償法 일부를 다음과 같이 개정한다.

제3조제4항 중 "商法 第746조 내지 第748조·第842條 및 第848條"를 "상법 제769조, 제770조, 제773조, 제875조 및 제881조"로 한다.

⑤유류오염손해배상 보장법 일부를 다음과 같이 개정한다.

제41조 중 "商法 第747條第1項"을 "상법 제770조제1항"으로 하고, 동조 "商法 第747條第1項 各號와 第4項"을 "상법 제770조제1항 각호와 제4항"으로 하며, 동조 "商法 第752條第1項"을 "상법 제776조제1항"으로 한다.

제43조제2항 중 "商法 第861條第1項第4號"를 "상법 제777조제1항제4호"로 하고, 동조 제3항 중 "商法 第861條 내지 第870條"를 "상법 제777조 내지 제786조"로 한다.

색 인

나승성(羅承成)

▌약 력

高麗大學校 法科大學 法學科 卒業
高麗大學校 大學院(法學碩士)
法學博士(高麗大學校)
美國 Louisiana State Univ. 에서 研究
高大·明知大·光雲大·仁川大·호서대·강남대 등 講師 歷任
증권연수원·보험연수원·사법연수원 등에서 강의
法務部 專門委員 歷任
證券預託院 先任研究委員 歷任
金融監督院 調査役 歷任
하나金融經營研究所 首席研究員 歷任
(현) 서울사이버대 교수

▌주요 논저

『商法改正內容 解說』(韓國上場會社協議會)
『生活과 法律』(學文社)
『各國의 會社支配構造』(法務部)
『電子商去來國家戰略 樹立을 위한 分野別 政策研究』(共著), 情報通信政策研究院
『日本商法典』(自由)
『(개정판) 전자상거래법』(청림)
『조문별 상법판례 요지』(한국학술정보(주))
『상법총칙·상행위법 개설』『회사법 개설』『어음·수표법 개설』『보험법 개설』『해상법 개설』(한국학술정보(주))
『금융지주회사법』(한국학술정보(주))
『증권거래법 개설』(한국학술정보(주))
『은행법 개설』(한국학술정보(주))
『전자거래법』(한국학술정보(주))
論文 30여 편

▌연락처

카페 http://cafe.daum.net/lawsum
메일 ssna1@hanmail.net

상법 개설서 시리즈 V

[개정1판]
해상법 개설

초판인쇄 | 2009년 2월 28일
초판발행 | 2009년 2월 28일

지은이 | 나승성
펴낸이 | 채종준
펴낸곳 | 한국학술정보㈜
주　소 | 경기도 파주시 교하읍 문발리 513-5 파주출판문화정보산업단지
전　화 | 031) 908-3181(대표)
팩　스 | 031) 908-3189
홈페이지 | http://www.kstudy.com
E-mail | 출판사업부　publish@kstudy.com

등　록 | 25,000원
가　격 |

ISBN　978-89-534-1161-6 93360 (Paper Book)
　　　　978-89-534-1162-3 98360 (e-Book)